Günter Millahn

Ein Jägerleben in Mecklenburg

Band I

In waidmännischer Verbundenheit

Günter Millahn

April 1997

Bjoern-Verlag Krefeld

Erste Auflage 1996
ISBN 3-922348-02-5
© Bjoern-Verlag GmbH · Postfach 404 · 47704 Krefeld · Fax 02151 – 59 85 87
Alle Rechte vorbehalten. Kein Teil dieses Buches darf ohne vorherige schriftliche Genehmigung des Bjoern-Verlages mechanisch oder elektronisch reproduziert, vervielfältigt oder verbreitet werden.
Lektorat und Herausgabe Franz Janssen · Einbandgestaltung: Margret Janssen
Illustrationen: Uwe Linke · Computersatz: Typodienst Krefeld · Druck: Bercker Graphischer Betrieb, Kevelaer · Printed in Germany

In dankbarer Erinnerung an meinen Vater Walter Millahn

Vorwort

Dieses Buch wäre nie geschrieben worden, hätten mich nicht meine zahlreichen Zuhörer, vor allem aber meine Studenten, immer wieder gebeten, Erlebtes und Erzähltes niederzuschreiben. Ob es die Faszination war, die von seltenen Erlebnissen ausgeht, oder die Gabe bildhaften Erzählens, die meine Zuhörer veranlaßten, mich mit der Feder auf die Fährte zu setzen, weiß ich nicht. Der auslösende Impuls kam von den fast vierzig Absolventenjahrgängen der Forstschule Raben Steinfeld in Mecklenburg. Mit ihnen, die ich in forstwirtschaftlichen Fächern wie auch in der Jagdkunde fast vierzig Jahre unterrichten durfte, verbanden mich stets freundschaftliche Beziehungen.

Ist schon das Forststudium zum Erlernen des vielbegehrten und in der Öffentlichkeit stets mit einem Flair von Romantik umwobenen „grünen Berufs" wegen seiner Naturverbundenheit überaus interessant, so schlagen in der mit dem Beruf des Forstmannes verbundenen Jagd oder Jagdkunde die Wogen der Begeisterung besonders hoch. Hier wirkt eine Passion mit, die dem richtigen Jäger immer und den Forstleuten meistens innewohnt. So verwundert es nicht, daß junge Forsteleven, alle um die zwanzig Jahre und voller Kraft und Tatendrang, in Erwartung eines langen und reichen Jägerlebens einem älteren Waidmann an den Lippen hängen. Insbesondere dann, wenn er nicht nur von Jugend auf, sondern auch in politisch sehr unterschiedlichen Zeitabschnitten das Glück hatte, ohne wesentliche Unterbrechung in zahlreichen Revieren nach Lieb und Lust jagen zu dürfen. Aus einem erfüllten Jägerherzen auf viele jagdliche Erlebnisse zurückblickend, erscheinen etliche der Erinnerung wert. Dabei ist alles zu sehen im Widerschein der Vernetzung von Ort, Zeit und Bedingung nach der Erkenntnis „Das Waidwerk ist aller Tage neu"! Auch Jagderlebnisse sind immer eingebunden in das waltende Zeitgeschehen. Es war deshalb notwendig, alle die Jagd begleitenden gesellschaftlichen Zeitumstände in ihrer Verflechtung mit dem eigenen Jägerleben zu beleuchten und sie bewertend einzuordnen.

Wie sehr haben sich die Bedingungen im letzten halben Jahrhundert geändert: im Großen wie im Kleinen, in der Technik wie in der Natur, in der Anschauung wie im Handeln der Menschen. Besonders aber in der Jagd im Glanze von Dietzels „Niederwild" und Raesfelds „Deutschem Weidwerk" bis zum heutigen Tag!

So weiß zumeist die jüngste Jägergeneration kaum mehr etwas aus den Epochen früherer Jagdgesetze und hat deshalb, wie ich es oft erlebte, ein offenes Ohr für das Geschehen der Vergangenheit. Vergleiche des heute Erlebbaren mit dem historisch Entschwundenen, mögen sie noch so anschaulich geschildert sein, sind doch kaum noch nachvollziehbar. Gerade sie machen aber die Veränderungen deutlich, machen Überliefertes um so wissenswerter.

Die Natur ist ärmer geworden, die Wildbahn enger, einige Wildarten neben vielen Pflanzenarten sind sogar schon verschwunden. Ein Grund mehr, Erlebnisse und Episoden noch einmal in der Phantasiewelt vergangener froher Waidmannstage leuchten zu lassen. Es waren die humorvollen Begebenheiten und solche mit Seltenheitswert, an denen sich die Begeisterung förmlich entlud, wenn wir uns in der Studentenkneipe „Suhle" zu jagdlichen Abenden zusammenfanden. Fast immer wurde nach einem ernstlichen jagdlichen Fortbildungsvortrag darauf bestanden, besondere Erlebnisse preiszugeben. Mit Hörnerklang und Waidgesang entfachte sich so manches Mal die Glut jagdlicher Leidenschaft. Wie wurden da die Ohren gespitzt, miterlebt in der Phantasie flimmernder Vergangenheitsromantik! Und wer bis dahin noch unmotivierter Zuhörer war, der wurde jählings mitgerissen, in Brand gesteckt und nahm – nolens volens – an der lauten Hetzjagd teil, wenn die Katze aus dem Sack gelassen wurde, so daß sich das Jägerblut in den Adern bis in die späte Nacht kaum mehr beruhigen konnte.

Die nicht alltäglichen Erlebnisse sind es ja, die uns in lebhafter Erinnerung bleiben. Besonders bei den Jägern sind sie es, die Würze in die häufig fade Suppe des Alltags bringen. Sie sollen auch in diesem Buch eine besondere Rolle spielen.

Jäger stehen wahrscheinlich schon seit Urzeiten im Verdacht, sich des Jägerlateins zu bedienen, obwohl gerade die Erlebnisse in der Wildbahn so farbenfroh und in ihrer Wahrheit oft so unglaublich sind, daß es hier am wenigsten der Übertreibung bedarf.

Förstersöhne – wie auch ich einer bin, sogar in mehreren Förstergenerationen – werden in die Romantik einer besonderen Welt hineingeboren, von der sie sich meist, wie von einer Droge berauscht, nie mehr lösen können. Und wenn man sie, so wie mich als Fünfjährigen, dann fragt: „Was willst Du einmal werden?", wird die Antwort nur lauten können: „Förster!" Und das nicht nur, weil andere Welten außer der eines Forsthofes und eines grünen Reviers nicht zu erforschen waren, sondern vielmehr deshalb, weil die Natur nicht schöner, das Erleben nicht reicher, und die Glückseligkeit nicht vollendeter sein kann. So jedenfalls empfinden Förstersöhne ihre Welt.

Forst und Jagd, Wald und Wild sind auch im Volk romantisch verklärt, von Poesie umwoben, erfüllt von einem Hauch nachempfundener Sehnsucht, angefüllt mit verschwommenen Vorstellungen einer kaum zu ergründenden Welt. Wir Förstersöhne wissen von dieser Reflexion unseres Berufes und haben uns immer wieder selbstkritisch gefragt: Ist die Romantik des Forsthofes und des Jagdreviers Wirklichkeit oder Abglanz, ist sie Dichtung oder Wahrheit? Nein, sie ist nicht erdacht oder herbeigeträumt, sondern greifbare Wahrhaftigkeit. Das alles hallt seit Jahrhunderten wider wie in Kunst und Musik, in Malerei und Dichtung. Die Natur ist so schön, wie man sie wahrzunehmen versteht, und gibt zurück, wie sie sich in der Seele reflektiert.

Wie hatte schon mein Großvater – auch Förster und Jäger – sein Glücksgefühl trotz der ärmlichen Verhältnisse vor hundert Jahren ausgedrückt? Wenn er nach fünf Kilometern Fußmarsch mit zwei Flinten seinen Jungen – meinen Vater – aus dem Internat von der Bahn abgeholt und mit ihm in froher Erwartung eines gemeinsamen Ansitzes auf dem Heimweg eine billige Zigarre teilte, sagte er zu ihm: „Jung, dit Vergneugen kann uns keiner betalen!" Das bißchen Jägerglück und die Wiedersehensfreude sollten unbezahlbar sein! Wie sehr sind unsere Ansprüche heute dagegen gewachsen, wo wir sogar in der Gedankenwelt eines „Waidwerks weltweit" leben!

In diesem Buch wird nicht von berühmten Jägergestalten die Rede sein. Es wird auch nicht von Massenstrecken und Safaris berichtet, und vollgeschriebene Abschußbücher bleiben aus. Der Leser wird die Masse dicker Lebenshirsche vermissen, dagegen bleiben die Strecken bescheiden. Die Beute wurde dafür aber oft schwer erkämpft. Das bescheidene Jägerleben wurde nicht durch ein traumhaftes Überangebot verdorben. So konnte sich der klare Blick für die Realität erhalten. Wohl aber habe ich mir immer ein bißchen Jägerglück bewahrt und in der Geborgenheit heimatlicher Jagdgründe den Zauber und die Wunder der Natur genossen. Die Spannung des Augenblicks war's, die Hoffnung auf Erfüllung und Erfolg, die Sehnsucht nach tiefem Heimaterleben, die alle Sinne wachhielt und die Muskeln straffen ließ, die Stimmung machte, Laune schuf und Genuß bereitete. Es war der gute Anblick, das Drum und Dran der Jagd in einem kleinen und doch so groß empfundenen Jägerglück.

Hinter allem, was hier berichtet wird, steht mein Vater als Symbolfigur. Ihn, der mir Wegbereiter und Lehrprinz meines Jägerlebens war, deckt nunmehr schon drei Jahrzehnte der grüne Rasen. Vater konnte mich nicht schnell genug wachsen sehen, und doch sollten unsere gemeinsamen Jagdtage, durch das Zeitgeschehen gehetzt, eng bemessen sein.

Schon als Schuljunge genoß ich eine gründliche, nahezu vollendete jagdliche Ausbildung und wurde in viele Geheimnisse des Waidwerks eingeweiht. Mit guten Grundlagen erzogen, mit reichem Wissen und Können ausgestattet, wollte Vater mich früh zum Jäger reif machen. Der Zukunft und dem Schicksal vertrauend, trug er mir 1939 – ich war damals neun Jahre alt – in mein neu angelegtes jagdliches Tagebuch ein:

„Mögest Du, lieber Junge, als ein echter deutscher Jäger heranwachsen und Dich allzeit Deiner Jägerahnen würdig erweisen! Ich wünsche Dir von ganzem Herzen Waidmannsheil! Dein Vater".

So wurde ich früher als andere auf die jagdliche Laufbahn geschickt, die heute bis auf's letzte Drittel durchwandert ist, und die auch von daher einen Rückblick verdient.

Ich genoß in einer städtischen Försterei eine jagdfrohe Jugendzeit und eine gründliche Lehre. Meine jagdlichen Möglichkeiten glichen schon als Schuljunge einem jagdlichen Paradies: vom Kaninchen bis zum jagdbaren Hirsch stand mir alles offen. Diese seltene Chance begriff ich erst später, als das Leben mit reichen Gaben immer sparsamer wurde und den Preis des Lohns teurer werden ließ.

Meine jagdliche Ausbildung fiel in die Kriegszeit 1939 bis 1945. Bei Ausbruch des Krieges war mein Vater als Teilnehmer des ersten Weltkrieges ein Jahr zu alt, um eingezogen zu werden. Am Ende des Krieges 1945 war ich ein Jahr zu jung, um nicht noch eingezogen zu werden. Schicksalhaft bedingt, wurden so die Kriegsjahre zu meiner jagdlichen Lehrzeit. Auf diesem Fundament habe ich in drei verschiedenen politischen Epochen unter den jeweils herrschenden Jagdgesetzen gejagt und berichte so aus einem über fünfzigjährigen Waidwerk.

Als einen weiteren glücklichen Umstand sehe ich es an, daß ich vielen Jungjägern und Jagdhundeführern als Lehrer an der Forstschule Raben Steinfeld meine Erfahrungen als Forstmann und Jäger habe vermitteln können. Das Werden und Können vieler begabter und vielversprechender Jungjäger ist mir zur besonderen Erfüllung und Freude geworden. Besonders ihnen seien meine Erinnerungen gewidmet.

Für die technischen Zuarbeiten zur Entstehung dieses Buches schulde ich meinem Freund und Mitjäger Erwin Mantik großen Dank.

Dr. Günter Millahn

Der Puls des Lebens

drängt in ewiger Eile

über alles Schöne

viel zu schnell hinweg.

Inhalt

Vorwort	6
Das Vorstellungsgespräch	12
Unser Forsthof	17
Unsere Jagdwaffen	35
Der Beginn meiner Jägerlaufbahn	42
Verklüftet	57
Kleines Waidwerk an den Ufern des Schweriner Sees	67
Die „Katzen-Maaß"	69
Schnepfenstrich	74
Hasenjagden	81
Kriegsende	92
Der Generalsmarder	105
Dachsseife	107
Fangjagd	114
Der Beginn meiner Forstlaufbahn	122
Mein erster eigener Hund	128
Der Professorhund	132
Rückkehr in Mecklenburgische Jagdgründe	138
Der Ameisen-Urian	141
Elch aus der Forstschule	147
Nur den Hirsch mit den Krebsscheren	154
Jagd im Zeitgeschehen	162
Wenn die Gänse zogen	169
Lebenshirsch	179
Wilddichte, Wildschäden und Waldbau	188
Erfolg oder Mißerfolg liegen eng beieinander	196
Mit meinen Jagdhunden in bester Gesellschaft	201
Abschied vom alten Revier	213
Meine neuen Jagdgründe	235
Seinen Pensionshirsch schießt man nur einmal	242
Fazit	245
Jagdliche Chancen und Sünden	248

Das Vorstellungsgespräch

Ich bin in einem Forsthaus geboren. Mein Vater war Stadtoberförster und Verwalter der Stadtforst der Landeshauptstadt Schwerin. Wie mein Vater in einer politisch turbulenten und wirtschaftlich kargen Zeit zu dieser im Kreise der Forstleute begehrten Stellung kam, war eine Geschichte für sich, die er im Kreise seiner Freunde in demonstrativer Weise und etwas schauspielerischem Talent gerne vorzutragen bereit war.

Die Position des Stadtförsters war 1926 durch den frühen Tod eines noch in mittleren Jahren stehenden und geachteten Forstbeamten freigeworden. Stellen im Kommunaldienst waren schon immer und besonders damals nach dem ersten Weltkrieg sehr begehrt. Es ergaben sich daraus vielerlei Vorteile wie Eigenständigkeit und Nutzung städtischer Großzügigkeit. Man befand sich in der Situation, die Stadt mit zu repräsentieren und damit in einer exponierten Stellung.

Mein Vater hatte nach vier Jahren Kriegsdienst 1914 – 1918 in der Radfahrerkompanie des 14. Jägerbataillons sieben Jahre Forstdienst im großherzoglichen Revier als Stationsjäger absolviert und wollte sich um eine gehobenere Stellung bemühen. So beteiligte er sich nach der Ausschreibung der Stadtforst Schwerin an der Bewerbung. Es sprach sich im Kollegenkreise bald herum, daß beim Senat der Stadt eine große Zahl von Bewerbungen eingegangen war. Diese Nachricht löste bei den Bewerbern Mutlosigkeit aus. Die Lage schien hoffnungslos, die Chance, angenommen zu werden, war minimal. Nach langer Zeit des Hoffens und Harrens sprach es sich herum, daß mein

Vater, für uns alle unglaublich, in die engere Wahl für diese Stellung gekommen war. Bald darauf ging ein streng, aber höflich gehaltenes Amtsschreiben ein mit der Aufforderung zur Vorstellung im Hause des Stadtsenators in Privataudienz. Der Termin der Vorstellung rückte heran. Nichts war klarer, als daß dieser Akt schicksalsbestimmend werden würde. Wie auch immer die Entscheidung ausfiel – so oder so – sie würde die berufliche Laufbahn festlegen und auch die gesamte Familie in ihrer Entwicklung prägen.

Der Auftritt in einem so hohen Hause in Gegenwart eines so hochgestellten Beamten, von dem man annehmen mußte, daß er in einer nicht jedem gewöhnlichen Menschen zugänglichen Welt lebte, war also auf das Sorgfältigste vorzubereiten. Es war atemberaubend, sich das zu erwartende Zeremoniell in allen Einzelheiten immer wieder durch den Kopf gehen zu lassen. Alles kam darauf an, im wahrsten Sinne des Wortes eine gute Figur zu machen. Von dem Schatten, den man hier bei seinem Auftritt warf, hing das berufliche Schicksal ab, eine Einsicht, die sagenhafte Impulse verleihen mußte. Alle Eventualitäten mußten vorherbedacht werden – in jedem Falle, so kam man immer wieder zum Ausgangspunkt zurück, war das Spiel unberechenbar. Jede mögliche Situation war gut zu parieren, auf daß ja kein Körnchen Salz in die Suppe des Stadtsenators fiel und ihm den Geschmack an dem ihm noch fremden Bewerber verderben würde. Jedes Wort mußte überlegt, ja sogar mehrfach geprüft und bleibend für gut befunden sein. Die Redewendungen wurden sorgsam ausgewählt und eingepaukt. Die Körperbewegungen wurden im Schlafzimmer vor dem großen Kleiderspiegel geprobt, zuletzt die Wirkung des Auftritts in Ausgeh-Uniform überprüft. An der Uniform wurde herumgeputzt, gebürstet und gezogen, gestrichen und auf Linie gebracht. Es war damit zu rechnen, daß man bis ins Detail gemustert werden würde und daß von der absolut untadeligen Exaktheit der äußeren Schale mit geübter Unfehlbarkeit auf den Kern von Dienstauffassung, Leistungsstreben, Loyalität und soldatischem Gehorsam im Geiste preußischer Beamtentugend geschlossen wurde. Daran war nicht zu zweifeln. Dieses ganze Theater sollte nun in seiner bis zuletzt geprobten Form ablaufen. Man hätte Lachkrämpfe bekommen können über solche Spielregeln der damaligen Gesellschaft, aber dahinter stand bitterer Ernst.

Der Tag der Vorstellung war gekommen. Auf das Klingelzeichen an der Haustür öffnete eine ältere Hausdame und forderte den Bewerber wortlos mit lässiger Unterarmbewegung auf, ihr in das Vorzimmer zu folgen. Das geschah mit gesetzten, dennoch höflich gebremsten Bewegungen, immer bemüht, einen äußerst devoten Eindruck zu hinterlassen und preußisch-deutschen Gehorsam zu demonstrieren. Dem Bewerber wurde sodann ein Stuhl zugewiesen, auf dem er, nervlich schon stark strapaziert, aber in exakt aufrechter Haltung Platz nahm.

Als er nun dem großen Moment entgegensah und sich noch einmal die auswendig gelernte Satzfolge vorbetete, öffnete sich die gegenüber liegende hohe Zimmertür auffällig langsam. Im Türrahmen erschien eine großrahmige Frauengestalt mittleren Alters mit eigentümlich verkrampftem Gesichtsausdruck, den starren Blick auf den Besucher gerichtet, dabei in sachtem Stechschritt sich behutsam auf die Mitte des Zimmers zubewegend. In der linken Hand hielt sie einen Wetzstahl, in der rechten ein langes Küchenmesser, das sie am Stahl langsam wetzte. Die ganze Erscheinung war pantomimenhaft, theatralisch und schien unwirklich, aber angesichts des langen Messers auch nicht ungefährlich.

Die Dame war bereits, wenn auch mit komisch verhaltener Schrittfolge, vergleichbar mit einem Hampelmann, auf ihr Gegenüber zugeschritten und bemühte sich mit ruckartigen Verrenkungen erst abzudrehen, als sie kurz vor dem Besucher war. Der aber war in allerletzter Minute in einer Art Gegenwehr aufgesprungen und hatte auf diese Weise dazu beigetragen, einen Zusammenstoß zu verhindern. Automatisch flog die rechte Hand an den Griff des zur A-Uniform gehörenden Hirschfängers. Eine Sekunde hatten sich die beiden so gegenüber gestanden.

Darauf verließ die Dame messerwetzend und immer im gleichgetakteten Stechschritt durch die gegenüberliegende Tür den Raum. Mit dem Einschnappen des Türschlosses nahm der Bewerber wieder seinen Platz ein, damit beschäftigt, die Szene zu verarbeiten. Noch verwirrt und aus der Fassung gebracht, wurde die Situation erneut auf die Spitze getrieben, weil das gleiche Schauspiel nochmals ablief. Wieder trat die kräftige Frauengestalt in den Raum und durchschritt ihren Parcours immer messerwetzend mit dem Blick auf den Besucher. Und es folgte noch ein drittes Mal der gleiche dubiose Auftritt, diesmal aber dramatisch zugespitzt, indem die Dame einen direkten Zusammenstoß provozierte. Jetzt sprang der Bewerber erneut auf, und es wurde der Hirschfänger gezogen und der Dame auf den Stich gesetzt. In diesem Moment des szenarischen Höhepunktes, als dem Bewerber noch durch den Kopf schoß, ob die entstandene Notwehrsituation ein Abfangen des Stückes rechtfertigen würde, trat die Gouvernante ein mit einem Ausdruck des Bedauerns und entschuldigenden Worten, wie „geistesgestört" und „entwischt".

Das Malheur hatte sich damit erklärt. Nach diesem unerwarteten Vorspiel, das jedermann aus dem Konzept zu bringen geeignet war, verlief das anschließende Vorstellungsgespräch unerwartet höflich und seriös, dazu auch problemlos und durchaus hoffnungsvoll. Wenige Tage später erhielt mein Vater seinen Einstellungsvertrag.

Das Schicksal hatte damit eine gütige Wendung genommen, wenn auch von höchst kuriosen Umständen begleitet. Die Lebensstellung meines Vaters war freigegeben. Unsere Familie zog in das repräsentative Forsthaus der Stadt ein. Auf diesem Forsthof, den ich mein Elternhaus nenne, sollten wir beiden Kinder, meine Schwester und ich, eine glückliche Jugend verleben. Jagdlich tat sich für mich ein Reich der unbegrenzten Möglichkeiten auf, das ich freudig, aber doch maßvoll durchschritt.

Unser Forsthof

Unser Forsthof in Neu-Zippendorf lag mitten im Walde, etwa zehn Kilometer von der Landeshauptstadt Schwerin entfernt, an einem breiten, unbefestigten Landweg, auf dem nur Pferdewagen und Radfahrer verkehrten. Das Hauptverkehrsmittel der Landbevölkerung war damals das Fahrrad. Die Fahrradwege waren mit Pfählen abgesetzt, so daß sie von den Fuhrwerken nicht zerfahren werden konnten. Von der Hinterfront des einsamen Forsthofes führten Schneisen und Pürschsteige direkt in die mit Buchen unterbauten Eichenbestände. Das Forsthaus war sehr repräsentativ, zweistöckig und mit acht Zimmern ausgestattet. An der Vorderfront war im Obergeschoß architektonisch reizvoll ein dreieckiger Vorbau abgesetzt, von dem wilder Wein herabrankte. Seitwärts lag das große Stallgebäude, in dem das Vieh untergebracht war. Eine aus Brettern gezimmerte Feldscheune als Gelaß für Stroh und Heu lag dahinter.

Der große Hof an der Rückfront des Hauses war gesäumt von einem offenen Holzschuppen, in dem das Brennholz lagerte, sowie von drei nebeneinander liegenden Hundezwingern, die immer von mehreren Vorstehhunden und Teckeln besetzt waren. Von hier klang ein zünftiges Geläut, wenn die Hunde meldeten. Zu unserem Forsthof gehörte noch eine zweihundert Meter entfernt liegende Kleinbauernstelle. Ein kinderloses Ehepaar ernährte sich mehr schlecht als recht von den dürftigen Erträgen der kargen Sandböden. Der Komfort in den dreißiger und vierziger Jahren wurde hier repräsentiert durch eine Handpumpe für Trinkwasser, eine offene Feuerstelle in der Küche und durch einen mit Pferden betriebenen Göpel zum Dreschen des Korns sowie durch fast mittelalterliche Gerätschaften. Unser Wohnsitz, von Städtern der idyllischen Lage wegen gelobt, aber stets als schaurig einsam empfunden, war dennoch eine lebhafte Heimstatt, die von Bekannten und Verwandten gern aufgesucht wurde. Mein Vater als Hausherr und meine Mutter als Hausfrau bestimmten den Tagesablauf. Wir Kinder lärmten, die Hunde bellten, und das dreiköpfige Personal belebte den Forsthof. Da wohnte der Knecht mit ein, der für die Pferde zuständig war, der Schweizer, der die Dutzend Milchkühe betreute und das Hausmädchen, das im Haushalt und in der Küche half.

Die uns umgebende Waldstille empfanden alle als wohltuend, niemand litt unter dem Gefühl der Einsamkeit und Abgeschiedenheit, alle waren bodenbürtig, heimattreu und eng mit dem Wald verbunden, dessen Rauschen uns umfing. Von drei Seiten säumte der Wald den Forsthof; nur an der Vorderfront jenseits des Plater Landwegs lag ein dreihundert Meter breiter Acker, den der benachbarte Landwirt abwechselnd mit Roggen und Kartoffeln bestellte und meistens im täglichen Alleingang sowie im Handbetrieb die Ernte einbrachte. Aus den umstehenden Kiefern- und Buchenbeständen – die Buche war durch Hähersaat eingebracht – trat häufig Damwild und Rehwild aus und konnte auf Büchsenschußentfernung mit dem Fernglas beobachtet werden.

Zwischen unserem Wohnhaus und dem Nachbarn lag noch ein schmaler Acker, der den Blick zum Kleinbauern frei gab. Der Gebäudekomplex selbst war durch hochstämmige und ausladende alte Roßkastanien verdeckt und abgeschirmt. Lediglich das wütende Gebell eines zotteligen und überaus bissigen Kettenhundes namens Nero drang zuweilen bis zu uns herüber. Wenn Nero sich hin und wieder von der Kette losgerissen hatte, fiel er über alles her, dessen er habhaft werden konnte. Nur in unserem alten Pudelpointer, dem Stammhund auf dem Forsthof, fand er einen ebenbürtigen, grausam scharfen Rivalen. Beißereien zwischen den beiden gingen stets auf Leben und Tod und mußten gewaltsam unterbrochen werden.

Hinter dem Forsthof lag ein Obst- und ein Gemüsegarten. Der Obstgarten war gleichzeitig Hühnerauslauf. Alles war von einem Flechtzaun aus Fichtenreisern umgeben; so dicht, daß auch das Federvieh nicht entkommen konnte, denn draußen lauerte der Fuchs. Im Anschluß an den Garten lagen mitteljährige, mit Buchen unterbaute Eichenbestände, durch die ein Pürschsteig zum Schießstand führte. Zum Forstort „Waslow" gehörten 130 Jahre alte Rotbuchenbestände. Die übrigen den Forsthof umgebenden Kiefern-Altholzbestände waren aus Kiefernkulturen hervorgegangen, in die die Fichte eingeflogen war und wo auch die Buche sich über Hähersaat eingefunden hatte. Diese Mischbestände waren vorratsreich und strebten langsam ihrer Endnutzung zu, die damals noch grundsätzlich im Kahlschlag erfolgte. Bei dichtem Kronenschluß fand hier auch ein guter Damwildbestand seinen Einstand, der in Verbindung mit einem stärkeren Vorkommen im benachbarten Forstamt Buchholz stand, einem Gatterrevier, in dem gute Schaufler wuchsen.

Unser Forsthof war auch ein militärtaktisch wichtiger Punkt. Wir lagen nämlich an der Südspitze des Großen Dreesch, einer mehrere Quadratkilometer großen Grasfläche, die nach allen Seiten unübersehbar mit der Aufschrift „Exerzierplatz der Deutschen Wehrmacht. Die Ortskommandantur" ausgeschildert war. Schwerin war eine alte Garnisonsstadt, und der Dreesch war Truppenübungsplatz speziell der Kavallerie und Infanterie. Als ich 1936 vier Jahre nach meiner Schwester zur Schule kam, führte unser Schulweg über den „Exer", auf dem fast täglich Kriegsspiele abgehalten wurden, was für uns Kinder stets ein fesselndes Schauspiel militärischer Perfektion war. Die schönen Pferde der Kavallerie, die auf Mecklenburgischen Gütern gezogen waren, begeisterten uns so, daß wir Zeit und Stunde vergaßen und uns oft verspäteten. Immer wieder bildete unser Forsthof und die nächste große Fährwegkreuzung den Sammelpunkt der Schwadronen. Es gab kaum etwas Interessanteres für uns, als dem bunten Treiben zuzuschauen.

Nur einmal wurde es gefährlich, als ich an meinem elften Geburtstag meine städtischen Schulfreunde von der vier Kilometer entfernten Straßenbahn-Haltestelle abholte. Das begleitende Gefährt war ein von unserem alten Pudel gezogener Ziehwagen. Als dann unsere fröhlich über den Dreesch hinziehende Geburtstagskarawane durch die Nahkampfbahn der Infanterie dem Forsthaus zustrebte, hob einer meiner Freunde eine scharfe Gewehrgranate auf. Der Junge war drauf und dran, die Granate achtlos zwischen uns zu werfen, als ich sie ihm aus der Hand riß und weit weg hangabwärts warf. Beim Aufschlag detonierte das Geschoß mit einer hohen Feuersäule und einer Druckwelle, die uns zu Boden riß. Im Umkreis um die Aufschlagstelle war die Grasnarbe verkohlt. Dank der Entfernung geschah uns nichts. Einer von uns bekam lediglich einen Splitter ab, der aber wirkungslos vor der Stirn in der Skimütze stecken geblieben war. Die ausgelassene und fröhliche Geburtstagsrunde wäre beinahe nicht zustande gekommen, Ein Schutzengel hatte wohl die Hand über uns gehalten.

Der große Dreesch wurde zum Teil auch als Schafweide genutzt, wenn Flächen frei oder militärische Übungen beendet waren. Das Gut Kirchstück hatte hier zwei neu errichtete schilfgedeckte Schafställe stehen, in denen ca. eintausend Schafe untergebracht waren. Sie wurden von einem in einem Wohnwagen hausenden Schäfer gehütet. Hin und wieder brachte er sich mit abendlichen Harmonikaklängen in Erinnerung.

Der Forstdienst meines Vaters erstreckte sich auf das etwa 500 Hektar umfassende Stadtforstrevier. Ihm war noch ein Forstwart beigegeben, der vornehmlich die acht Mann starke Stammbrigade der Waldarbeiter betreute. Alle waren durch ihre Fahrräder beweglich einsetzbar. Das Zweirad war der Komfort des Alltags. Auch mein Vater fuhr täglich Fahrrad, und ich hatte den Eindruck, daß er auch sein Glück darauf fand. Im Forstdienst ist das Fahrrad das mit Abstand beste Fortbewegungsmittel. In dem Maße, wie das heute wegen Zeitknappheit und Arbeitshetze nicht mehr möglich erscheint, ist auch die Organisation des Forstdienstes nicht mehr optimal. Die forstwirtschaftliche Verwaltungsarbeit meines Vaters hielt sich in Grenzen, der Betriebsablauf war gut organisiert und hatte sich dank des erfahrenen und altgedienten Waldarbeiterpersonals perfekt eingespielt.

Daneben mußten die landwirtschaftlichen Arbeiten geplant und ausgeführt werden. Zur Försterei gehörten fünfzehn Hektar Dienstländereien, die in Eigenregie zu bewirtschaften waren. Diese zusätzliche Einkommensquelle war vom Dienstherrn mit einbezogen worden, damit das Gehalt entsprechend sparsamer bemessen werden konnte. Wie mir schwach in Erinnerung geblieben ist, bekam mein Vater ein Gehalt von ca. 300,- Reichsmark. Das Zubrot lieferte die Landwirtschaft und die Jagd. Üblicherweise gehörten in der damaligen Zeit größere Dienstländereien mit zu den Forsthöfen, weshalb die Revierverwalter auch ohne spezielle landwirtschaftliche Ausbildung über fundierte praktische Kenntnisse verfügen mußten. Dabei war man ziemlich auf sich allein angewiesen und finanziell nicht besonders gut gestellt. Daß die Familie zu Erntezeiten mit aufs Feld oder in die Heumahd mußte, war selbstverständlich. Ersparnisse, wenn es solche überhaupt einmal gegeben hat, mußten mit Unternehmungsgeist, Fleiß und nimmermüdem Einsatz eisern erarbeitet werden. Mein Vater beherrschte sein Handwerk und hatte von 1926 bis 1945 eine für damalige Verhältnisse stattliche Landwirtschaft aufgebaut. Allein die Viehhaltung mit drei Pferden, zehn Milchkühen, zehn Schweinen und einem großen Hühnerhof konnte sich durchaus mit den damaligen bäuerlichen Mittelbetrieben messen. Nach dem verlorenen Krieg 1945 und dem folgenden politischen Umbruch verloren wir fast unsere ganze Habe. Dennoch blieb damals für einen passionierten Jäger immer noch Zeit genug für ausgiebiges Jagen.

Die Zugtiere der Wirtschaft bildeten die beiden großen Braunen, hannoversches Warmblut, zwar schon fünfzehn Jahre alt, aber noch voller Temperament. Sie zogen die Pflugfurche, mähten die Wiese und brachten ein Dutzend Fuhren Heu ein. Daneben bestand die Hauptaufgabe in der Holzabfuhr aus der Stadtforst. Beide Pferde wurden 1940 zur Kavallerie eingezogen. Sie mußten durch andere Tiere ersetzt werden, was keine Verbesserung brachte. Unser drittes Pferd war ein feinknochiges, temperamentvolles Pony, das die vollen Milchkannen an den nächsten vier Kilometer weit entfernten Ort zur weiteren Beförderung bringen mußte. Uns Kindern diente es außerdem als Reit-

und Kutschpferd. Es zog den Jagdwagen, im Winter den kleinen Schneepflug, besorgte den Wildtransport mit einem gummibereiften Wagen und beschickte die Wildfütterungen. Bei schwierigen Wege- und Wetterverhältnissen brachte es uns auch auf dem Weg zur Schule bis an die vier Kilometer entfernte Straßenbahn. Das antransportierte Wild zerlegten wir im Wildkeller und lieferten es in das städtische Krankenhaus, das zum gleichen Dezernat wie die Stadtforst gehörte. Eine meiner beliebtesten Aufgaben bestand darin, meinem Vater für seine Jagdgäste Wild zu bestätigen. Das ließ sich reitend am besten machen. So kam ich fast immer mit interessanten jagdlichen Meldungen nach Hause, die sich mein Vater gern anhörte und auch verwertet hat.

So wie die Pferde von einem in Lohnarbeit beschäftigten Fuhrmann betreut wurden, der auch auf dem Forsthof wohnte, so war der Schweizer mit einem Dutzend Kühen beschäftigt. Im Sommer hatten wir Kinder zuweilen auch die Kühe zu hüten. Die jedes Jahr von meiner Mutter herangefütterten und versorgten Schweine dienten zu unserer und der Bediensteten Eigenversorgung. Das Schlachtfest von jährlich vier Schweinen, wovon jedes drei bis vier Zentner wog, war in der vorweihnachtlichen Zeit ein Höhepunkt in Wirtschaft und Haushalt. Die hinter dem Stall gelegene Feldscheune nahm das Getreide, das Stroh und das Heu auf. Es war für uns Kinder ein besonderes Vergnügen, vom Dachbalkengerüst tief hinunter ins weiche Stroh zu springen.

Der Taubenschlag im obersten First des Stallgebäudes über dem Heuboden beherbergte einen großen Flug blauer und blauweißer Haustauben, deren Bestand vom Hühnerhabicht reguliert wurde. Einer unserer Waldarbeiter war gelernter Stellmacher und hatte einen Habichtskorb gebaut, worin wir hin und wieder einen Habicht gefangen und ausgeschaltet haben, ohne daß sich der Taubenbestand wesentlich erholen konnte. Katzen gab es natürlich auch. Sie lebten auf dem großen Heuboden über dem Kuhstall ein abgeschiedenes und stiefmütterliches Dasein. Wenn sie auch täglich über eine Leiter gefüttert wurden, so waren sie doch sehr scheu. Sobald sie die Pfoten auf die Erde setzten, liefen sie Gefahr, von Hunden gegriffen und gewürgt zu werden. Ihre einzige kümmerliche Lebensversicherung bestand darin, zumindest tagsüber auf dem Heuboden zu bleiben. Zeitweilig hatten wir auch Frettchen, albino- und iltisfarbene. Mit dem infolge der Myxomatose abnehmenden Kaninchenbestand wurden die Frettchen aber wieder abgeschafft. An den zum Krähenabschuß gehaltenen Uhu kann ich mich nur schwach erinnern, weil er schon bald einging. Er hatte beim Kröpfen geschossener Krähen zu viele Schrote aufgenommen.

Eine ganz besondere Wertschätzung genossen unsere Jagdhunde. Mein Vater war ein passionierter Hundeführer und hatte diese Leidenschaft auf unsere gesamte Familie übertragen. Es wäre niemandem eingefallen, unsere Jagdhunde gering zu schätzen. Ihre Anwesenheit und ihre Nähe war uns stets angenehm, und wir fühlten es so, wie es ein bedeutender Jagdkynologe erklärt hat: „Du bist mit Deinem Hund immer in bester Gesellschaft". Jagdbetrieb ohne Gebrauchshund gab es bei uns nicht. Wir hielten vornehmlich Vorstehhunde wegen der umfangreichen Feld- und Wasserjagden. Die Teckel wurden vornehmlich zur Baujagd, aber auch bei der Schweißarbeit eingesetzt. In den zwanziger und dreißiger Jahren führte mein Vater Deutsch-Kurzhaar-Hunde, die er aus bewährten Mecklenburgischen Zwingern erwarb. Die Teckel waren kurzhaarig und schwarz oder rauhhaarig und saufarben. Die Vorstehhunde führte mein Vater auf den verschiedensten Prüfungen und hat sie schließlich nach bestandener Verbandsgebrauchshundprüfung (VGP) verkauft. Dabei war auch einmal von einem Hamburger Spirituosenhändler ein für die damalige Zeit sensationelles Geschäft eingefädelt worden. Der hervorragende DK-Rüde „Bill vom Schulenbusch" sollte für einen stolzen Betrag nach Rio de Janeiro verkauft werden. Wegen des Kriegsausbruchs zerschlug sich aber der Handel, und der Hund mußte im Inland für eine wesentliche geringere Summe verkauft werden.

Als Stammhund galt der eisgraue, betagte und jagdlich erfahrene Pudelpointer, den wir „Pudel" nannten. Dieser alte, dürrlaubfarbene, lockig behaarte Pudel war der Kopfhund der Meute und zufällig gleichen Jahrgangs wie ich. 1945, als wir beide fünfzehn Jahre alt wurden, mußte er schon, schwer krebsleidend, in die ewigen Jagdgründe überwechseln. Er genoß das absolute Hofrecht, wurde frei gehalten und war Beschützer von Haus und Hof. Auch bei allen Jagdgästen, deren es viele gab, genoß er den Ruf einer legendären Hundegestalt, ergraut, gestählt und in vielen harten Einsätzen bewährt. Er genoß würdevoll seine Freiheit und befand darüber, wer zum Forsthof freien Zutritt hatte und wer nicht. Zur letzten Gruppe gehörten Briefträger, Soldaten und fremde Uniformträger, denen er den Zutritt hartnäckig verwehrte.

Unser aller Verhältnis zu diesem großen, stattlichen und gutmütigen Hund war besonders herzlich. Er war viele Jahre mein treuer Spielgefährte gewesen und in meinen jagdlichen Lehrjahren auch mein Jagdgehilfe. Als Jagdgebrauchshund war er in der Feld-, Wasser- und Waldarbeit überragend. Er vereinigte in sich alle Vorteile des älteren mit hohem Jagdverstand und reicher Erfahrung ausgestatteten Gebrauchshundes, der sich lautlos führen ließ und immer wußte, was zu tun war. Jagdliche Situationen erfaßte er blitzschnell, er war der große Könner, der untrügliche Finder und sichere Verlorenapporteur. Er würgte rabiat Fuchs, Katze und kranken Rehbock und zog auch wundes Damwild nieder. Er war ein angenehmer Begleiter auf der Jagd, zeigte mit bester Nase das Wild an und arbeitete sicher am Schweißriemen. Seine feine Nase glich einem Radar, er stand ebenso gut vor wie er auch einsprang, wenn es erforderlich war. Er brachte auch lebendes Niederwild mit sachtem Griff und den noch lebenden schweren Hasen oft kilometerweit nach erfolgreicher Arbeit auf der Wundspur. Wildernde Katzen würgte er lautlos. Natürlich brachte sein besonderer jagdlicher Ruf interessante Einladungen ein. Sogar solche hohen Ranges, mit größten Anforderungen und schwierigsten Verhältnissen wie z.B. bei den großen Staatsjagden auf Wasserwild an den Karpfenteichen der Lewitz, wo viele hundert Enten zur Strecke kamen.

Der Vorgarten setzte sich seitwärts fort und war dort mit einigen Alteichen, Ahornen und Rüstern bestanden. Eine im Bogen aus Feldsteinen angelegte Grotte war das schattig einladende Plätzchen für die sonntägliche Kaffeetafel, zu der sich häufig Gäste – meistens Jagdgäste – einfanden. Vor der Steingrotte hatte mein Vater einen kleinen Seerosenteich anlegen lassen. Das Vorgartengelände endete in einer Hainbuchenlaube, in der es sich ebenfalls gemütlich sitzen ließ. Dies war ein Ort, um jagdliche Vorhaben zu besprechen, Jagderlebnisse auszutauschen und in den Kriegsjahren die geschichtsträchtigen Ereignisse zu erörtern.

Zum Forsthof gehörte auch ein Schießstand, den mein Vater im Einvernehmen mit der Stadtverwaltung für den Hegering anlegen ließ. Dieser Schießstand lag ganz idyllisch sechshundert Meter hinter dem Forsthaus an den angrenzenden mittelalten Eichenbeständen, durch die ein gepflegter Pürschsteig zu ihm hinführte. Die einhundert Meter lange Kugelbahn war von einer Fichtenhecke gesäumt, die zugleich eine kleine Waldwiese umgab. Darauf gediehen im weiten Verband Wallnußbäume, die das Resultat eines Heeresauftrages zur Produktion von Gewehrschäften waren. Die handwerklich begabten Waldarbeiter hatten aus starken Eichenrundhölzern ein hübsches, schilfgedecktes Schützenhaus gebaut, in dem Anschußpritsche, Bänke und Gestühl untergebracht waren. Von hier aus lief, linksseitig gesäumt von einem einhundertjährigen Altbuchenbestand, die hundert Meter lange Kugelbahn bis zum Scheibenstand mit seinem fünf Meter hoch aufgeschütteten Kugelfang. Wählen konnten die Schützen zwischen Ring-, Rehbock, Überläufer und Fuchsscheibe und auch dem laufenden Keiler. Selbst ein Feldtelefon, eine gut erkennbare Anzeigentafel sowie ein Klingelsignal für die laufende Keilerscheibe repräsentierten den für damalige Verhältnisse anspruchsvollen und praktischen Stand der Schießausbildung.

Dieser im Forstort „Pflanzgarten" gelegene Schießstand wurde viel besucht. Die Jäger mehrerer Hegeringe kamen an jedem Wochenende hier zusammen, um ihre Waffen einzuschießen oder Übungsschießen abzuhalten. Der Forstwart hatte die Leitung inne, organisierte den ganzen Betrieb und war für die Sicherheit verantwortlich. Für mich als Schuljunge und werdenden Jungjäger war der Schießstand ein beliebter Aufenthaltsort. Wenn es hinter der Försterei knallte, war ich auch schon bald dort zu finden. Hier waren Jäger aus allen Gesellschaftsschichten zu sehen, und auch die Verwegensten gaben sich hier ihr Stelldichein. Ein unbeschreibliches Waffenarsenal konnte man hier bestaunen. Es wurde angeregt über Kaliber, Geschosse, Laborierungen und Geschoßwirkungen gefachsimpelt, immer wieder von Jagdgeschichten ausgeschmückt. Die Stimmung der Jäger, die sich hier trafen, verriet Wohlbefinden und Vergnüglichkeit in gelöster Freizeitatmosphäre. Das Gemeinschaftsgefühl war dem entsprechend stark ausgeprägt.

Bei allem stand die Sicherheit auf dem Schießstand im Vordergrund. Wer sich mit dem geladenen Gewehr nur umdrehte, mußte fünf Reichsmark bezahlen. Auch hochrangige Jagdgäste wurden nicht geschont und trugen am meisten zur Füllung der Schießstandkasse bei. Mein Vater nahm häufig am Übungsschießen, immer aber an Preisschießen teil. Er schoß eine kleinkalibrige Scheibenbüchse mit Blockverschluß und einem 2,5-fachen Zielfernrohr. Die Patronen dazu fertigten wir selbst. Außer einem neuen Zündhütchen, einem Pulversäckchen und einer aufgesetzten Bleikugel war zu einer neuen scharfen Kugelpatrone nichts weiter erforderlich. Beim Wiederladen durfte ich mithelfen. Ich mußte später oft daran denken, daß er fast jede Kugel in die Zehn der Scheibe brachte, und die hatte nur die Größe eines Bierdeckels.

Neben der Kugelbahn gab es auch eine Anlage für die Kipphasenscheibe. Sie erfreute sich großer Beliebtheit bei den Jagdgästen, wurde oft beschossen und noch öfter gefehlt. Der Hase konnte auf Rollen über eine Drahtschiene unterschiedlich schnell über die Schneise geschickt werden. Das war eine sehr jagdnahe Schießübung. Mancher Schütze wunderte sich, wie leicht man Hasen vorbeischießen konnte und stellte fest, daß man auch beim Schrotschuß genau abkommen mußte. Fast alle Fehlschüsse waren auf ungenügendes Vorhalten und auf mangelndes Mitschwingen zurückzuführen, so daß die Schrotgarbe hinter dem flüchtigen Hasen lag. Wurde der eiserne Kern des Hasen auf einer Entfernung von 35 m nicht von mindestens fünf Schrotkörnern getroffen, dann kippte der Hase nicht.

Auf den Jägerprüfungen, die jährlich auch bei uns stattfanden, wurden im Fach „Handhabung der Schußwaffe" zuweilen Holzscheiben auf unbekannter Entfernung aus der Deckung heraus über die Schneise getrünnelt, was den Vorteil hatte, daß man die Trefferquote deutlich auszählen konnte.

Neben der Kugelbahn gab es im lichten Buchenaltholz am Rande des in der Nähe gelegenen Exerzierplatzes zusätzlich zur Kugelbahn einen Tontaubenschießstand. Allerdings befand sich dort nur eine einarmige, ziemlich langsam werfende Wurfmaschine mit Handbedienung. Auch dieser Stand erfreute sich großer Beliebtheit, und obwohl die Tontauben nur langsam flogen, wurden sie oft gefehlt. Wer keine Übung hatte, traf zunächst nur selten, wer fleißig übte, wurde bald besser. Gut schoß nach Meinung meines Vaters, wer kaum mal, wie er, einen Fehlschuß hatte. Jene konnten sich dann eines gehobenen Respektes sicher sein.

Wie nützlich und tierschutzgerecht ist doch ein periodisch zu wiederholendes Übungsschießen, und wie selten wird es gepflegt! Ich habe dann später in der langen Zeit meines Jägerlebens beobachtet, daß nur selten regelmäßige Übungsschießen stattfanden. Dazu fehlte angeblich die

Zeit, die aber für die Jagd vorhanden war. Die meisten Jäger fühlten sich erst zu Probeschüssen auf dem Schießstand veranlaßt, wenn sie mehrfach Wild vorbei oder krank geschossen hatten und der Waffe nicht mehr trauten. Wie will man aber auf ein immer besseres Verhältnis von Patronenverbrauch und Trefferzahl kommen, wenn der Sitz der Kugel mit dem Abkommen nicht mehr übereinstimmt?

Unsere Jagdwaffen waren schon zu meiner Jugendzeit vor 1945 ein Kleinod und unser besonderer Stolz. Jäger und Forstleute sind meistens Waffenliebhaber, viele sogar Waffennarren. Wer jagdliche Passion im Blut hat, kann sich meist auch für Waffen begeistern. Von guten und dabei nicht unbedingt teuren Waffen, die aber gut liegen und zuverlässig und sauber schießen, hängt natürlich auch der jagdliche Erfolg ab. Wie oft bemerkte ich aber, daß die Waffe an sich im jagdlichen Schießen überbewertet wird. Werden Fehlschüsse nicht allzuoft der Waffe angelastet, und trifft der wahrlich gute Schütze nicht mit jeder gewöhnlichen Flinte und Büchse? Viel mehr als auf die Waffe kommt es auf den Steuermann an – das ist eine allgemein richtige und trotzdem immer wieder gemachte Erfahrung.

Der Waffenmarkt hat sich in den letzten Jahrzehnten wie kaum ein anderer Wirtschaftszweig schwindelerregend entwickelt, ja so perfektioniert, daß es Wunder nimmt, wenn das Wild überhaupt noch eine Chance hat. Daß die Schußleistung der Waffen immer besser geworden ist, kommt dennoch dem Wild zugute. Entscheidend bleibt nach wie vor die verantwortungsvolle Abgabe des Schusses, die genügende Berücksichtigung aller Begleitumstände, die immer wieder andere sind. Nicht zuletzt aber die

Selbstbeherrschung und die ruhige Hand. Mehr noch als eine noch so teure Waffe sollte aber der eigene Ehrgeiz, durch Übung immer besser zu schießen, ans Herz gewachsen sein.

1940 trat auf unserem Forsthof eine wesentliche Veränderung ein. Nach dem Feldzug Hitlers gegen Frankreich wurden uns dreißig französiche Kriegsgefangene zugeteilt, die in der Stadtforst arbeiten sollten. In wenigen Tagen war die Unterbringung und Verpflegung vorzubereiten und abzusichern und das in Eigenregie der Stadtforst. Für die Unterbringung bot sich die auf dem Hinterhof an der großen Feldscheune stehende Baracke an, in der schon im ersten Weltkrieg einmal Gefangene untergebracht gewesen sein sollen. Seitdem waren in der Baracke Geräte und Maschinen abgestellt. Das aus Brettern errichtete Holzgebäude war in relativ gutem Zustand und konnte in wenigen Tagen als Quartier ausgestattet werden. Das übernahmen die Waldarbeiter unserer Stammbrigade. Die Bettgestelle wurden aus Nadelderb- und Reiserstangen zusammengezimmert, und jeder Gefangene erhielt auch einen provisorischen Holzschrank. Die Wände wurden verschalt und isoliert, ein eiserner Ofen für Holz- und Kohlefeuerung installiert. Die Lichtleitungen wurden gezogen, und das Dach mit Dachpappe abgedichtet. In wenigen Tagen war die Baracke bezugsfertig.

Und da waren sie auch schon, die dreißig Franzosen, die den Kampfhandlungen gesund entronnen waren, begleitet von zwei Wachleuten einer Landesschützenkompanie. Es waren Menschen aller Berufe, Jüngere und Ältere, Blonde und Schwarzhaarige, Korpulente und Schlanke, Ernste und Fröhliche. Alle brachten sie zum Ausdruck, glücklich darüber zu sein, daß der Krieg für sie zu Ende war, und sie sich in Sicherheit befanden. Ein engeres menschliches Verhältnis ergab sich zwischen meinem Vater und den Gefangenen daraus, daß mein Vater selbst im ersten Weltkrieg in französischer Kriegsgefangenschaft gewesen und gut behandelt worden war. Er sprach zudem noch passabel Französisch, so daß die Verständigung zur Lösung von Problemen gewährleistet war. Das förderte ganz erheblich den Kontakt. Aus dem eigenen Verständnis für die Lebenslage von Kriegsgefangenen war mein Vater bestrebt, alles ihm Mögliche für das Wohlbefinden der unfreiwilligen Gäste zu tun.

Unter den Franzosen war ein Koch aus Bordeaux, der als Küchenleiter eingesetzt wurde. Er hatte in Zusammenarbeit mit der Stadtforstverwaltung die ordentliche Verpflegung der Mannschaft zu sichern. So kochte er eigenverantwortlich das Essen, war dafür von allen Forstarbeiten befreit und brauchte morgens mit der Kolonne nicht in den Forst auszurücken. Die Lebensmittel holte mein Vater mit unserem Auto, einem Opel-Olympia, heran. Die Verpflegung war reichlich bemessen, es brauchte niemand zu hungern, und es konnte grundsätzlich auch Nachschlag verlangt werden. Außerdem kam alle Augenblick ein LKW vom Schweizer Roten Kreuz und brachte zusätzliche Verpflegung. Schokolade und andere Genußmittel hatten die Franzosen während des Krieges mehr als wir. Was ihren Arbeitsauftrag betraf, so war eine für Hilfskräfte angemessene Norm festgesetzt. Jeder mußte täglich einen Raummeter Holz mittels Bügelsäge und Axt in Grubenholzstärke aufarbeiten, was nur eine relativ geringe Arbeitsleistung abforderte. Im Frühjahr pflanzten sie auch im Kulturbetrieb. Die von ihnen im Forstort „Krimm" angelegten Fichtenbestände am Westrand des Dreesch-Neubaugebietes stehen heute schon im Baumholzalter. Die Einstellung zwischen den Franzosen und uns Deutschen war also keineswegs feindselig, sondern eher kameradschaftlich. Auch die Wachsoldaten, die die Kolonnen täglich zu ihrer Arbeit begleiteten, hatten ein freundschaftliches Verhältnis zu ihren Schützlingen, sie waren bemüht, die bestehenden strengen Anordnungen nicht anzuwenden. So sollten die Wachleute abends die Baracken verschließen, sie duldeten aber stillschweigend, daß die Franzosen auch einen Türschlüssel besaßen. Mein Vater riet den Gefangenen davon ab, Fluchtversuche zu unternehmen. Sich nach Frankreich durchzuschlagen, ohne gefaßt zu werden, war so gut wie unmöglich. Außerdem war Frankreich damals durch die deutsche Wehrmacht besetzt. Im Falle einer erneuten Gefangennahme nach einer Flucht drohte den Flüchtlingen eine Überstellung in ein Straflager. Für zwei, die dennoch geflohen waren, einen Weinhändler und einen Lehrer, war es leider so gekommen.

Die Franzosen waren ein lustiges Völkchen. In ihrer Baracke herrschte immer ein lebhaftes Treiben. Als Schuljunge hielt ich mich oft unter ihnen auf, obwohl das eigentlich streng verboten war. An Sonntagen sangen sie ihre Heimatlieder. Eines Tages bemerkte ich, daß sie in ihrer Baracke eine Ehrentafel der erfolgreichsten und höchstdekorierten deutschen Jagdflieger aufgehängt hatten, obwohl das ja praktisch ihre Feinde waren. Sie bestanden aber darauf, diese Männer als große Helden des Krieges ehren zu müssen.

Einer der Franzosen war Gärtner. Er hieß André Lefèvre und war vierundzwanzig Jahre alt. Er wurde in unserer Landwirtschaft eingesetzt, nachdem der Fuhrmann eingezogen worden war. André hatte eine besondere Vertrauensstellung inne, die er in jeder Hinsicht und bis zur letzten

Minute in vorbildlicherweise rechtfertigte. Er war, wie er erklärte, auch Jäger und jagte in seiner Heimat auf Fasanen, Kaninchen und Enten. Eines Abends nahm ich ihn mit zum Schnepfenstrich und gab ihm meine Flinte in die Hand. Da strahlten seine Augen, und das nicht nur wegen des erwiesenen Vertrauens. Im Winter fuhr er uns mit dem Ponywagen zur Schule, und täglich hatte er die Milchkannen zur Sammelstelle ins nächste Dorf zu bringen. In den Maitagen 1945, als das Kriegsende abzusehen war, bot mein Vater ihm an, sich von unseren Waffen welche auszuwählen, um sie mit nach Frankreich zu nehmen. Er nahm nur eine fünfschüssige schwedische Flinte Kal.12 an sich und wird sie sicherlich in seiner Heimat geführt haben. Leider hörten wir später nichts mehr von ihm, was ganz sicher nicht nur an ihm gelegen hat.

Die gute Behandlung, die mein Vater den Franzosen angedeihen ließ, sollte sich auch zu seinem Schutz auswirken. Als die ersten amerikanischen Kampfverbände bei uns einrückten und mit gezogener Waffe auf meinen uniformierten Vater losgingen, kamen ihm sofort die Franzosen zur Hilfe und nahmen ihn in Schutz. So kamen Freund und Feind zum gegenseitigen Nutzen durch den unseligen Krieg.

Unsere Jagdwaffen

Es ist mir heute eine liebe Erinnerung, wie rasant ich zu Beginn meiner Jägerlaufbahn die Waffenleiter persönlichen Besitztums emporkletterte und wieviel Freude jede neue Waffe auslöste. Auf der untersten Sprosse dieser Leiter begann es mit einem leichten Knickluftgewehr der Marke „Diana", mir als siebenjährigen Buben zum Geschenk gemacht von keinem geringeren als dem Vorgesetzten meines Vaters, dem von mir geschätzten Stadtrat. Allerdings mit der eindringlichen Warnung, ich solle damit vorsichtiger umgehen, als er es getan hätte. In seinen Kindertagen hatte er nämlich einem Pastor durch den Zylinder geschossen, was ihm mächtig Ärger einbrachte. Zu seiner Rechtfertigung hatte er damals als Junge nur gesagt, es sei niemals seine Absicht gewesen, den Herrn Pastor zu verletzen, was ja auch nicht geschehen sei. Der Bolzen mit dem gelben Püschel hätte ja auch nur den Zylinder durchschlagen, was ja die eigentliche Absicht und auch die Treffsicherheit bewiesen hätte. Ich habe mich an diese Mahnung zu halten versucht, wenngleich ich mich auch nicht freisprechen möchte, trotz strenger Erziehung und anschaulicher Unterweisung in der Handhabung von Waffen manch unverzeihliche Dummheit und Leichtsinnigkeit begangen zu haben. Es ist dabei zwar nichts passiert, aber allemal schockierend, ins eigene Stammbuch eingetragen zu werden. Man sollte nur immer auch aus seinen Fehlern lernen.

Mit meinem Knicker habe ich leidenschaftlich gern auf Ring- und Wildscheiben trainiert und auf Spatz und Fink, Drossel und Eichelhäher gejagt, wobei die Größe der Beute „hirschgerecht" klassifiziert wurde. Der Eichelhäher glich dabei schon einem jagdbaren Hirsch. Mein Vater hatte zwar nichts dagegen, daß ich den Knicker auch „jagdlich" führte, aber verlangte gute Kenntnisse der heimischen Vogelarten von mir, damit ich die Singvögel schonte. Er schenkte mir das dicke Vogelalbum, das es damals kostenlos gegen Einsendung von einhundert Belegbildern aus den Zigarettenpackungen der Marke „Eckstein" gab, mit der Auflage, alle Vogelarten im Bild sicher anzusprechen. Erst als ich alle Arten fehlerlos ansprechen konnte, durfte ich auch mit dem Knicker jagen. Von diesem frühen Erwerb an Kenntnissen über solche Bilder habe ich Zeit meines Lebens gezehrt und konnte auf viele Fragen, die mir über die Vogelkunde gestellt wurden, fast immer eine richtige Antwort geben. Wie wichtig ist es doch, daß gerade ein Jäger sichere und umfassende Kenntnisse über alle vorkommenden heimischen und Invasionsvögel hat! Diese, aber auch jede andere systematisch betriebene Methode des Erlernens ist jedem Jungjäger anzuraten.

Mit meinem Luftgewehr waren leider auch Schmerzen verbunden – derart, daß ich wiederholt beim Laden die Finger zwischen Knicklauf und Verschluß bekam. Wenn man bei geknicktem Lauf den Abzug berührte, schlug der Lauf hoch und klemmte unfehlbar den Finger ein. Das gab dann eine böse Quetschwunde. Meine besorgte Mutter hatte nach der Ersten Hilfe den Knicker auf den Gerümpelberg geworfen. Nachdem dann der Schmerz nachließ, holte ich ihn mir wieder. Ich konnte trotz allem, was es mir angetan hatte, nicht auf mein Gewehr verzichten. Die nächsthöhere Stufe war ein 6-mm Tesching, Fabrikat „Mauser", kurzläufig und mit präziser Schußleistung. Man konnte auf kürzere Entfernung mit der Flobertkugel jedes

Streichholz damit wegschießen, wenn man sehr genau abkam. Nicht weniger präzise konnte man die halblange, die 22-long oder die 22-superlong mit gelochter Bleikugel auch auf sechzig und achtzig Meter ins Ziel bringen. Bevor ich aber diese gefährliche Handfeuerwaffe in freier Wildbahn führen durfte, genoß ich wiederum eine gründliche Belehrung.

Außer auf einige Spatzen, Krammetsvögeln, Eichelhähern und Kaninchen kam der Tesching jedoch nicht groß ins Gefecht, weil sich neue, weitreichendere Perspektiven mit einer leichten Damenhahnflinte Kal. 28 ergaben, die mir ein alter, mit unserer Familie befreundeter Jäger zum Geschenk gemacht hatte. Wenngleich auch keine großen Schlachten mit diesem Tezerol zu gewinnen waren, so war doch das Selbstbewußtsein erheblich gestärkt. Hielt man die zwanzig Meter Entfernung ein, blieb sogar ein Kaninchen im Feuer. Lange bin ich bei diesem mehr oder weniger Spielzeug nicht geblieben, denn ich hatte ja eine ganze Galerie bester Waffen in unserem Waffenschrank vor Augen, die mich schon damals klar erkennen ließen, was in Männerhand gehörte.

Als ich schon drei Jahre später meine belgische Kal. 20 erwarb, hatte ich zum ersten Mal das Gefühl, ein vollwertiger Jäger zu sein – was ich unter Beweis zu stellen jederzeit bereit war.

Eine weitere Stufenleiter erklomm ich durch das Geschenk eines wohlhabenden Jägers, der zwar die angrenzende Feldmark zur Stadtforst gepachtet hatte, sie aber nicht bejagte, sondern das meinem Vater überließ. Der begüterte Herr war im internationalen Geschäftswesen tätig und viel auf Reisen, die er auch zur Großwildjagd nutzte. Er besaß in unserem Nachbarort, einem Vorort der Landeshauptstadt, eine prunkvolle Villa, die er aber nur während kurzer Urlaubsaufenthalte nutzten konnte. Ich hatte ihm dann Wildbret zu überbringen, das von uns auf seiner Pachtjagd erbeutet worden war. Bei einer dieser Gelegenheiten schenkte mir dieser liebenswerte Mann eine 6-mm Kleinkaliberbüchse, Fabrikat „Walther". Die Waffe besaß ein Magazin, repetierte automatisch und wurde mit einer nickelfarbenen Patrone 22-long beschossen. Die Waffe war ein Schmuckstück mit hervorragender Schußleistung, die ich noch verbesserte, indem ich auf die Waffe ein kleines Zielfernrohr montieren ließ.

Diese Kleinkaliberbüchse hätte man vielseitig und sicherlich auch mit großem Erfolg führen können, doch es kam wegen der dramatischen Kriegsereignisse nicht mehr dazu.

Als mir dann kurz vor Kriegsende einer unserer Jagdgäste, den ich drei Jahr vorher auf seinen ersten Bock geführt hatte noch eine 16-er Suhler Doppelflinte schenkte, mußte ich sie sogar unbeschossen lassen, weil die Ereignisse uns überrollten.

Unser Gewehrschrank war mit wertvollen Waffen angefüllt. Wieviel es waren, wußten wir eigentlich nie so genau. In den letzten Apriltagen 1945 zählte ich sie aber einmal durch. Es standen nicht weniger als 26 Waffen im Schrank. Ich mußte mich darüber wundern, wie sich der Bestand mit der Zeit aufgestockt hatte. Mehrere gute Waffen stammten aus der Erbschaft meines Großvaters väterlicherseits, der in Pension gegangen war. Hierzu gehörte die alte Mauser Repetierbüchse Kal. 8 x 57 IS, die alte 16-er Hahnflinte mit bester Schußleistung und eine moderne 12-er Selbstspanner Doppelflinte Suhler Fabrikats, die bisher kaum benutzt worden war. Einige andere Waffen stammten aus der Aufklärung von Wilddiebereien durch meinen Vater nach dem ersten Weltkrieg, die er im Alleingang bewältigt hatte. In Anerkennung seiner erfolgreichen Wildererbekämpfung waren ihm als Stationsjäger die Beutewaffen mit der Bemerkung „wegen schneidigen Vorgehens" überlassen worden. Einen erheblichen Zuwachs an Jagdwaffen erhielten wir sozusagen auf höheren Befehl. Unserem Hegering waren nach der Kapitulation Frankreichs ein Dutzend sogenannte Beutewaffen zugeteilt worden, die wir aus der Handfeuerwaffen-Versuchsanstalt in Berlin-Wannsee abzuholen hatten. Es war meine erste Reise in die damalige Reichshauptstadt.

Vater und ich verloren im Großstadtgetümmel völlig die Orientierung. Wir irrten verloren durch die Straßen und fanden schließlich im damaligen Rheinlandhotel eine Übernachtungsmöglichkeit. Die erste äußerst unangenehme Überraschung erlebten wir im Aufzug unseres Hotels in die höheren Etagen, weil das technische Wunderwerk auf halber Strecke steckenblieb. Da inzwischen Fliegeralarm gegeben war und die ersten Bomben irgendwo niederrauschten, empfanden wir unsere Lage nicht gerade als beneidenswert. Nach längerer Internierung im Fahrstuhl wurden wir zwar befreit, hatten dann aber eine bitterkalte Nacht im ungeheizten Hotel zu überstehen - besser gesagt, zu durchfrieren. Als dann am nächsten Morgen auch noch das Waschwasser gefroren war, fühlten wir uns endgültig nicht mehr zum Großstadtleben hingezogen.

Für diesen kalten Morgen sollten wir aber fürstlich entschädigt werden, weil es uns vergönnt war, in Wannsee die größte Waffenschau unseres Lebens bestaunen zu können. Dort fanden wir in langen Baracken – ich erinnere mich an

Gestellreihen, zu zwanzig nebeneinander aufgebaut – unübersehbare Mengen von Jagdwaffen, die dichtgedrängt nebeneinander abgestellt waren. Es waren Jagdwaffen aller Systeme, Fabrikate, Modelle und Kaliber, wie sie von der Deutschen Wehrmacht in den damals besetzten Ländern requiriert worden waren. Aus diesem Waffenarsenal sollten wir zwölf Waffen für unseren Hegering aussuchen, eine Aufgabe, die uns schier überforderte.

Diese Sammlung hunderttausender Jagdwaffen war für uns eine einmalige Schau und Augenweide. Selbst nach zwei Stunden waren wir kaum vorwärtsgekommen. Immer wieder wurden schon ausgesuchte Gewehre gegen vermeintlich noch bessere umgetauscht. Als wir schließlich mit einem großen Bündel Jagdwaffen das Gelände verlassen wollten, rief mich der Aufsichtshabende noch einmal zurück, um mir für 25,– Reichsmark eine nagelneue belgische Doppelflinte Kal. 20 mit goldenem Wappensiegel auf dem Abzugsbügel zu überlassen. Wie er sagte, hatte er sie ursprünglich für sich selbst reserviert, es sich dann aber anders überlegt. Diese Damenflinte war für mich als Zwölfjährigen wie auf Maß angepaßt und lag mir vorzüglich. Ich habe sie drei Jahre lang in reichen Niederwildgründen geführt. Sie hielt in der Schußleistung mit jeder größeren Flinte mit. Als wir dann dieses Wunderland der Waffen verließen, schwindelte uns von den Eindrücken.

Das makabre Spiel der Historie sollte dann allzubald den Spieß umdrehen, weil auch wir den Siegermächten alle unsere Jagdwaffen als Beute aushändigen mußten mit der Drohung: „Auf Waffenbesitz steht Todesstrafe!" Auch das ist also ein unsinniges Ergebnis nichtsnutziger Kriege.

Als meine jagdliche Lehrzeit mit dem Kriegsende ihren vorläufigen Abschluß fand, hatte ich schon viele gute Jagdwaffen gesehen und manche von ihnen geführt. Die Zeit des unbeschwerten Waffenbesitzes war dann aber jäh vorüber, und es folgte von 1945 bis 1957 eine waffenlose Zeit. Erst nach Abschluß meines Forststudiums wurde mir vom Landesforstamt Schwerin wieder eine Doppelflinte Kal. 16 Suhler Fabrikats angeboten, die ich für 725,– Mark kaufte. Ich war damit während der kurzen Zeit gelockerter Bestimmungen über Waffenbesitz in den erlesenen Rang eines persönlichen Waffenträgers gelangt. Bezüglich der Freigabe von Jagdwaffen in der DDR folgte unausweichlich und schon bald wieder eine sehr lange Eiszeit. Erst weitere elf Jahre später verdankte ich es der sonnigen Augenblickslaune unseres Polizeipräsidenten, daß ich eine Kugelwaffe erwerben durfte. Ich wählte mir bei dieser außerordentlichen Chance eine Suhler Bockbüchsflinte Modell E 36, Kal 7x65 R/12. Diese Waffe habe ich dann bis zur Wende mit Erfolg geführt und viel Wild damit erlegt.

Mit der Einheit Deutschlands sollte ich dann wieder eine Zeit erleben, in der sich ein Jäger im freien Handel seine Waffe wählen kann, so wie er Lust und Geld dafür aufbringen will.

Der Beginn meiner Jägerlaufbahn

Für jeden passionierten Jäger sind wohl die ersten erlegten Stücke jeder Wildart Marksteine seiner Jägerlaufbahn, die er in besonders lebhafter Erinnerung behält. Erlebnisse, an die man gern zurückdenkt. Das war wohl seit Jägergenerationen so und wird auch wohl so bleiben. Besonders gern denkt man dann an die unbekümmerte Jugendzeit zurück, in der einem die Erfüllung von Kindheitsträumen der Mittelpunkt der Welt und der Inhalt des Lebens zu sein schien.

So erinnere ich mich an meinen ersten Schrotschuß, als ich sieben Jahre alt war. Großvater, Vater und ich waren auf einer unserer beliebten kleinen Jagdtouren per Fahrrad unterwegs, als ich auf ein Eichhörnchen mit der 12-er Flinte zu Schuß kam. Während mein Großvater das Langrohr abstützte, bemühte ich mich, das Korn ins Ziel zu bringen. Auf den Schuß hin fielen sowohl das Eichhörnchen als auch ich. Diese unvermutete Wirkung vermochte mich aber nicht nachhaltig zu beeindrucken, obwohl meine Lippe stark angeschwollen war. Ich ertrug das mit der Würde eines aufstrebenden und unerschrockenen Jungjägers.

Bald darauf drückte mir mein Vater gelegentlich unserer Jagdausflüge seine 16-er Doppelflinte in die Hand, und ich erlegte ein rotfarbenes Gimpelmännchen und einen Eichelhäher. Beide farbenprächtigen Vögel ließ mir mein Vater ausstopfen. Über meinem Bett bekamen sie ihren Ehrenplatz. Anfang Oktober bekam ich zu Beginn meines neunten Lebensjahres meinen ersten Hasen frei. Als Waldläufer wußte ich, wo abends Waldhasen zu Felde rückten. Nach einigen Probeschüssen auf dem Schießstand hielt ich mich auch für dieses Vorhaben genügend gerüstet. Unweit vom

Forsthof auf einer Schneise am Rande eines Kiefern-Buchen-Mischbestandes und einer gegatterten Douglasien-Fichtenkultur bezog mein Vater mit mir den Abendansitz. Diesem Ereignis fieberte ich förmlich entgegen. Schließlich durfte nicht jeder einen großen Waldhasen schießen! Sicherheitshalber ging ich liegend schon lange vor der Zeit des Hasenanlaufs in Stellung. Als nach einer Stunde der ahnungslose Waldhase wie jeden Abend auf die Schneise gehoppelt kam, schoß ich. Die schneeweiße Unterwolle leuchtete weit hin sichtbar. Mein Vater teilte mit mir meine große Freude. Als ich am nächsten Tag mit Flinte und Hasen fotografiert wurde, schien dabei die Flinte ebenso lang, wie ich groß war.

Schon ein Jahr später erklomm ich mit meinem ersten Fuchs die nächste Leitersprosse jagdlicher Erfolge. Am 21. August 1939 begleitete ich meinen Vater beim Abspüren der Feisthirsche. Wir pürschten einen alten Grenzgraben zwischen zwei Kieferndickungen entlang. Auf einer der Schneisen lief uns ein Fuchs an. Vater überreichte mir seinen gerade von einem verstorbenen Jagdpächter erworbenen schweren Drilling mit der langen Hochwildpatrone 9,3x72 R und den 12-er Schrotläufen. Ich ging rasch auf die Knie, legte auf einem Stubben auf und schoß den anlaufenden Fuchs spitz von vorn. Wir zogen glücklich heim. Auch von dieser besonderen Trophäe wurde ein Erinnerungsfoto gemacht. Um Mann, Flinte und Fuchs ins Bild zu bringen, mußte ich sogar auf einen Haublock steigen.

Bevor ich nun aber meinen ersten Trophäenträger erlegen durfte, mußte ich mich erst durch qualifizierte jagdliche Leistungen bewähren. Mir wurde der Auftrag zuteil, für einen unserer Jagdgäste, einen geschätzten und liebenswürdigen Mediziner, einen guten Abschußbock auszumachen, den er als seinen ersten Bock in seiner recht spät begonnenen Jägerlaufbahn erlegen sollte. Mein Vater führte vornehmlich seinen Vorgesetzten, den Stadtrat, den er auch erst zum Jäger qualifizieren mußte. Sicherlich geschah das auch nicht ganz uneigennützig.

Für meinen Jagdgast machte ich einen etwa fünfjährigen, engstangigen und kurz vereckten Sechser aus, der ziemlich pünktlich gegen 19 Uhr aus der Abteilung 34 in die Fichtenverjüngungen zog. Alles verlief nach Programm, der Schuß fiel auf mein Zeichen, der Bock lag und war sogar richtig von mir angesprochen worden.

Nun hielt mein Vater die Zeit für gekommen, mir meinen ersten Rehbock freizugeben. Obwohl er sonst ein gesetzestreuer Mann war, ersparte er mir das Zuwarten auf einen Jugendjagdschein, den man ja auch erst mit vierzehn Jahren erwerben konnte. Ich hatte gegen diesen gesetzlichen Vorgriff nichts einzuwenden. Ich suchte mir meinen ersten Rehbock selber aus. Meine Wahl fiel auf einen sehr alten, stark zurückgesetzten Bock, der nur noch fingerlange schwarze Spieße trug. Der Bock stand auf einem Wiesenkabel zwischen Erlenknicks und war in der damals noch ruhigen Landschaft sehr standorttreu.

Mein Vater ließ sich den von mir bestätigten Bock vorführen und gab mir diesen Bock frei. Schon am nächsten Tag hatte ich vom Anschußtisch mit der Repetierbüchse zu schießen. Da ich mich als kugelfest erwiesen hatte, zogen wir aus, um den Bock zu erlegen. Dieser äste schon bei noch leuchtender Abendsonne in der saftigen Wiese. Ich pürschte in Deckung einer Birke bis auf achtzig Meter an den Bock heran und schoß liegend freihändig durch das

2,5-fache Zielfernrohr. Im Knall war der Bock verschwunden und schon kurze Zeit danach standen wir vor meinem ersten Rehbock. Mein Vater überreichte mir den ersten Bruch in unserem gemeinsamen jagdlichen Leben – ein feierlicher Augenblick, der uns beiden zu Herzen ging. Ich war überzeugt, einen weiteren Grad jagdlicher Reife erreicht zu haben.

Immer wieder zog es mich ins Revier, wenn die Sonne sank und langsam hinter den Wipfeln der Bäume verschwand. Wenn jene geheimnisumwitterte Stunde nahte, wo die Nacht den Tag abzulösen begann, wenn es in der Natur auflebte und man in den Bann der Wildbahn gezogen wurde, die immer wieder Überraschungen bereithielt. Diese Sehnsucht nach der Abendstunde draußen im Revier hat mich nie verlassen und packt mich noch heute immer wieder mit ungestümer Gewalt.

Nachdem ich meinen Vater – manchmal mit und manchmal ohne Waffe – beim Fuchssprengen begleitet hatte, war ich durch den gelegentlichen Erfolg wie auch durch die mitreißende Passion meines Vaters, der ein begeisterter Fuchsjäger war, animiert. Nun reizte es mich, solche Kunststücke auch im Alleingang zu vollbringen. Eines Wintermorgens, als Vater gerade anderweitig beschäftigt war, erhielt ich die Erlaubnis, zur Baujagd ausrücken zu dürfen. Schnell wurde die Flinte geschultert und einige 3,5-mm Schrotpatronen in die Jagdtasche gesteckt. Die Kurzhaarhündin kam in den Rucksack, und ab ging die Fahrt – natürlich per Fahrrad in die Mueßer Buchen. Dort kannte ich einen gut befahrenen Bau in Hanglage, an dem Vater früher schon einmal eine brillante Doublette auf Füchse gelungen war. Ich ging den Bau von oben an, prüfte den Wind, ließ den Teckel schliefen und nahm hinter dem Bau mit der Flinte in der Hand meinen Stand ein. Der mit Altbuchen bestandene Hang war ziemlich steil. Es war deshalb damit zu rechnen, daß der Fuchs hangabwärts springen würde. Die Hündin gab sofort Laut, sie lag also vor. Das Kläffen und Toben im Bau drang mit ab- und anschwellender Lautstärke nach außen.

In der ersten halben Stunde ereignete sich weiter nichts. Die Hündin ließ sich alle fünf Minuten einmal sehen und schaute nach mir aus. Der Bau endete in einer Sackröhre. Wie so oft schon konnte der Fuchs nicht am Hund vorbeikommen. Der Hund mußte abgenommen werden, worauf dann der Fuchs meistens sofort sprang. Ich kniete über der Röhre und wollte beim nächsten Ausguck den Teckel abnehmen. Dieser ließ sich aber ungern greifen und von seinem Handwerk abhalten. Als wieder vor meinen zum Griff bereiten Händen an der Endröhre eine Bewegung auftauchte, griff ich zu und hatte aber den Fuchs zu fassen bekommen. Jäger und Gejagter bekamen einen fürchterlichen Schreck. Der Fuchs riß sich los und sprang mit einem Riesensatz in die Tiefe zwischen die Altbuchen am Unterhang. Im gleichen Moment sprang ich auf, ergriff die neben mir stehende Flinte und schoß den Fuchs, so daß er noch weit hangabwärts rollte.

Ich war stolz darauf, die nicht ganz leichte Situation so gut pariert zu haben. Vater teilte seine Freude mit mir und gestattete mir, den Fuchs selbst zu streifen. Ich hatte dabei ja schon oft zugesehen, denn wir streiften unser Raubwild alles selbst und verkauften es auch an Pelzhändler, die zu uns ins Haus kamen und unsere Winterbälge geschlossen aufkauften. Es handelte sich im Durchschnitt immer so um etwa dreißig Füchse und zehn bis zwanzig Marder und Iltisse, von denen aber die meisten nicht geschossen, sondern gefangen worden waren. Ich streifte meinen Fuchs, spannte ihn auf ein Brett, vergaß aber, den ausgestreckten Balg mit kleinen Nägeln zu befestigen. Das hatte zur Folge, daß der Balg im Trocknungsgang bis auf die Hälfte geschrumpft war. Natürlich brachte mir das herbe Kritik ein, weil der Balg dadurch erheblich entwertet war.

Bald sollte ich abermals eine gute Chance auf den Baufuchs haben. Der benachbarte Jagdpächter in unserem Hegering, der keinen Erdhund besaß, forderte uns an einem frostigen Wintertag zum Fuchssprengen an. Mein Vater war dienstlich verhindert und konnte das sonst so verlockende Angebot nicht annehmen. Der Aufforderung, ihn zu vertreten, kam ich gerne nach. Mit dem Teckel im Rucksack radelte ich zur Pachtjagd und wurde von dem alten Dorfschullehrer freudig begrüßt. Sein ganz besonderes Markenzeichen als Jäger zeigte sich darin, daß er grundsätzlich nichts traf. Wild, auf das er mit seinem klapperigen Hahndrilling anlegte, blieb eher lebensversichert, als daß es in Gefahr geriet, erlegt zu werden. Symptomatisch war auch sein sich immer wiederholender Doppelschuß, der jedesmal Fehlschuß bedeutete.

Nach kurzem Gang über die Wiese zum Fuchsbau erklärte ich dem Jagdherrn die wichtigsten Verhaltensregeln am Bau in meiner begründeten Befürchtung, daß er sonst zu laut sein könnte. Am Bau angelangt, ließ ich die Hündin schliefen, und nach Prüfung des Windes bedeutete ich durch Handzeichen, daß der Herr Schelle seinen Stand rechts hinter mir einzunehmen hatte, weil ich freies Schußfeld haben wollte. Natürlich wollte ich den Fuchs selbst schießen, wenngleich ich seine Konkurrenz nicht zu fürchten brauchte, so erschien es mir doch besser, mit Fuchs als ohne nach Hause zu kommen. Trotz aller Mah-

nung, absolute Ruhe zu halten, trampelte sich mein Mitjäger aber die Füße warm. Als ihm auch die Hände froren, schlug er sich auch die Vorderläufe um die Brust. Seinen Drilling legte er sich dann mit heruntergelassenen Hähnen in die Arme. Er tat jedenfalls alles, um den Fuchs nicht springen zu lassen. Zunächst beherrschte ich mich noch aus Respekt vor dem Alter, aber mit der Zeit sah ich mich bei zunehmender Kälte gezwungen, Bewegung in diesen Stellungskrieg zu bringen. Ich führte den Jagdpächter am Ärmel nach rückwärts, wo er sich ungehemmt warm machen konnte, was ihm offensichtlich auch lieber war. Als ich wieder am Bau Posten bezog, wurde der noch immer vorliegende Hund immer lauter. Der Fuchs wurde hart bedrängt. Plötzlich erschien die steil aufgerichtete Lunte am Röhrenausgang vor dem von innen nachdrängenden Hund.

Ich trat an den Bau heran, nahm die Flinte in die Linke und warf den Fuchs mit der rechten Hand in hohem Bogen auf die Wiese. Reinecke stürmte sofort los, erhielt aber nach kurzer Flucht meine Schrotgarbe auf der Kruppe und gleich darauf den Fangschuß. Der alte Rüde hatte einen silberfarbenen Balg und wog sieben Kilogramm. Der Jagdpächter war natürlich erfreut über unseren Erfolg und erzählte über unsere Fuchsjagd mit einer Hingabe, die jedermann verriet, daß ohne ihn nichts gelaufen wäre.

Ich muß mich schulisch und jagdlich gut geführt haben, denn mein Vater gab mir am Ende des nächsten Jahres schon meinen ersten Schaufler frei. Ich war mit dieser Wildart gut vertraut und hatte Damwild oft in Anblick genommen. Im säkularen Winter 1940/41 hatte ich bei sehr hoher Schneelage die Fütterungen beschickt und erlebte, daß ein siebenköpfiges Damwildrudel an der Fütterung erfroren war. Es herrschte Tag wie Nacht bis unter -20° C. In einigen mir bekannten Forstorten standen mehrere Damwildrudel. Ein Dutzend Stück hatte unsere Stadtforst auf dem Abschußplan stehen. Den mir zugedachten Schaufler zeigte mein Vater mir auf einer Nachmittagspürsch Anfang Dezember. Es war ein sehr alter Schaufler der Klasse 2b mit geschlitzten Schaufeln. Ich sollte mir die Geweihform einprägen und den Hirsch auf einer Alleinpürsch erlegen. Ich durfte Vaters neu eingetauschte Bockbüchsflinte Kal. 8 x 57 R/16 mit vierfachem Glas führen.

Schon auf meiner ersten Pürsch lief alles nach Programm. Völlig unerwartet äugten mich zwei Schaufler auf der Schneise Abteilung 30/31 halbschräg von vorn verhoffend an, von denen ich den linken als den mir zugedachten Hirsch bestätigte. Die Hirsche hatten mich weg und zwangen mich rasch freihändig zu schießen. Auf den Schuß hin brach mein Hirsch zusammen. In meiner Aufregung lief ich nicht zum Stück, sondern vor Freude erst einmal nach Hause. So sehr mein Vater auch seine Freude mit mir teilte, so nachdrücklich kritisierte er mein Verhalten nach dem Schuß. Wir fuhren deshalb sogleich mit dem Ponywagen an den Erlegungsort. Der Schaufler war tatsächlich trotz hohem Blattschuß noch nicht verendet, so daß ich ihm den Fangschuß geben mußte. Stolz lenkte ich später das Gefährt zum Forsthof, wo der Hirsch mittels Flaschenzug zum Auskühlen am Stallgebäude hochgezogen wurde. Ich habe dann später noch stärkere Schaufler geschossen, aber dieser erste behielt immer einen Ehrenplatz an der Trophäenwand.

Rotwild kam in unserer Stadtforst nur als Wechselwild vor. Von ihm ging deshalb ein besonderer Reiz aus. Regelmäßig stellten sich im August einige starke Feisthirsche ein, die aus dem Gatterforstamt Friedsmoor ausbrachen, um ihre Feistzeit in unseren ruhigen Forstorten zu verbringen. Wenn sich die Hirsche an den Waldrändern zum Feld hin fährteten, dann konzentrierten wir uns auf ihr Fährtenbild. Täglich wurde abgefährtet. Die Hirsche hielten die Wechsel meist nur schlecht, kamen abends sehr spät und wechselten sehr früh wieder ein. Sie wußten sich dem Büchsenlicht meist gut zu entziehen. Bei den Ansitzen blieb von der Nacht zum Schlafen nicht viel übrig. Ich machte das nur wenige Male mit, dann war mir diese Jagd zu anstrengend.

Am 24. August 1940 hatte sich aber ein Dreierrudel etwas verspätet. Gegen vier Uhr morgens erlegte mein Vater daraus den Stärksten der Hirsche. Der Hirsch brach mit gutem Blattschuß nach hundert Metern Flucht vor dem Waldrand zusammen. Es war ein ungerader Sechszehnender, zwölf Jahre alt, einseitiger Kronenhirsch mit einem formschönen sechs Kilogramm schweren Geweih. Der Hirsch wog 220 kg aufgebrochen und sollte Vaters Lebenshirsch sein. Ausnahmsweise ließ er sich mit diesem Hirsch fotografieren. Bekannte und Freunde kamen, um den Genuß des majestätischen Königs der Wälder mit ihm zu teilen. Wie vielen Menschen ist es schon vergönnt, einmal vor einem solch ausgereiften Hirsch zu stehen?

Unter denen, die meinem Vater ihr Waidmannsheil aussprachen, war auch der Vorgesetzte meines Vaters, der Stadtrat. Er hatte mit Jagdwaffen eine unglückliche Hand. Die Ursache seiner serienweisen Fehlschüsse suchte er immer bei den Waffen, was dazu führte, daß er sie laufend wechselte und immer neue erwarb, durch die das Schießresultat aber keineswegs besser wurde. Trotz laufender Fehlschüsse war ihm aber ein Schuß des Jägers „Unverdrossen" eigen. Seine Passion ließ nicht etwa nach, sondern steigerte sich noch. Das dienstliche und private Verhältnis meines Vaters zu seinem Vorgesetzten war recht gut, was sich auch darin zeigte, daß er mit seinem Opel Kadett ein um den anderen Nachmittag auf unserem Forsthof vorfuhr, um nach genüßlicher Kaffeetafel mit meinem Vater auf Pirsch zu gehen.

Nun hatte mein Vater als Untergebener als erster einen jagdbaren Hirsch geschossen. Es war dadurch gegenüber dem Stadtrat eine etwas peinliche Situation entstanden, da dem Stadtrat nicht der Vortritt gewährt worden war. Es lag also in der Luft, daß der Stadtrat zumindest gleichziehen und ebenfalls auf einen jagdbaren Hirsch zu Schuß kommen mußte. Das war aber überaus schwierig, denn selbst, wenn ihm noch einmal ein solcher Hirsch kam, war damit zu rechnen, daß er ihn vorbeischoß. Das Problem löste sich im nächsten Jahre auf recht elegante Weise und nicht ohne listige Taktik meines Vaters.

Die Feisthirsche waren wieder da, und der Fuhrmann meldete, daß er spät abends einen ganz starken Hirsch mit einer abgebrochenen Augsprosse gesehen hätte. Auf diesen Hirsch wurde der Stadtrat scharf gemacht. Unerwartet früh wechselte der Hirsch aus und kam dem Stadtrat und meinem Vater, der schräg hinter ihm stand, auf achtzig Meter günstig. Beide Schützen gingen mit ihren Repetierbüchsen in Anschlag. Auf Kommando meines Vaters fielen beide Schüsse à Tempo. Der Stadtrat hatte glücklicherweise nur einen Schuß gehört. Der Hirsch zeichnete schwer. Dem Stadtrat wurde bedeutet, sofort den Fangschuß zu geben. Als der Hirsch aber auf diesen nicht reagierte, erhielt der Hirsch die Kugel von meinem Vater. Er hatte die Gunst des Augenblicks sofort erkannt und gratulierte seinem Dienstherrn zu dessen Lebenshirsch und überreichte ihm einen überdimensionalen Eichenbruch. Der sehr starke ungerade Achtzehnender hatte auch die zweite Kugel gut Blatt. Der Stadtrat genoß sein unfaßbares Glück. Das Dienstverhältnis war wieder in die richtige Proportion gerückt.

Den Transport des Hirsches arrangierte mein Vater betont aufsehenerregend und überaus feierlich. Das ganze Forsthofpersonal war auf den Beinen und begleitete den Jagdwagen. Die beiden großen Braunen zogen den Kapitalen heim. Es sollte sich herumsprechen, daß der Stadtrat einen starken Hirsch geschossen hatte. Was dann alles an Betrachtern aus der Stadt anrückte, um sich den Hirsch anzuschauen, war schon bemerkenswert. Das Jagdglück, so meinte der Stadtrat, sei ihm hold gewesen. Einen weiteren

Hirsch schoß er nicht mehr, und heute deckt auch ihn schon lange der grüne Rasen.

Meine jagdliche Lehrzeit näherte sich mit dem zu erwartenden Ende des Krieges ihrem vorläufigen Abschluß. Ende Januar 1945 stand noch einmal ein Schlachtfest ins Haus. Das letzte Vierzentnerschwein sollte unsere Ernährung sichern helfen. Zu diesem Fest kam sogar meine betagte Großmutter, um beim Wurstmachen zu helfen. Es war üblich, daß zur Hausmacherleberwurst noch Wildleber verarbeitet wurde, wodurch sich der Geschmack weiter verfeinerte. Es mußte also zu diesem Zweck noch Damwild geschossen werden. Mein Alter Herr setzte eine Nachmittagspirsch im Forstort „Göhrener Tannen" an, der per Fahrrad in einer halben Stunde zu erreichen war. Vater führte seine Bockbüchsflinte, ich die alte Repetierbüchse, mit der ich schon einige Stücke Wild geschossen hatte. Das Wetter war naßkalt und diesig, Schnee lag in der Luft.

Wir fuhren bis zur Brücke über den Schienenstrang der Bahnverbindung Schwerin-Berlin. Auf der Brücke hielten wir eine kurze Besprechung. Vater wollte links der Bahn pirschen, ich wurde rechts eingewiesen. Im Falle eines Schusses wollten wir uns kurzfristig auf der Brücke wieder treffen. Es sollten weibliches Damwild und geringe Spießer geschossen werden. Im Moment unserer Trennung stellte ich ganz intuitiv noch die Frage: „Und wenn Rotwild vorkommt?" Die Antwort: „Rotwild alles schießen!" Mit dieser Weisung trat ich die Pirsch durch den frostigen Winterwald an. Bald traf ich auf ältere und frische Fährtenzüge von Damwildrudeln. Das Wild war offenbar ganztags auf den Läufen. Es war nicht möglich, geräuschlos zu pürschen. Die Gefahr, vorher eräugt oder vernommen zu werden, war groß. Ich entschloß mich zu einem Ansitz an einer Kastanienschütte in der Abteilung 3. Auf diesem Kahlschlag fährtete sich Dam- und Rotwild; es begann zu schneien. Sanfter Wind fächelte mir übers Gesicht. Langsam zog die frühe Dämmerung herauf. Totenstille herrschte in diesem Kiefernort. Ich bezog nach Prüfung des Windes meinen Ansitz in einem Fichtenjungwuchs, der mir etwas Deckung bot, machte es mir auf dem Jagdstock bequem, zog den Kragen höher, legte mir die geladene und gesicherte Büchse auf die Knie, vergrub meine Hände in den Taschen und genoß die Stille des Waldes und die schöne Abendstimmung in vollen Zügen. Plötzlich riß mich der Anblick zweier starker und endenreicher Rothirsche aus meinen Träumen. Sie zogen im scharfen Troll aus der gegenüberliegenden Ecke am linken Bestandesrand entlang und schienen gestört worden zu sein. Nun mußte es verdammt schnell gehen, denn die Hirsche nahmen gleich die Deckung an. Alles war eins, vom Jagdstuhl gleiten, Schutzkappe vom Zielfernrohr reißen, Sicherungsflügel umlegen, einstechen, anschlagen, anvisieren und schießen – alles das Werk von wenigen Sekunden.

Kurz vor der Deckung beschoß ich den zuletzt ziehenden und stärkeren der beiden Hirsche. Im Knall steilte der Hirsch hoch, beide verhofften kurz, und der beschossene sprang ab. Der zweite Hirsch sicherte noch einen Moment, und schon hatte ich ihn im Zielfernrohr. Auf meinen Schuß hin stürzte der Hirsch auf die Vorderhand und war augenblicklich im Bestand verschwunden. Es umfing mich wieder die Stille des frostklirrenden Waldes. Wie verabredet ging ich zum Treffpunkt „Brücke", wo mein Vater mich schon mit den Worten empfing: „Was war denn bei Dir los, Du schießt ja gleich zweimal?" Auf meinen kurzen Bericht hin meinte er nur: „Zwei Hirsche? Wie soll ich das nur dem Stadtrat erklären?" In diesem

Moment wurde ihm wohl bewußt, daß er mit seiner Freigabe von Rotwild doch zu großzügig gewesen war.

Wir gingen nun gemeinsam, aber schweigend zum Anschuß. Tiefe Eingriffe standen in der aufgewühlten Humusdecke. Für eine Nachsuche war es aber zu spät, und so radelten wir erst einmal heim. Das Thema des Abends war gegeben. Es folgte eine unruhige Nacht. In der Morgendämmerung brachen wir zur Nachsuche auf, begleitet von unserem Pudel und einem prächtigen Kurzhaarrüden. Der Pudel wurde am Anschuß angesetzt. Er arbeitete die Fährte im großen Halbkreis. Auf der nicht zusammenhängenden Schneedecke lag nur wenig Schweiß. Der Hund hatte offensichtlich Mühe, die Fährte zu halten. Er mußte sich zwischen Verleitfährten durchkämpfen. Wiederholt kam er ab, bögelte sich wieder ein, verwies wiederholt Schweiß und führte mit Haken 200 m weit auch noch in den nächsten Bestand hinein.

Plötzlich stand ich vor meinem Hirsch, der sich mit dem Geweih zwischen zwei Fichten verfangen hatte. Der Hirsch war längst verendet und hatte einen Steckschuß schräg von vorn aufs Blatt. Überaus glücklich stand ich vor meinem ersten Hirsch, einem ungeraden Vierzehnender, sieben Jahre alt und mit einem formschönen, symmetrischen Geweih. Angesichts der gegebenen Situation spielte es diesmal keine Rolle, daß es ein Zukunftshirsch war, weil nach Kriegsende seine Zukunft ohnehin höchst ungewiß sein würde. Die Nachsuche auf den zuerst beschossenen Hirsch verlief dagegen ergebnislos, ich hatte ihn wohl überschossen. Vor nur zwei Tagen war ich gerade fünfzehn Jahre alt geworden und betrachtete deshalb diesen Hirsch als ein wertvolles nachträgliches Geburtstagsgeschenk. Es sollten sehr viele Jahre vergehen, bis ich wieder auf gute Hirsche zu Schuß kam. Das Waidmannsheil auf Hirsche blieb in meinem jagdlichen Leben immer ein seltenes und deshalb denkwürdiges Ereignis.

Verklüftet

Der Fuchs war uns immer eine besondere jagdliche Trophäe. Es wurde ausschließlich der Winterfuchs bejagt. Sein Balg wurde hoch gehandelt. Meister Reinecke zu überlisten, war außerdem eine stets interessante und fordernde Aufgabe. Neben dem Fuchsdrücken war dabei die Baujagd mit Erdhunden die erfolgreichste Jagdart. Das Sprengen des Winterfuchses gehörte zu den jagdlichen Spezialitäten, die mein Vater sich nie entgehen ließ. Und das nicht zuletzt deshalb, weil auch diese Jagdart dem Hund und dem Jäger viel Geschick, Können und Ausdauer abverlangte. Unser bester Bauhund war in den Kriegsjahren eine schwarze, kurzhaarige Teckelhündin mit roter Maske, genannt „Kerli". Sie war sehr raubwildscharf, hatte große Erfahrung und eine überschäumende Passion in der Arbeit unter der Erde. Ihr schmales Gesicht war von Narben zerfurcht, die Zahnreihen waren bereits lückig geworden, zwei Fangzähne hatte sie im Kampf mit dem Fuchs verloren. Auch ihr Nasenbein war schon einmal gebrochen.

An einem winterlichen Sonntagmorgen starteten mein Vater, unser Forstwart und ich mit dem Auto wieder einmal zur Baujagd. Unser Ziel galt einem steilen Seeufer am Nordrand des Medeweger Sees, an dem mehrere Baue lagen. Auf der Hinfahrt nahmen wir gleich einen Bau in einer Sandgrube mit, in dessen Sackröhre schon häufiger Reinecke gesteckt hatte. Unsere Taktik bestand darin, unter gutem Wind bis auf zwanzig Schritt an den Bau heran zu gehen und dann den Teckel schliefen zu lassen. Als die Hündin unter der Erde Laut gab, machten wir uns fertig. Da der Bau nur eine Röhre hatte, mußte der Hund einen Moment abgenommen werden, damit der Fuchs springen konnte. So kam es dann auch. Mein Vater hatte den schnellsten Anschlag und schoß den Fuchs. Dann durfte die Hündin ihr erstes Opfer des Tages ausgiebig beuteln. Wir fuhren dann weiter in einen Revierteil, der als ausgesprochenes Fuchs-Eldorado bekannt war. Es war Ranzzeit. Schon auf dem Hinweg über die Koppeln spürten wir reichlich Fuchs. Noch am späten Vormittag erreichten wir den ersten vielröhrigen Etagenbau, der im Gehölz einer Mittelhangfurche lag und teilweise durch Sträucher verdeckt war. Vater wies uns Schützen ein und bezog selbst den Hauptstand, von dem aus er das bessere Schußfeld hatte. Er verließ sich in entscheidenden Situationen nicht gerne auf die Schießkünste anderer, und einen Fuchs bei der Baujagd wegkommen zu lassen, nahm er sich selbst mehrere Tage übel.

Wir wurden vergattert, still zu stehen und mächtig aufzupassen. Kam der Fuchs, nachdem er den Hund im Bau abgehängt hatte vorsichtig und langsam, so mußte man still stehen und durfte erst anschlagen, wenn der Fuchs von den Schützen wegäugte. Kam der Fuchs aber hochflüchtig, dann mußte man sehr schnell sein, denn er brachte sich sonst mit wenigen Sätzen außerhalb des Schrotschußbereichs. Nach Prüfung der Hauptröhre schliefte der Teckel ein und verschwand in dem Baulabyrinth. Einen Moment war Ruhe, die Hündin arbeitete sich offenbar erst in der Tiefe voran zu den Kesseln. Daß der Bau weit verzweigt sein mußte, verrieten die gewaltigen Erdwälle, die in jahrzehntelanger Grabearbeit von Fuchsgenerationen aufgetürmt waren. Solche Baue stellen naturgemäß höchste Anforderungen an einen Bauhund.

Bald hörten wir die Hündin anschlagen. Der Laut klang dumpf. Kerli mußte tief unten vorliegen. Schließlich wurde der Laut immer schwächer, und dann verstummte er völlig. Der Frost kroch uns durch die Kleider. Uns fror an Händen und Füßen. Unser Blick war fast starr auf das Schußfeld gerichtet, die lähmende Ruhe nervte. Die Temperatur lag am Nachmittag unter minus 10° C. Wir versuchten uns auf dem Stand etwas warm zu treten, fingen aber sogleich Vaters kritische Blicke ein, der, wie aus Stein gegossen, der Winterkälte trotzte. Ich wurde immer unaufmerksamer, hatte zeitweilig schon meine Flinte geschultert und meine Hände in den Taschen vergraben.

Es war meinem Vater nicht entgangen, daß wir die Stellung nicht mehr halten konnten, und er bedeutete uns, ins Hinterland wegzutreten, um uns ausreichend bewegen zu können. Der Forstwart und ich zogen uns zurück. Es glich einer Befreiung, sich wieder bewegen zu dürfen. Die Kälte biß unbarmherzig um sich. Man wundert sich mitunter welche Strapazen und Qualen die Jagd mit sich bringt. Wer da nicht über große Passion verfügte, der mochte sich für dieses Geschäft bedanken. Nach einer Weile sahen wir zur Uhr. Wir warteten jetzt schon eine Stunde lang, da ließ uns ein Schuß zusammenfahren. Der Fuchs war lautlos auf dem Bauhügel erschienen, als er noch einmal schräg zurück in den Bau äugte, war er in der Schrotgarbe zusammen gesunken.

Nun mußte eigentlich auch der Hund kommen, wie er es immer tat, wenn ein Schuß gefallen war. Aber er kam nicht. Kerli war auch in der Zwischenzeit nicht einmal erschienen, um nach dem Rechten zu sehen. Wir hörten auch keinen Laut mehr. Wir harrten weiterhin aus, es mußten noch mehr Füchse im Bau stecken. Offenbar lag die

Hündin weiter vor. Genau nach der zweiten Stunde fiel wieder ein Schuß. Der zweite Fuchs war gesprungen und kam diesmal hochflüchtig. Vater ließ ihn aber hangabwärts rollen. Das rote Knäuel lag fünfzehn Meter unterhalb der Hauptröhre. Auch diesmal erschien der Teckel nicht. Erst gegen 17 Uhr, als es längst schon dunkel war, gab mein Vater das Zeichen zum Aufbruch. Wir sammelten die Füchse ein, riefen und pfiffen, um Kerli ans Tageslicht zu locken. Nichts war zu hören. Bange Sorge überfiel uns. Wir wollten den Hund unbedingt mitnehmen, denn der Heimweg führte durch die verkehrsreiche Landeshauptstadt. Das konnte der Hund allein nicht bewältigen. Unsere Gedanken kreisten unentwegt um die Geschehnisse in diesem unheimlichen Bau. Der Teckel mußte verklüftet sein. Vielleicht war er in eine steil abfallende Fallröhre gelangt, in der der Fuchs zwar wieder hochspringt, aber ein Hund nicht, oder der Fuchs hatte seinen Peiniger zugescharrt. Man wußte es nicht. Bisher war mit diesem erfahrenen Erdhund alles gut gegangen, sollte sich diesmal das Unheil angekündigt haben?

Wir beschlossen, zunächst heimzufahren, um uns zu wärmen und etwas zu essen. Um eine Kontrolle darüber zu behalten, ob der Hund in der Zwischenzeit geschlieft war, versahen wir die Röhreneingänge mit frischem Spürschnee. Auf dem Bauhügel der Hauptröhre breiteten wir eine Decke aus, die in solchen Fällen von verlorengegangenen Hunden meistens angenommen wird. Auf dem Forsthof löste die Nachricht vom Verlust unserer Hündin Trauer aus. Ein solches Schicksal hatte dieser Held unter Tage absolut nicht verdient. Jeder überlegte, was noch getan werden könnte. Noch vor Mitternacht waren wir wieder am Ort des Geschehens. Es war aber nichts zu hören und zu sehen. Die Hündin meldete sich nicht mehr.

Sie spürte sich auch nicht heraus. Es schneite inzwischen unentwegt. Schließlich zogen wir wieder traurig von dannen – mit einer nur schwachen Hoffnung auf den nächsten Tag. Nach halbdurchwachter Nacht waren wir wieder am Bau. Es hatte sich abermals nichts ereignet. Die Hündin war verschollen. Nach Lage der Dinge bestand keine Hoffnung mehr.

Am nächsten Morgen traf mein Vater im Revier mit den Waldarbeitern zusammen und berichtete ihnen von dem Verlust des auch ihnen gut bekannten Erdhundes. Dieser Hund durfte nicht unter der Erde verhungern! Sie bestürmten meinen Vater, sie an den Unglücksbau zu fahren, sie wollten den Hund ausgraben. Vater bedeutete ihnen, daß das bei diesem Etagenbau am Hang nicht möglich sei. Ganz abgesehen davon, daß der Boden tief gefroren war. Die mitfühlenden Männer ließen sich von ihrem Vorhaben aber nicht abbringen und bedrängten meinen Vater, sie doch an den Bau zu bringen. Mit Schaufeln, Spaten und Spitzhacken bewaffnet, begannen die wackeren Männer schon wenig später, den steinharten Boden aufzuschlagen und sich vorzuarbeiten. Sie gruben bis in die tiefe Dunkelheit des frühen Abends. Schon am ersten Tag hatten sie einen Stollen in den Hang gegraben. Etliche Röhren wurden freigelegt. Vom Hund aber war immer noch nichts zu hören. Am nächsten Tag wurde der Einschlag fortgesetzt. Allmählich war der Stollen so tief in den Hang getrieben, daß Einsturzgefahr bestand. Ob der bestehenden Gefahr ließ mein Vater nun schweren Herzens die Bergungsarbeiten abbrechen. Der aufopfernde Einsatz der treuen Helfer hatte sich leider nicht gelohnt. Kein Winseln, kein Kläffen, kein Laut – Totenstille! Die Winterlandschaft schien leblos erstarrt. Traurigen Herzens mußten wir unseren treuen Jagdhelfer aufgeben. Es schneite weiter, der weiße Leithund wandelte sich zum bleichen Leichentuch über der unergründlichen Fuchsburg. Sechs Tage lang fuhren wir noch täglich zum Bau, aber es wartete dort nur die Enttäuschung auf uns. Die angelegten Spürbahnen in den Röhren blieben leer. Am neunten Tag gaben wir dann unseren Hund endgültig auf. Der Verlust und sein überaus qualvolles Ende unter der Erde bedrückte unsere Familie nachhaltig.

Acht Tage später klingelte das Telefon. Eine ältere Frau fragte an, ob wir einen Hund vermißten. Mein Vater saß gerade am Schreibtisch und verneinte bereits die Frage. Das Gespäch zog sich etwas hin. Es ging um irgendeinen zugelaufenen Hund. Mein Vater versuchte die Frau zu überzeugen, daß das nicht unser Hund sein könne. Die Frau ließ aber nicht nach und bat uns, wir möchten uns den Hund doch wenigstens einmal ansehen. Vater wurde jetzt unsicher, und wir sagten unseren sofortigen Besuch zu. Im Falle, daß es doch noch Wunder gab, sollte die Frau eine große Belohnung erhalten. Von der Räucherkammer wurden vorsichtshalber einige der besten und leckersten Würste geholt. Wir fuhren zur angegebenen Adresse am nördlichen Stadtrand.

Auf das Klingelzeichen öffnete ein altes Mütterlein. Unser Blick fiel durch eine offen stehende Tür in die Wohnstube, wo tatsächlich unser Hund in eine Decke gehüllt auf einem Sessel saß. Er war bis auf die Knochen abgemagert, die Augen wund verklebt. Er bot ein Bild des Jammers. Es überkam uns alle einschließlich Hund ein nicht zu beschreibendes Glücksgefühl.

Wie konnte das geschehen sein? Die alte Frau war die Tante unserer Hausangestellten, eines jungen Mädchens, das beim letzten Besuch ihrer Tante vom Verlust unseres

Hundes erzählt hatte. Die Tante pflegte täglich Spaziergänge zu machen, die vom Nordrand der Stadt in Richtung des Seeufers von Medewege führten. Dort sei ihr der schwarze, lehmbeschmierte und abgemagerte Teckel torkelnd und fast erblindet entgegengekommen. Ein Passant hatte ihr sogar zugerufen: „Schlagen Sie den Hund tot, der hat die Seuche!" Da hätte sie sich aber an den Bericht ihrer Base erinnert und den Hund zu sich mit nach Hause genommen. Fünf Tage hätte sie den Hund erst einmal aufgepäppelt, bevor sie sich gemeldet hätte.

Nach Rekonstruktion der Geschehnisse mußte die Hündin mindestens neun Tage unter der Erde gewesen sein. Es konnte nur vermutet werden, daß sie sich durch ununterbrochenes Scharren schließlich doch noch durch den mächtigen Hang durchgegraben haben mußte und dann unglaublicherweise den Weg in die Freiheit gefunden hatte. Mit ihren letzten Kräften und fast erblindet, hatte sie dann die Richtung heimwärts eingeschlagen. Es war ein unglaublicher Zufall gewesen, daß gerade in diesen entscheidenden Minuten eine der wenigen Personen dort spazierenging, die von dem Vorfall etwas wußte. Die Frau erhielt mit Freude ihre gute Prämie, die in der damaligen Zeit besonderen Wert hatte, dann fuhren wir mit unserem Erdkämpfer glücklich heim. Der Bericht über dieses außergewöhnliche jagdliche Ereignis machte so manches Mal im Freundeskreis die Runde. Wieder daheim, erholte sich die Hündin rasch. Sie wurde sorgsam gepflegt. Ihr Zustand besserte sich von Tag zu Tag. Obwohl sie sehr abgemagert war, entwickelte sie bald wieder ihr unbezwingbares Temperament.

Zwei Wochen später rief ein benachbarter Jäger an, der von unserem guten Erdhund wußte und lud uns zum

Fuchssprengen in sein Feldrevier ein. Er wußte von dem dramatischen Zwischenfall nichts und hatte in einem flachen Wiesenbau Füchse eingespürt. Mein Vater berichtete ihm, daß die Hündin vor kurzem neun Tage unter der Erde verklüftet gewesen war und lehnte den gewünschten Einsatz ab. Der Jagdpächter war sehr enttäuscht und beredete meinen Vater, bis der sich breitschlagen ließ. Er hatte mit einem Blick auf den Teckel bemerkt, daß dieser längst schon wußte, worum es ging, und schon fidel in der Stube umherlief. Zudem sollten die erbeuteten Bälge uns gehören, wenn der Jagdpächter nur die Füchse los würde. Wir fuhren in dessen Feldrevier. Dort empfing uns nicht nur der Jagdpächter, sondern eine ganze Korona von Jagdgästen, darunter auch Fronturlauber, die zusammen getrommelt worden waren und auf ein aufregendes Jagderlebnis hofften. Dieses Aufgebot behagte meinem Vater nicht. Wer sollte hier schießen, die anderen oder er? Wer sollte hier den Erfolg garantieren?

Die Gesellschaft setzte sich polternd in Bewegung, obwohl, wie man weiß, am Bau schon der Zweite zuviel war. Dort angekommen, erwies sich die Lage als günstig. Der Bau lag in einer Wiese über Grundwasser, hatte aber nur eine Röhre. Die Hündin, die inzwischen geschlieft war, mußte also am besten kurz abgenommen werden, oder es sollte ein kurzer Bodeneinschlag gemacht werden. Die Hündin lag sofort lauthals vor, zwei junge Burschen wurden zum Bodeneinschlag angesetzt. Nun richteten sich alle Flintenläufe gegen den Bau. Um die Sicherheit seines Hundes besorgt, behagte dies meinem Vater überhaupt nicht, und es reizte ihn deshalb, eine provozierende Wette abzuschließen, daß man hier niemals einen Fuchs weglassen dürfe. Sicherlich mit dem Gedanken an die von ihm vermuteten äußerst fragwürdigen Schießkünste der Mitjäger. Die Herren fühlten sich beleidigt und der Unfähigkeit im jagdlichen Schießen bezichtigt. Sie nahmen die von Vater provozierte und angesprochene hohe Wette an und stellten ihre Flinten weg, um meinen Vater auf die Probe zu stellen. Ein wenig überrascht über die neue Lage, stand Vater jetzt mit seiner 16-er unter dem Arm allein da. Dennoch genoß er sichtlich die entstandene Situation.

Die beiden jungen Burschen, die mit dem Einschlag beschäftigt waren, hatten Order zurückzuspringen, wenn sie beim Graben entweder auf den Hund oder auf den Fuchs stoßen sollten, denn der Fuchs würde sofort springen, wenn Licht in den Bau fiel. Der gurgelnd giftige Laut des Teckels mischte sich mit den dumpfen Spatenschägen im gefrorenen Wiesenboden. Plötzlich rief einer der Burschen: „Hier is de Voß!" Er war auf den Fuchs gestoßen. Die beiden liefen hinter meinen Vater aus dessen Schußfeld, und schon sprangen fast gleichzeitig drei Füchse hintereinander aus dem Einschlag. Der erste flüchtete scharf nach links, der zweite nach rechts und der dritte geradeaus.

Vater reagierte blitzschnell, schoß nach links und rechts auf kurzer Entfernung eine saubere Doublette, lud wahnsinnig schnell die dritte Patrone nach und stellte auch den dritten schon weit geflüchteten Fuchs noch auf den Kopf. Darauf drehte er sich lässig zur staunenden Korona um mit den Worten: „Seht Ihr, Ihr Esel, so wird das gemacht!" Ungläubiges Schweigen. Man hielt Maulaffen feil. So etwas hatten sie nicht für möglich gehalten, obwohl die entstandene Situation ganz auf ihrer Seite der Wette war. Mit der Doppelflinte gleichzeitig drei Füchse zu schießen, war eigentlich gar nicht möglich; dennoch hatten sie die Wette verloren.

Unmittelbar nach dem dritten Schuß kam die Teckelhündin rückwärts aus der Hauptröhre gekrochen und zog den vierten Fuchs, den stärksten der Rüden, den sie mit Kehlgriff gewürgt hatte, hinter sich aus dem Bau. Vier Füchse hatten jetzt zur Ranzzeit in dem flachen Wiesenbau gesteckt. Vater hatte seine hohe Wette gewonnen. Ich weiß nicht mehr, wie die Sache ausging, und ob er annähernd soviel bekommen hat, wie er hätte blechen müssen, wenn er die Wette verloren hätte. Außerdem überließ uns der Jagdpächter die vier Füchse im Werte von 4 x 33,– Reichsmark, was damals der einheitliche Wert für einen Fuchsbalg war. Die von meinem Vater unter Beweis gestellte ungeheure Schießfertigkeit war lange Gesprächsthema in unseren Jägerkreisen.

Kleines Waidwerk an den Uferzonen des Schweriner Sees

Aus meinen Jungjägerjahren sind mir die kleinen jagdlichen Ausflüge per Fahrrad in lebhafter Erinnerung, die wir, mein Vater und ich, gelegentlich am Südbogen des Schweriner Sees unternahmen. Bei diesen Touren durch eine abwechslungsreiche Landschaft mit gutem Niederwildbiotop und Besatz ging es vornehmlich um Auslauf, Abrichtung und Führung der Vorstehhunde. Die jagdliche Beute war meist nicht groß, aber man kam doch auf verschiedenes Niederwild zu Schuß und konnte die Hunde bei der Wasserarbeit oder beim Buschieren auf Hase, Kaninchen und Fasan gut durcharbeiten.

Das Eldorado bildeten die Schilfpartien in den Uferzonen oder Weidengestrüppe und Dornhorste. Am Ufer entlang zog sich kilometerweit eine breite, damals noch wenig begangene Promenade hin, die den Blick auf den See freigab und zur beschaulichen Radtour einlud. Auf den zahlreichen Blänken inmitten der Schilfgürtel bekam man eigentlich immer Enten, Bläßhühner oder Haubentaucher vor. Hier hatte ich am ehesten die Aussicht, daß Vater mir rasch seine Flinte reichte. Die größeren Schilfgürtel eigneten sich auch gut zum Stöbern auf Mausererpel im Juli und August. Stellte sich einer von uns an den Schilfschneisen auf, während der andere die beiden Vorsteher von weit her zum Stöbern im Schilfwasser ansetzte, dann kam der Schütze davor auf die flugunfähigen Mausererpel nicht selten mehrfach zu Schuß. Ansonsten bestand unsere Taktik darin, daß wir an gesichtetem Wassergeflügel zunächst vorbeifuhren, in der nächsten Deckung unsere Räder ablegten und zurückpirschten. Der sichere Schuß auf dem Wasser stärkte mein Selbstbewußtsein als Schütze. Dabei wurden dann auch die Junghunde im Wasser gründlich durchgearbeitet. In den sumpfigen und mit Dornen und Weichlaubhölzern bestandenen Bruchpartien und Tongruben und um die Schuttplätze herum ließen wir die Hunde auf Fasane und Kaninchen stöbern. Am schnellsten und sichersten fand der alte Pudel das sich drückende Haar- und Federwild, stand es durch und brachte es nach dem Schuß freudig verloren. So manches Mal schoß ihm Vater in rasendem Tempo das Kaninchen vor dem Fang tot. Das sollte man zwar nie tun, aber es ging immer alles gut. Stöberten die Hunde im Schilf, stieg hin und wieder laut rufend ein buntschillernder Fasanenhahn auf, der dann ebenso schnell mit zusammengeklappten Flügeln wieder in die Deckung fiel. Kaum war der Schuß gefallen, saßen die Hunde mit dem Wild schon vor uns. Es war eine Lust, ihnen bei ihrer Arbeit zuzusehen.

Dieser kleine Jagdbetrieb auf Niederwild hielt in bunter Abwechslung immer seine jagdlichen Freuden bereit, zumal man bei dieser Art des Jagens das Vorgehen nach Belieben gestalten konnte. Das Jagen war zeitweilig immer durch einige Dressurakte an den Junghunden unterbrochen.

Die „Katzen-Maaß"

Auf einem unserer Jagdausflüge führten wir in einer kleinen Transportkiste unser Albinofrettchen mit, um in den Steinkuhlen und unter den Dornen aus den Bauen Kaninchen zu frettieren. Die Baue lagen zum Teil am Rande eines kleinen, gartenhausähnlichen Landhauses, das der „Katzen-Maaß" gehörte, wie die Besitzerin, deren Mann verstorben war, im Volksmund genannt wurde. Die alte Dame hieß Maaß und hatte sich aber den Beinamen „Katzen-" redlich verdient. Sie war nämlich mit einer nahezu unübersehbaren Zahl von Katzen umgeben, um einerseits ihre aufopfernde Tierliebe auszuleben, aber auch, um ihren Ruf als Tierschützerin auffällig zu demonstrieren. Ihrem Äußeren maß sie offenbar kaum Bedeutung bei, denn sie lief in einem Aufzug herum, der sie allgemein und besonders bei der Jugend zum Gespött machte. Ihre von aller Welt belächelte eigentümliche Art der Tierliebe war die Visitenkarte der alten Maaß. Wundern durfte es auch nicht, daß sie die Vermehrung ihrer Katzen schon lange nicht mehr unter Kontrolle hatte und wohl auch nicht haben wollte. Man munkelte, daß in ihrem Haus in jeder Zimmerecke und Wandnische Katzen säßen und daß sie nur gemeinsam mit ihnen zu Tisch ging. Von ihrem weißen Pudel behauptete sie, daß er sprechen und rechnen könne. Mit solchen und anderen Ammenmärchen hatte sie sich selber dem Gespott der Leute ausgesetzt. Kurz und gut, sie tat einem einerseits leid, andererseits reizte sie aber auch zur Gegenwehr.

Die Leute munkelten, daß sie im Tierschutzbund einen hohen Rang bekleide – angeblich sogar auf internationaler

Ebene, wie jemand zu berichten wußte. Vom Grad ihres Tierschutz-Fanatismus her war selbst das nicht auszuschließen. Kam man auf diesem Gebiet mit der mumienhaften Gestalt in Berührung, war sie ein ernstzunehmender Gegner, wie einige Opfer schon hatten erfahren müssen. Sie war bei den Gerichten keine Unbekannte und galt als höchst streitbar. Die Gattung Mensch hielt sie schlechthin für entartete Tierquäler und hatte pauschal uns alle zum Feind erklärt. Ihr Geist war beseelt von einem undefinierten Abwehrkampf gegen alle angeblich den Tieren drohenden Gefahren. Mit dieser schrulligen Person mußten wir Jäger, wenn auch völlig unbeabsichtigt, früher oder später in ein gefährliches Scharmützel geraten.

Es war an einem herbstlichen Sonntagmorgen, als wir mit unserem Frettchen zu einem kleinen Jagdflug auf Kaninchen ausrückten. Neben anderen sehr guten Jagdgründen liefen wir auch das Kanincheneldorado unmittelbar am Grundstück der Katzen-Maaß an, ohne darüber nachzudenken, in welch gefährlichem Terrain wir hier zu operieren gedachten.

Die Entfernung zur Behausung der Maaß betrug nur eine knappe Schrotschußentfernung, was sicher nicht reichte, um uns vor neugierigen Blicken und Ohren zu schützen. Während ich nun das Frettchen schliefen ließ, ging Vater an einer Steinkuhle mit seinem Doppelrohr in Stellung. Im Nu brach auch das übliche Getöse in den Röhren aus, wenn Kaninchen unter der Erde waren. Es bullerte und rumpelte, und schon sprang das erste Kaninchen. Der graue Flitzer hoppelte zwischen den Bauhügeln hin und her, rollierte aber schon vor der nächsten Röhre in der Garbe einer roten Auerhahnpatrone. Kurz darauf sprang schon ein zweites Kaninchen und flitzte in Richtung des

Hauses Maaß. Auch dieses Kaninchen rollierte in stiebender Wolle, war aber noch nicht ganz verendet. Es vollführte, durch Schrotkörner am Kopf getroffen, noch mehrere Bocksprünge auf, was dem erfahrenen Schützen das sichere Verenden anzeigt. Die Katzen-Maaß war durch unsere Schüsse bereits alarmiert und mußte nun die letzten Zuckungen des Kaninchens mit ansehen. Diese „Tiertragödie" vor Ihren Augen konnte ihre Seele nicht verkraften. Sie geriet völlig außer sich, explodierte förmlich. Hysterisch schreiend, stürzte sie mit einem langläufigen Colt, der ihr wohl als Wanddekoration diente, auf die offene Terrasse und ging mit schleudernden Armbewegungen, uns direkt anvisierend, in Stellung. Mit Blick in die Coltmündung wußten wir, daß wir uns schon in angenehmerer Lage befunden hatten. Man konnte schließlich nicht wissen, wozu diese Person noch in der Lage war, wenn es um Tiere ging. Mein Vater war absolut nicht ängstlich, aber bei solchen Mätzchen hörte für ihn der Spaß auf. Er konnte es partout nicht leiden, wenn jemand die Mündung einer Waffe auf einen Menschen richtete.

In der ihm aufgezwungenen Notwehrsituation ging er unter Anwendung des Paragraphen über die „Verhältnismäßigkeit der Mittel" blitzschnell auf die Alte in Anschlag und faßte das Ziel kurzblatt. Es war so eine perfekte Duellsituation entstanden, die durch das hysterische Gekreische der Maaß unwirklich begleitet war. Da mein Vater ein höflicher Mann war, wollte er der Alten den ersten Schuß überlassen, auch einkalkulierend, daß die Maaß nicht treffen würde. Wäre der Schuß aber gefallen, hätte sich augenblicklich die Szene zu Ungunsten der Maaß verändert. Der Ausgang wäre dann durchaus vorhersehbar gewesen. Während die Maaß gefehlt hätte, wäre ihrerseits der erste Schrotschuß auf 40 m zu verkraften gewesen. Hätte sie

aber dennoch abspringen können, wäre sie über die Terasse noch mal breit gekommen. Flüchtig schoß mein Vater aber besonders gut! Das Ende wäre nicht auszudenken gewesen. Wie sich doch eine spontan im Leichtsinn entstandene Situation aufschaukeln kann! Nun hatte aber der alte Western-Colt gottseidank Ladehemmung, was der Besitzerin zum leiblichen Wohle gereichte. Die Alte sprang angesichts der auf sie gerichteten Flintenmündung flüchtig ab und hob damit das inszenierte Bühnenbild in freier Natur auf.

Als mein Vater wohlgefällig mit der Waffe aus dem Ziel ging, mußten wir laut lachen. Die Jagdlaune war uns aber gründlich verdorben. Wir sammelten Kaninchen und Frettchen ein und verließen schleunigst diesen ungastlichen Ort. Wir mieden sogar fortan diese unangenehmen Jagdgründe, weil wir an einem vorzeigen Ende dieses unklugen Weibes nicht interessiert waren.

Der beschriebene Vorfall war damit aber noch lange nicht ausgestanden. Mein Vater wurde unter Schilderung eines entstellten Tatherganges wegen grober Tierquälerei von seiner Kontrahentin angezeigt und mußte sich vor dem Kreisgericht verantworten. Außerdem kam es zwischen den Parteien zu einem geharnischten Briefwechsel. Als der wahre Sachverhalt aber klargestellt worden war, wurde das Verfahren wegen Nichtigkeit eingestellt. Das Gericht hatte jedenfalls genug damit zu tun, das inszenierte Verwirrspiel zu entflechten, bis dann endlich die Akten über diese Posse geschlossen wurden durften.

Schnepfenstrich

Die Jagd auf die Waldschnepfe, der Schnepfenstrich, hatte in der alten Jägerei einen besonders hohen Stellenwert. Wer den Schnepfenstrich ausließ, war im Kreise gestandener Jäger wegen seines Mangels an jagdlicher Passion kaum akzeptabel. Wer aber keine Passion besaß, war unausgesprochen disqualifiziert und gehörte, wenn auch unverdientermaßen, nicht zu den Männern von Schrot und Korn. Wer nur beim Hochwildabschuß rege wurde und wessen Waidwerk erst bei den dicken Hirschen begann, wurde eher belächelt als ernst genommen. So streng waren die Bräuche, wenn von richtiger Jagd die Rede war.

War einmal ein Forstmann oder Jäger gestorben, fragte man im Trauerzug hinter vorgehaltener Hand: „Wieväl Schneppen hett hei schaten?" Die Strecke an Schnepfen galt sogar als eine Art Statussymbol, als Indiz für Passion und Schießkunst in der grünen Gilde.

Wer vor dem fünfzehnten März die erste Schnepfe schoß, erhielt in der alten Zeit die goldene Schnepfennadel, einen goldenen Schnepfenkopf mit roten Edelsteinaugen, getragen als Schlipsnadel. Auch mein Vater erhielt einmal diese ehrende Auszeichnung. Was machte eigentlich den ungeheuren Reiz des Schnepfenstrichs aus? War es der Auftakt des neuen Jagdjahres nach langer jagdlicher Winterpause? Oder war es die Erprobung der Schießkunst auf den Vogel im Zickzackflug im letzten Büchsenlicht? Oder ist es die feierliche Stille des schwindenden Frühlingsabends mit dem letzten Gesang der Amsel an der Grenze von Tag und Nacht unter dem leuchtenden Abendstern? Oder ist es die Gier auf Beute nach dem Vogel mit dem langen Gesicht, der einzigartigen Tarnfarbe und den bizarren Malerfedern am Schwingenknick, aus denen man einen Rosettenschmuck arbeiten kann? Oder ist es der Reiz des Gourmets im Verlangen nach einem opulenten Gaumenschmaus? Oder macht alles zusammen den Schnepfenstrich zur jagdlichen Delikatesse der Niederwildjagd? Schon viele Jägergenerationen erwarteten den Schnepfenzug im Frühjahr mit Ungeduld und Spannung, und wenn „Oculi" gekommen war, dann wurde allabendlich zur Flinte gegriffen, ohne auf die Fragen eine Antwort zu geben.

Mein Vater war ein passionierter Schnepfenjäger. Wenn die erste Märzhälfte überschritten war und die erste weiße Bachstelze auf dem Hausgiebel erschien, dann war auch die Schnepfe da, und der Abendstrich wurde genutzt. Mitte April hatte sie schon wieder Schonzeit. Dann begann die Schnepfe zu brüten, und es hieß „Hahn in Ruh!". Der Hauptflug lag in den ersten Apriltagen. Dabei stellten wir anhand des Schußbuches fest, daß, über die Jahre gesehen, der vierte April der erfolgreichste Jagdtag war.

Ein verblüffender Vorteil der Schnepfenjagd war die Pünktlichkeit, mit der die Schnepfe strich. Man konnte sogar abends so noch auf dem letzten Drücker kommen, so daß der Strich dann nach zwanzig Minuten auch schon wieder beendet war. Nach dem Verstummen der Amsel nahm sich die Schnepfe auf. Inzwischen war der Abendstern aufgegangen, die Dämmerung zog auf, und in der Totenstille des einschläfernden Tages hieß es den Blick auf den Abendhimmel zu richten und nach dem im Zickzackflug heranflatternden Vogel mit dem langen Gesicht Ausschau zu halten. Das typische Flugbild war nur mit dem der kleineren Fledermaus zu verwechseln, letztere flog aber etwas später und unruhiger. Die übrige Vogelwelt hatte zu dieser Zeit schon ihre Schlafplätze bezogen. Nur der plumpe Waldkauz schwebte manchmal geräuschlos über uns hinweg. Unsere alljährlichen Jagdgäste erkannten oft die Schnepfe nicht oder verpaßten sie. Mit Ausnahme meines Vaters schossen wir alle sehr schlecht. Ich habe in meinen Jungjägerjahren auf keine andere Niederwildart mehr gefehlt als auf Schnepfen. Der ungeübte Schütze wird meistens überrascht und beherrscht nicht den hingeworfenen Schuß in der Dämmerung, wenn er das Korn der Flinte nicht mehr sieht. Nur in wenigen Sekunden ist sie in günstiger Schußentfernung. Die meisten Langschnäbel strichen stumm. Wenn sie sich mit ihrem „Quorr-quorr, puitz-puitz" ankündigten, konnte man sich dagegen gut vorbereiten.

In der Geschwindigkeit täuschten wir uns oft, unsere Schüsse gingen dann nach hinten weg. Vom schnellen guten Anschlag und einem intuitiv erfühlten Vorhaltemaß hing die Trefferquote ab. Zum Zielen war meist keine Zeit, man mußte auf's Ziel schauen und im Mitschwingen drücken. Je nach Wetterlage strich die Schnepfe schneller oder langsamer. Bei Regenwetter strich sie eulenartig schwerfällig aber sanft und war dann leichter zu treffen. Kam sie wirbelnd mit dem Wind, wurde sie allzuoft gefehlt. Das ganze Schießen war Gefühlssache und setzte Übung voraus, wenn man erfolgreich sein wollte. Unsere Jagdgäste scheiterten auch oft an ihrer mangelnden Konzentration. Wer nicht den Finger am Abzug der entsicherten Flinte hatte und nicht den schnellen Anschlag beherrschte, wurde trotz besten Willens nicht rechtzeitig fertig. Schüsse über 35 Meter brachten nichts mehr, denn das Ziel war ja nur faustgroß und verlangte deshalb eine gute Deckung der 2,5-mm-Schrote. Die Schnepfe strich gern an Waldrändern, über Schneisen und Kulturen, Verjüngungen und Blößen hinweg. War der Hauptflug da, konnte man die Gäste überall hinstellen, dann kamen sie meistens gut zu Schuß, hatten aber selten Strecke. Die gefehlte Schnepfe kippte oft steil ab und täuschte einen Treffer vor, nahm sich dann aber vor dunklem Hintergrund gleich wieder auf. Die Nachsuchen mit unseren Verlorenbringern waren dann ergebnislos. Nur geübte Schnepfenjäger erkannten, wenn die Schnepfe geflügelt war, sie ging dann steiler zu Boden und lief sofort in die Deckung. Es mußte dann gleich der Hund angesetzt werden, denn die geflügelte Schnepfe lief in der Deckung sofort und oft weit weg.

Manche Jagdgäste waren über ihre dauernden Mißerfolge arg enttäuscht, trotzdem stellten sie sich allabendlich wieder ein. Es war die spannungsreiche Abendstunde, die sie immer wieder ins Revier zog. Ein Jagdgast meinte nach der Jagd einmal, daß der alte Pudelpointer seine Schnepfe im Dunkeln wohl nicht hätte finden können. Vater entgegnete ihm, ob er sich vorstellen könne, daß der Hund im Dunkeln besser findet als er im Hellen schieße. Unsere Hunde saßen unangeleint neben uns auf dem Stand und hielten nach Schnepfen ebenso Ausschau wie wir. Auf den Schuß hin blieben sie sitzen, zur Suche setzten sie immer erst auf Befehl an. Ihre Sicherheit im Finden gefallener Schnepfen, auch in wildester Deckung, war phantastisch. Ohne sie hätten wir wohl kaum unsere Schnepfen gefunden. Außerdem haben Schnepfen eine geradezu unglaubliche Tarnfarbe, weshalb sie fast immer übersehen werden.

Mein Vater verlangte von sich auf gut kommende Schnepfen immer eine Doublette, was uns übrigen Schützen nie gelang. Manchmal verfing sich der Vogel nach dem Schuß im Geäst, so daß der Hund sie nun wirklich nicht finden konnte. Solche Zufälligkeiten stellten sich dann stets auf der Nachsuche am nächsten Tag heraus. Der Reiz des Schnepfenstrichs lag in den Frühlingstagen vornehmlich im Genuß der Abendstimmung, im Wahrnehmen und Beobachten all der kleinen Lebenszeichen der Natur in mild fächelnder Abendluft. Zuweilen klingelten Enten in der Luft, der Fischreiher strich noch zu den Wasserlöchern, das Rotkehlchen zwitscherte zum letzten Male in seinem Nachtversteck oder Rehe wechselten leise an. Igel raschelten im trocknen Laub, und die Maus pfiff, bevor der Waldkauz schattenhaft heranschwebte. Alles Leben gab sich im Konzert eine feierliche Andacht in den heiligen Hallen dunkler Bestände und unter funkelnden Sternen über uns. Wer wollte auf diese schönste aller Messen verzichten? Wo konnte man sich fernab von jedem Alltagslärm freier fühlen, mit der Natur enger verbunden sein als hier? Nicht selten bemächtigte sich unsere ein wahres Glücksgefühl und der Wille, Strecke zu machen, trat zurück.

Die Schnepfe strich nicht überall gleich gut. In unserem Revier war sie eigentümlicherweise im Jagen 12 stark konzentriert. Hier fand sie in einer lückigen, knapp mannshohen Buchenverjüngung, durchsetzt mit Frostlöchern, einen günstigen Biotop. Hier war der Strich immer gut, und man kam reichlich zu Schuß. Eines Abends zog ich mit fünf Langschnäbeln heim, vier hatte ich beim Buschieren an den Verjüngungsrändern vor dem unter der Flinte suchenden Hund geschossen, die fünfte fiel noch auf dem Strich. War der Hauptflug da, lohnte auch das Buschieren mit dem kurzsuchenden Vorstehhund.

Als wir am Ostermorgen 1940 in Schützenkette eine Kieferndickung durchstreiften, schoß ich, damals zehnjährig, meine erste Schnepfe. Inzwischen sind es laut Schußbuch an die hundert geworden. Einmal stellte ich im Krieg, als wir immer viele Fronturlauber als Jagdgäste hatten, den Jagdkönig mit acht Schnepfen als Tagesstrecke, sechs beim Buschieren und zwei auf dem Strich. Beim Buschieren mußte man sehr schnell auf die aufflatternde Schnepfe schießen. Traf man gut, dann stand ein Federpilz in der Luft. Die Zusammenarbeit mit dem erfahrenen und trainierten Hund war ein waidmännischer Genuß. Ich war ein glücklicher Mensch, wenn ich als Jungjäger an freien Tagen bei sonnigem Frühlingswetter zum Buschieren in unser Revier ausrücken durfte. Wenn wir dann abends nach dem Strich die Jagdgäste von ihren Ständen abholten, berichtete jeder seine Erlebnisse. Auf unserem Heimweg zur Försterei im Dunkel der sternerleuchteten Nacht tauchten die Bilder des Erlebten in der Fantasie oft wieder auf und wurden bildhaft ausgeschmückt wiedergegeben.

Vater wußte eines Abends von seinen besonderen Erlebnissen als Schnepfenjäger im Kriegsjahr 1916 an der Westfront zu berichten. Hinter der Hauptkampflinie erhielt er von seinem Kompaniechef den Auftrag, den zu erwartenden kommandierenden General seine erste Schnepfe schießen zu lassen. Der Erfolg war militärisch zu garantieren. In diesem Falle sollte ein Sonderurlaub herausspringen. In weiser Voraussicht, daß der General wohl zu Schuß kommen, aber sicherlich nicht treffen würde, schoß Vater schon am Vortage zwei Schnepfen, die er bei dem hohen Besuch schon in der Patronentasche mitführte.

Genau so kam es: Der General fehlte mehrmals, war aber der Meinung, getroffen zu haben, weil er das Abkippen der Schnepfe nach dem Schuß für tödliches Zeichnen hielt. Zur Nachsuche Im Dunkeln aufgefordert, schnallte Vater seinen Kurzhaar, warf die mitgebrachten Schnepfen in die Kieferndickung und gratulierte dem General zu seinem Waidmannsheil. Daraufhin durfte er in Urlaub fahren.

Der Schnepfenbesatz in unseren heimischen Jagdgefilden hat heute abgenommen. Diese Tatsache ist nicht in zu hohen Strecken begründet, sondern wird ausgelöst durch die Verarmung vieler Schnepfenbiotope. Bei der sich jetzt immer mehr durchsetzenden naturnahen Waldwirtschaft mit ihrem hohen Laubholzanteil wird zwangsläufig auch die Schnepfe wieder profitieren. Die gesetzlich erlaubte Herbstjagd lohnt sich praktisch nicht. Es werden deshalb in Deutschland kaum noch Schnepfen geschossen. Mit dem gesetzlich erwirkten Bejagungsverzicht von Schnepfen auf dem Frühjahrsstrich erleidet unsere Jagdkultur dagegen einen ideellen und völlig unnötigen Verlust.

Hasenjagden

Der Hase wird heute nur noch in wenigen Revieren bejagt. In den meisten Revieren ist seine Besatzdichte bedrohlich gesunken. Die Romantik der Hasenjagd gehört damit schon der Vergangenheit an. Wer nie Gelegenheit gehabt hat, auf Hasen zu jagen, dem ist an jagdlichen Freuden viel entgangen. Um den Hasen, so kann man schon bei Dietzel und von Raesfeld nachlesen, rankt sich ein Stück edler Jagdkultur. Wie sehr man einzelne Wild- und Jagdarten schätzt, ist natürlich eine Einstellungsfrage. Es darf sich aber wohl derjenige Jäger für passionierter halten, der auch kleine Wildarten ebenso hoch schätzt wie große Trophäenträger.

Der Hase war im alten Waidwerk eine beliebte Wildart, man konnte ihn reizvoll auf vielerlei Art bejagen. In vielen weiten Feldrevieren war er die Hauptniederwildart, von der oft das ganze Jagdjahr bestimmt war. Der Niedergang gerade dieser Wildart zeigt allzu deutlich, wie der Mensch mit der Natur umgeht und daß sich hinter dem vielgelobten technischen Fortschritt manch ökologischer Rückschritt verbirgt. Ob die Hasenpopulation jemals wieder ihre ehemalige Stärke erreicht, ist heute äußerst fraglich und bei der Art der betriebenen Agrarwirtschaft unwahrscheinlich. Selbst Wissenschaftler, die den Hasen bereits gründlich erforscht haben, geben dem Hasen für die Zukunft keine große Chance. Es ist erwiesen, daß die Nahrungsbasis des Hasen durch Mechanisierung, Chemieeinsatz und Melioration in einer intensiv rationalisierten Landwirtschaft tiefgreifend gestört ist. Vielleicht sind die zunehmenden Stillegungsflächen ein kleiner Lichtblick.

Mir war seit früher Jugend beschieden, sehr ausgiebig, vielfältig und mit großer Passion auf Hasen zu waidwerken. Ich habe deshalb diese Wildart besonders liebgewonnen. Daß wir früher jährlich den Hasen bejagten, war eine Selbstverständlichkeit. Nicht zuletzt, weil der Besatz gut war, obwohl der Hase sporadisch auch unter Seuchen litt. Im Jagdbetrieb waren der Ansitz, die Suche, das Buschieren und schließlich die Kesseljagden beliebte Jagdarten. Die auf den Gütern und in größeren Pachtfeldjagden alljährlich abgehaltenen Gesellschaftsjagden waren als Vorsteh- und Kesseltreiben gesellschaftliche Höhepunkte auf dem Lande. Nicht nur unter den Jägern, sondern auch unter der ganzen Landbevölkerung, besonders unter der Dorfjugend. Bei Ansitz, Auslauf oder Einlauf des Hasen an den Waldrändern mußten die Strecken gering bleiben, denn man schießt dabei zweifellos eine Reihe der Stammhasen tot. Dennoch macht der Ansitzhase besondere Freude, falls man den Ansitz jagdlich überhaupt beherrscht. Der Hase kommt zwar auf seinen Wechseln sicher, aber damit hat man ihn noch lange nicht. Wie sagte doch schon der alte Nimrod: „Du hast ihn erst, wenn er am Haken hängt!" In jedem Jägerleben bestätigt sich diese Weisheit immer wieder aufs neue.

Dem Anfänger brachte der mehr dumm dreinschauende Hase bald bei, was es heißt, schlecht Deckung zu nehmen. Wer aber allzu sichere Deckung nahm, wurde manchmal nicht fertig, oder das Ziel war verdeckt, oder die hereinbrechende Dunkelheit war nicht berücksichtigt. Wer nicht zu beiden Seiten die unbedingt notwendigen Trockenanschläge machte, merkte erst im entscheidenden Augenblick, daß ein vorher nicht beachtetes Hindernis einen Schuß unmöglich machte. Mancher Jäger wurde schon mit dem Überraschungsmoment nicht fertig, denn der Hase sitzt auf einmal da, als sei er aus der Erde gewachsen, äugt dann aber besonders scharf. Dabei nimmt er alles aus seiner Umgebung wahr, was sich bewegt, weil ihn die seitliche Lage seiner Seher dazu besonders befähigt. Als ausgesprochener Bewegungsseher erlaubt er keine schnelle Bewegung. Andernfalls empfiehlt er sich blitzschnell mit gewaltigem Satz. Wer da nicht die entsicherte Waffe in der Hand und den Finger am Abzug hatte und wer notwendige Bewegungen nicht zentimeterweise ausführte, durfte sich auf dem Heimweg nur über die verpaßte Chance ärgern.

Als Schütze galt es, versammelt zu sein, der Hase war es auch. Einbrechende Dunkelheit verschluckt nicht nur die graubraune Tarnfarbe des Hasen, sondern auch oft das Korn und die Laufschiene der Flinte. Wenn die Flinte aber gut lag, mußte es auch mit einem Blick über die Schiene und mit ausgeprägtem Gefühl gehen. Der eine Hase kam sehr weit, der andere wieder sehr nahe, jede Situation war anders und mußte auf ihre Weise pariert werden. Wer nach schematischen Schulregeln lange zielte, traf dadurch nicht besser. Vor allem mußte die genaue Entfernung eingeschätzt werden, denn der tödliche Radius einer durchschnittlichen Flinte beträgt nur vierzig Meter, nach 35 Metern nimmt die Wirkung einer Schrotgarbe nicht linear, sondern im Quadrat der Entfernung ab.

Der Schuß auf den flüchtigen Hasen gilt im Vergleich zu anderen Situationen als relativ leicht, dennoch kann man auch den Hasen leicht vorbeischießen, wenn das Zusammenspiel beim Schützen nicht klappt. Meistens wird nicht genügend vorgehalten, dann geht der Schuß hinten weg. Der schnell, breit und weit kommende Hase schießt sich am schwierigsten. Auch der übereilt in Nervosität abgegebene Schuß geht meist daneben. Hatte man aber erst beim aufstehenden Hasen eine gewisse Kaltblütigkeit erreicht, schoß man nicht nur besonnener, sondern auch besser. Wichtig war, daß man lernte, mit beiden Augen offen aufs Ziel zu gucken. Nur so sah man auch ein eventuelles Zeichnen mit krummem Rücken oder einen schlendernden Lauf nach dem Schuß. Nachgesucht wurde der kranke Hase immer erst, wenn er außer Sicht und in Deckung war, um den Vorstehhund nicht aufs Auge, sondern zur Nasenarbeit zu erziehen. Darin liegt auch die Bedeutung der Vbr-Prüfung (Verlorenbringen auf natürlicher Wundspur). Hunde, die auf Sicht erzogen werden, versagen, wenn sie das Wild nicht mehr äugen können und gebrauchen ihre Nase erst gar nicht. Schlechte Schützen, zu denen wohl jeder Jungjäger einmal periodisch gehört, haben einen hohen Patronenverbrauch. Wer aber viel fehlt, schießt auch öfter krank. Das liegt leider unvermeidbar in der Natur des

Schrotschusses. Mein Vater lehrte mich frühzeitig den Grundsatz zur Selbsterziehung, der da lautet: „Wenn's knallt, muß das Stück liegen, sonst schießt man nicht!" So einfach das klingt, so schwer ist der Grundsatz einzuhalten. Wildes Herumknallen auf gut Glück ist üble Schießerei und waidmännisch wie auch aus Sicht des Tierschutzes nicht zu verantworten.

Leider sieht man auch bei der Hundeführung im Felde haarsträubende Fehler von Hundeführern. Bei der Hasenjagd gehört der Hund zunächst immer an der Leine, es sei denn, er ist zu einer bestimmten Arbeit geschnallt. Nur wenige Hunde sind so gehorsam, daß sie auch unangeleint beim Schuß gehorsam bleiben. Andererseits stört der Hund, wenn er nicht sogar zur Gefahr wird, wenn er den Schützen umreißt. Nicht umsonst wird auf der Gebrauchshundprüfung speziell der Gehorsam am Haar- und Federwild geprüft. Sind Hunde im Schußfeld geschnallt, droht ihnen die Gefahr, durch schußhitzige, nervöse Schützen erschossen zu werden. Oft wird auf den Hund geschimpft, aber fast immer hat dann sein Führer schuld, bei dem er falsch angelernt wurde.

Bei weichem Wetter machten wir auf der Suche öfter gute Strecke, während der Hase bei Frostwetter nicht gut hielt und viel zu früh aufstand. Bis in die sechsziger Jahre war der Hasenbesatz in Mecklenburg wie auch anderswo gut, so daß hohe Abschußpläne ohne Schwierigkeiten erfüllt werden konnten. Neben Kollektivjagden wurden die Strecken auch durch Einzeljagd erbracht. Bei dieser Gelegenheit erinnere ich mich, daß ich einmal allein in knapp drei Stunden dreizehn und ein andermal sogar fünfzehn Hasen schoß. Auf den damals noch kleineren Äckern lag gut Hase. Er hielt auch im allgemeinen gut, weil die

Störungen noch gering waren. Für etwaige Nachsuchen war natürlich immer der gut ausgebildete Verlorenbringer an der Leine. Mehr als vier Hasen konnte man im Rucksack kaum tragen. Diese wurden dann jeweils erst abgelegt, um sie dann nachmittags per Kleinmotorrad einzusammeln. Abgelegtes Wild wurde gegen Greifvögel, Kolkraben und Fuchs grundsätzlich verblendet. Nachhaltig erfolgreiche Jagden darf man im Winter nach Überprüfung der Besatzdichte nur einmal durchführen, weil die Niederwildbestände sonst rasch ausgeschossen sind, was man natürlich vermeiden muß. Wir sparten deshalb immer ein größeres Reservat von der Bejagung aus. Die richtig betriebene Suchjagd war nicht nur streckenreich, sondern auch ein interessantes Jagderlebnis: Herausforderung, Bewährung und Bestätigung. Es stellen sich aber auch nachdenklich machende Einsichten über begangene Fehler ein, die den fortwährenden Lernprozeß in Gang halten.

Zu den schönsten Erinnerungen in meinem Jägerleben gehören die größeren Kesseljagden mit entsprechendem Aufgebot an Treibern und Schützen. In zwei Perioden habe ich an zahlreichen Gesellschaftsjagden auf Hasen teilgenommen, einmal vor 1945 während meiner jagdlichen Lehrzeit mit meinem Vater zusammen auf den Gütern und größeren Pachtjagden. Zum zweiten Mal zur Zeit der Kollektivjagden in den fünfziger Jahren, wo unsere Jagden von Polizeikommandos geleitet wurden. Wir jagten dann im Winter oft Tag für Tag auf Hasen und zogen in Mecklenburgs Jagdgründen von Feldmark zu Feldmark, bis wir alle Gemarkungen bejagt hatten. Kesseljagden sind ein Spektakel für sich, ein turbulentes Unternehmen, das gut vorbereitet und organisiert werden will, wenn es ohne Jagdunfälle ausgehen, erfolgreich sein und Spaß machen soll.

Kesseljagden bescheren bei Schneelagen und Sonnenschein ein unvergleichliches Vergnügen. Allein schon die in unterschiedlichstem Aufzug erscheinenden Schützen und Treiber sorgten für heitere Stimmung. Es ist eben der große Vorteil der Niederwildjagd, daß sie immer Ereignisse beschert und nie langweilig wird. Jeder Teilnehmer hat reichlich guten Anblick und kommt meistens auch gut zu Schuß. Alles bleibt in Bewegung, keiner friert, und alle profitieren von der Teamarbeit. Das jeweilige Winterwetter ist von großer Bedeutung. Am liebsten hatten wir Schnee. Dabei hoben sich die Hasen gut vom Hintergrund ab, das gesamte Geschehen war so gut zu überblicken. Ging man dann als Schütze im Schneehemd, hatte man besonders guten Anlauf. Ich ging auch immer sehr gerne und freiwillig als Flügelschütze, der ja besonders gut auf den Läufen sein muß. Man hatte so bis zum Schließen des Kessels zwar immer den weitesten Weg, schoß aber meistens schon einige Hasen beim Auslaufen des Halbkreises, bis die Flügel zusammentrafen. Es kamen oft mehr als zwanzig Kilometer Fußmarsch an einem Tage zusammen. Hatte man aber weichen Boden, vielleicht noch auf schwerem Lehm, glichen die Anstrengungen mehr einem extremen Leistungssport. Bei gefrorenem Boden ging es unvergleichlich besser. Der Hase stand dann früh auf, kam aber dennoch vor die Schützen, falls der Kessel überall und immer geschlossen war.

Die Strecken unserer Jagden hingen stark von der Organisation ab. Waren genug Schützen und Treiber geladen und auch erschienen, konnten große Kessel gebildet werden. Auf jeden Schützen kam ein Treiber. Wurde ein Treiber auf fünfzig Meter vom Stellplatz in Richtung des zu begehenden Halbkreises abgestellt, hatten alle den gleichen Abstand einzuhalten, wenn der nächste Schütze oder Treiber sich in Marsch setzte, sobald sein Vordermann den Posten passiert hatte. Die Flinten mußten möglichst immer Schußkontakt haben. Das setzte voraus, daß etwa gleiche Abstände gehalten wurden und sich keine Säcke bildeten, weil dann auch das Schußfeld eingeengt wurde. Der Jagdleiter mußte als Hornbläser das ganze Geschehen stabsmäßig leiten und die Übersicht behalten. Schließlich mußten auch alle Teilnehmer Disziplin halten und darauf achten, daß der Kessel immer geschlossen blieb. Zurückbleibende Treiber, die sich bei geschossenen Hasen aufhielten und den Anschluß verloren, wurden lautstark aufgefordert, schnell wieder aufzuschließen, da sie sich im Schußfeld der nächsten Schützen bewegten. Wenn sich die Fronten auf dreihundert Meter gegenüberstanden, mußte rechtzeitig das Signal „Treiber rein!" geblasen werden, weil dann niemand mehr in den Kessel schießen durfte. Die den Kessel verlassenden Hasen wurden dann nur nach außen beschossen.

An die Schützen stellt eine Kesseljagd hinsichtlich seiner Disziplin eine hohe Anforderung. Hitzige und nervöse Schützen werden zur Gefahr, wenn sie mit der Flinte durch die Schützenkette ziehen und müssen eindringlich ermahnt, wenn nicht sogar nach Hause geschickt werden. Als einer der schwersten Fehler erwies sich immer wieder, wenn Hunde schon während des Treibens zur Nachsuche auf kranke Hasen geschnallt wurden. Dann ergaben sich stets endlose Hetzen auch hinter gesunden Hasen, was den ganzen Ablauf durcheinanderbrachte. Wichtig war, daß immer genügend abgerichtete Gebrauchshunde zur Verfügung standen, so daß die Nachsuchen ganz individuell nach den Treiben durchgeführt werden konnten. Ich führte meistens zwei Deutsch-Drahthaar und vereinte auf den kleineren Jagden oft die Hälfte der Gesamtstrecke auf mich, weil mir auch die von meinen Hunden erfolgreich nachgesuchten Hasen zugesprochen wurden.

Der Transport der um die 50 Pfund schweren Hunde gestaltete sich in der Nachkriegszeit oft schwierig, denn wir hatten noch keine Autos. Beide Hunde wurden dann jeweils in einen Rucksack gesteckt. Das eine Rucksackpaket wurde auf dem Rücken, das andere auf dem Tank des Leichtmotorrades plaziert – nicht gerade zur Freude der Verkehrspolizei.

Es ereignen sich auf solchen Jagden mitunter kuriose Dinge. Als einmal ein Gehölz getrieben wurde, wo alles Wild vorkommen konnte, lud ich in meine 16-er Flinte links mit Posten und rechts mit Brennecke. Ich trug einen langen Lodenmantel und stand hinter einer Kiefer ganz still. Da lief mich spitz von vorn ein Hase an und setzte sich unter mich zwischen meine gespreizten Beine. Er hatte mich wohl für eine Schirmfichte gehalten. Einen Moment sah ich den Hasen genau unter mir. Dann sprang der Hase plötzlich ab, weil ihm sein Ruheplatz doch eigenartig vorkam. Als er schräg von mir wegflüchtete, schoß ich ihn auf zwanzig Meter mit Posten. Diesen Hasen habe ich mir aber nicht ausgewählt, als am Abend jeder Jäger einen mit nach Hause nehmen durfte. Ein andermal überstieg ich während des Kessels einen Koppelzaun und trat dabei genau auf einen in der Sasse liegenden Hasen, der laut klagte. Als er absprang, sah ich, daß ich ihm einen großen Batzen Wolle auf seinem Rücken losgetreten hatte. Blitzschnell lud ich meine Flinte wieder und ließ ihn rollieren.

Auf einer großen Kesseljagd eines der Güter waren in der Kriegszeit Kriegsgefangene als Treiber eingesetzt. Sie waren alle mit Elan bei der Sache. Als „Treiber rein!" geblasen wurde, und die Schützen, es waren wohl an die vierzig, zurückblieben, während die Treiber sich auf den

Mittelpunkt zubewegten, stand in letzter Minute doch noch ein Hase auf und flüchtete in Windeseile auf die Schützenkette zu. Als die gesamte Schützenfront schon in den jagdlichen Anschlag ging, weil jeder Schütze hoffte, auf den Hasen zu Schuß zu kommen, warf einer der Kriegsgefangenen seinen Knüppel nach dem flüchtenden Hasen und mußte dabei wohl an die zwanzig Meter weit vorgehalten haben. Jedenfalls traf er den Hasen direkt am Kopf, worauf dieser elegant rollierte, als hätte er den besten Schrotschuß erhalten. Alle Schützen senkten darauf ihre Waffen. Der Jagdherr trat mit lächelnder Miene an den Erleger heran und machte ihm unter Gejodel seiner Kameraden den Hasen zum Geschenk. Und weil wir schon einmal bei kuriosen Begebenheiten sind, kann noch von einem ähnlichen Vorfall berichtet werden.

Wir fingen in der Nachkriegszeit viele Füchse mit dem Tellereisen, das im Ostterritorium noch zugelassen war. Als Fangplatz dient uns ein auf einer Koppel von Wildschweinen aufgeworfenes Gebräch. Mit einem dort am Luder gelegten Eisen fingen wir in sieben Tagen sieben Füchse. Das war eine außergewöhnlich gute Strecke. Als mein Vater und ich im Morgengrauen an den siebten Fuchs herantraten, riß dieser sich von der Kette des Eisens los und flüchtete in voller Fahrt im Bogen um uns herum. Mein Vater warf mit einem Kartoffelkratzer, den wir zum Einbetten des Eisens verwendeten, nach dem Fuchs und traf diesen zufällig auf fünfzehn Meter genau am Kopf, worauf der Fuchs rollierte. Da der Fuchs sehr flüchtig war, mußte er das Gerät in eine ganz andere Richtung geschleudert haben. Wir hatten ja damals keine Waffe und hätten diesen Fuchs natürlich nicht wieder gesehen. Es gibt also tatsächlich Dinge, die es vor den Augen und Ohren der Nichtjäger nicht gibt, und man braucht dazu kein Jägerlatein zu erfinden.

Kriegsende

Mit dem Kriegsende Anfang Mai 1945 ging meine glückliche Jugendzeit und der erste bedeutende Abschnitt meiner jagdlichen Laufbahn zu Ende. Es war die Gnade meiner späten Geburt, daß ich vom Kriege verschont blieb und glückliche Jahre im Waidwerk mit meinem Vater erleben durfte. Ich war fünfzehn Jahre alt geworden und hatte fast alle Jagdarten kennengelernt, hatte schon einige Stücke Hochwild und allerhand Niederwild und Raubzeug geschossen. Sogar der erste gute Hirsch hing schon an der Wand.

Da der Stabsjägermeister mir gestattet hatte, den alljährlich in unserer Försterei abgehaltenen Jägerprüfungen beizuwohnen, hatte ich schon ein beachtliches jagdliches Wissen erworben. Einmal wurde ich schwer getadelt, als ich während der Jägerprüfung auf einem imitierten Pirschgang den Prüfling lauthals korrigierte, der eine Damwildfährte mit einer Rotwildfährte verwechselte. Ich wurde von der Veranstaltung verwiesen, was hoffentlich zu meiner ordentlichen Erziehung beigetragen hat.

Mit der von Ost und West näher kommenden Kriegsfront war auch der Tag der Aufgabe unserer Waffen abzusehen. Der sich abzeichnende Zusammenbruch des alten Staates ließ die Zukunft eines jeden von uns im Dunkeln. Es sollte zwölf lange Jahre dauern, bis ich wieder eine eigene Doppelflinte in die Hand nehmen und dreiundzwanzig Jahre, ehe ich wieder Schalenwild mit der Kugel erlegen konnte. Das jagdliche Interregnum sollte länger als das Doppelte meiner jagdlichen Lehrzeit ausmachen. Dazu kam der Verlust meines Elternhauses, aus dem wir in den Wirren des

Kriegsendes wegen der Bandenkämpfe und der unmittelbar bestehenden Lebensgefahr ausziehen mußten.

Abseits liegende Forsthäuser waren regelmäßig das Opfer von Überfällen, Einbrüchen und willfährigen Gewaltakten. Bei einer nächtlichen Flucht aus dem Fenster überfiel mich ein Gefühl der Entwurzelung und schutzloser Vogelfreiheit. Und doch war unserer engeren Familie das Glück beschieden, vierköpfig den Krieg zu überleben. Unsere Stadtförsterei lag zufällig unmittelbar an der Demarkationslinie, an der sich die russischen und englisch/amerikanischen Truppen begegneten. Der Störkanal, der den Schweriner See über Elbe und Elde mit der Nordsee verbindet, wurde zunächst die Grenze zwischen Ost- und Westdeutschland, bis sie Wochen später bis an die Elbe zurückverlegt wurde. Damit fielen wir unter sowjetische Besatzung.

Direkte Kampfhandlungen waren uns in den letzten Kriegstagen erspart geblieben. Auch die Landeshauptstadt Schwerin wurde kampflos übergeben. Die vorbereitete Verteidigungsmaschinerie wurde nicht mehr in Gang gesetzt, was auch mir sicherlich das Leben gerettet hat. Die Kriegslage hatte sich allerdings im April 1945 von Tag zu Tag zugespitzt. Beide Hauptkampflinien waren unaufhaltsam und hörbar auf uns zugerollt. Im Donner der Artillerie von Westen und von Osten und unter ständigen Tieffliegerangriffen, bei denen auch auf einzelne Menschen geschossen wurde, griff Angst und Schrecken um sich. Panik ergriff die Menschen und trieb sie zu allerhand Handlungen, die aufs Überleben gerichtet waren. Morde und Selbstmorde waren an der Tagesordnung. Waffen aller Art lagen überall umher und waren für jedermann zugänglich. Wir durchlebten Stunden totaler Rechtlosigkeit. Besondere Sorgen machten wir uns natürlich wegen unserer Jagdwaffen, einem Arsenal, von dem wir nicht wußten, wie die kämpfende Truppe der Siegermächte darauf reagieren würde. Mein Vater entschied, daß ein Teil unserer Waffen vergraben werden mußte. Der Rest blieb im Gewehrschrank. Der Zusammenbruch der alten Macht löste eine Entwurzelung und Unsicherheit bei allen Menschen aus. Selbst mein Vater vermochte die entstandene Lage nicht real einzuschätzen. Er meinte, der Krieg würde wohl über uns hinwegziehen, und wir würden die Waffen wohl bald wieder vorholen können. Derweil sollte es tatsächlich ein halbes Jahrhundert dauern, ehe ich das Waffengrab wieder öffnen konnte. Die Gewehre waren inzwischen zu Staub geworden, und mein Vater war längst verstorben.

Wir fielen zunächst unter englische Besatzung, und als wir unseren Besatzern unsere Gewehre anboten, lehnten diese das Angebot ab und meinten, für uns völlig unverständlich, wir würden sie angesichts der vorherrschenden Bandenkämpfe wohl selbst noch gebrauchen können. Es waren Kämpfe in einem unbeschreiblichen Durcheinander. Man wußte meistens nicht, mit welchen Menschen man es überhaupt zu tun hatte. Da waren kämpfende und flüchtende Soldaten, dazwischen ausländische und inländische Flüchtlinge, befreite Kriegsgefangene aller Nationen, Häftlinge aus den Konzentrationslagern und aus Freund und Feind zusammengesetzte plündernde Banden. Die Gesellschaft glich einem aufgeschreckten Bienenhaufen. Dabei war jeder in Gefahr, nicht nur die Gesundheit, sondern auch das Leben zu verlieren. Schüsse fielen allerorts, und hier und da lagen Tote. Nächtliche Überfälle waren nicht selten, besonders auf die Flüchtlingstrecks der Planwagen aus den Ostgebieten, die sich um den Forsthof herum gesammelt hatten.

Immer mehr ausgebombte Menschen und Flüchtlinge baten um Unterkunft, dabei waren wir bereits maßlos überbelegt. Hunderte von Militärpferden liefen verlassen auf dem Exerzierplatz umher, inmitten von Waffen und Munition aller Kaliber. Gegen die ständigen nächtlichen Einbrüche im Forsthaus hatten wir ein hausgemachtes Alarmsystem eingerichtet, damit wir frühzeitig vor den Einbrechern gewarnt wurden. Unsere Signalanlage bestand darin, daß wir alle Türen im Erdgeschoß mit Bindfäden miteinander verbanden, Gefäße wie Töpfe, Milchkannen usw. in Kippstellung an den Türen und Fenster befestigten, sodaß beim Öffnen einer einzigen Tür ein ohrenbetäubender Lärm von abstürzenden Gefäßen in einer Art Kettenreaktion ausgelöst wurde, der alle Einwohner augenblicklich aus dem Schlaf riß. Im Kellergeschoß schlief niemand. Meine Eltern ruhten in der ersten Etage, wir übrigen in der oberen Etage, darunter mein aus dem Osten geflohener Onkel, der auch Revierförster war, und ich.

Mein Vater und wir beide waren bewaffnet. Auf Geheiß meines Vaters sollten wir nur im äußersten Notfall schießen, wir fürchteten eine mögliche Gegenreaktion der Einbrecher mit Panzerfäusten oder Handgranaten. Eines Tages fuhr ein englischer Jeep vor und brachte ein überfahrenes Stück Damwild. Wir zerwirkten das Stück und bereiteten es für den Abtransport in das Schweriner Stadtkrankenhaus vor. Irgendwelche Banditen mußten das mitbekommen haben, vier Männer drangen bei uns ein und forderten die Herausgabe des Wildbrets. In treuem, diesmal aber total verfehltem Pflichtbewußtsein, lehnte mein Vater das ab.

Am nächsten Tag war unser dreijähriger DK-Rüde mittels Lockbrocken entführt worden, um ihn unbemerkt erschießen zu können, damit er als Wachhund ausgeschaltet war. Die Verbrecher banden den Hund dreihundert Meter vom Forsthof entfernt an eine Fichte, setzten ihm eine Walther-Pistole an den Kopf und drückten ab. Der Hund erhielt einen schweren Kopfschuß, riß sich aber dennoch los. Die Kugel war zwischen den Augen ganz dicht am Gehirn vorbei durch den Schädel gedrungen. Das Geschoß hatte Ober- und Unterkiefer zerschmettert. Blutüberströmt und heulend kam der Hund zuhause an. An der Haustür brach er zusammen. Ich sehe meinen Vater noch heute, wie er den Hund in dessen Zwinger schleifte, damit er dort ruhig verenden konnte.

Dieses Ereignis war der Vorbote zu einem geplanten Einbruch, der sich dann auch in der nächsten Vollmondnacht ereignete. Die Einbrecher hatten die Eisenstäbe des Kellerfensters herausgebrochen und waren in das Kellergeschoß eingedrungen. Meine Eltern waren durch den Krach aufgewacht. Mein Vater lehnte sich mit der entsicherten Doppelflinte aus dem Schlafzimmerfenster im Parterre des Hauses aus dem Fenster, von wo er den besten Blick über den vom Mond beschienenen Hof hatte. Er bemerkte den Todesschützen nicht, der sich schon unter das Fenster geschlichen hatte, und der sofort aus einem Meter Entfernung auf meinen Vater schoß. Vater spürte einen sehr harten Schlag am Kopf, schoß noch auf den Einbrecher, ohne ihn aber treffen zu wollen, weil er die dann zu erwartenden Racheakte vermeiden wollte.

Als wir aus der oberen Etage aus den Zimmern stürzten, kamen uns schon meine Eltern auf der vom Mond beschienenen Treppe entgegen. Mein Vater blutete stark und brach auf der Treppe zusammen, und wir schafften ihn ins Zimmer meiner Schwester. Wir erwarteten mit dem Gewehr in der Hand die Einbrecher, es blieb aber zunächst alles ruhig. Mein Onkel bestand darauf, medizinische Hilfe anzufordern, weil Vater gegen Wundstarrkrampf geimpft werden mußte. Wir konnten aber nur aus dem im Parterre liegenden Dienstzimmer telefonieren, dabei war nicht klar, ob nicht die Einbrecher noch im Hause waren. Während mein Onkel von der Treppe aus Feuerschutz gab, übersprang ich den gefährlichen Flur, stürzte mich ins Dienstzimmer, das auch vom Mond beschienen war, und war mit wenigen Sätzen unter dem Schreibtisch in Deckung. Ich angelte mir das Telefon herunter und rief das Krankenhaus an.

Ärztliche Hilfe wurde frühestens für den nächsten Tag in Aussicht gestellt. Mein Vater hatte das Bewußtsein inzwischen wieder erlangt und wurde am nächsten Tag mit einem Krankenwagen per Pferdezug ins Krankenhaus gebracht, da sich der Kopfstreifschuß aus einer 7,65er Pistole doch als bedenklich erwiesen hatte. Die zweite Nachthälfte verlief in der Unglücksnacht unerwartet ruhig. Wir hockten ängstlich, aber bewaffnet im oberen Stockwerk zusammen und waren entschlossen, niemanden nach oben zu lassen. Wie sich später herausstellte, waren die Einbrecher geflohen. Der Zustand meines Vaters besserte sich. Die linke Schläfe war der Länge nach aufgerissen, aber der Schädelknochen war durch den Streifschuß nicht durchschlagen. Als Vater vom Krankenhaus wieder nach Hause kam, erkrankte er plötzlich sehr schwer an Wundstarrkrampf.

Der Arzt nahm uns Kinder bei Seite und hieß uns, unsere Mutter auf den zu erwartenden Tod unseres Vaters vorzubereiten. Im Krankenhaus riskierte man einen außergewöhnlichen letzten Eingriff, bei dem eventuell noch eine

Überlebenschance bestehen konnte, wie man uns später sagte. Auch zum Erstaunen der Ärzte überstand mein Vater auch diese schwere Erkrankung. Er sollte noch über dreißig Jahre leben, ohne durch seine Verletzung behindert zu sein.

Ein ebensolches medizinisches Wunder war der mit schwerstem Kopfschuß verletzte DK-Rüde „Drauf von der Bokupshöhe". Der Rüde war bereits von uns aufgegeben. Er hob am dritte Tag wieder den Kopf und begann, Milch zu schlecken. Langsam kam er wieder auf die Läufe. Unter dem zerschossenen Unter- und Oberkiefer entstsand eine faustgroße Eiterbeule, in der sich das Pistolengeschoß und eine Handvoll Knochensplitter angesammelt hatten. Wir schnitten den Eiterbeutel auf und säuberten die Wunde. Der Hund wurde wieder hergestellt und war dann noch viele Jahre voll leistungsfähig.

Der Störkanal, der den Schweriner See mit der Elde und diese mit der Elbe verbindet, bildete die vorläufige Demarkationslinie zwischen der anglo/amerikanischen und der sowjetischen Besatzungszone. Unser Forsthof lag fünf Kilometer westlich des Störkanals, und so blieben wir noch acht Wochen unter englischer Besatzung. Dann wurde, wie im Potsdamer Abkommen festgelegt, die endgültige Grenze bis an die Elbe zurückverlegt. Damit gehörten wir zur sowjetischen Zone

Anfang Juli 1945 nahmen die Plünderungen durch Truppenteile einen derartigen Umfang an, daß wir mit unserem eigenen Pferdefuhrwerk mit den Plünderern um die Wette fuhren, um unsere letzten Habseligkeiten noch zu retten. Meine Mutter und meine Schwester waren schon zu meinen Großeltern in das vier Kilometer entfernt gelegene

Dorf Mueß geflüchtet. Am 7. Juli 1945 flüchteten auch mein Vater und ich bei einem erneuten nächtlichen bewaffneten Einbruch aus dem Fenster des Forsthauses. Wir verbrachten die Nacht im Walde gegenüber dem Forsthof. Die Nacht war kalt, wir froren, unter einer Fichte hockend, entsetzlich. In der zweiten Nachthälfte setzte dann ein ohrenbetäubender Schlachtenlärm etwa vier Kilometer östlich von uns ein, ungefähr in der Höhe der Demarkationslinie, wo sich die westlichen und die östlichen Truppen gegenüberstanden. Es hörte sich so an, als sei dort der Krieg wieder ausgebrochen. Bombeneinschläge, Granatdetonationen aller Kaliber, schweres Maschinengewehrfeuer in auf und ab schwellender Lautstärke ließen uns Böses vermuten, anders war uns solch ungeheures Feuer von Militärwaffen nicht zu erklären.

Das Rätsel klärte sich erst später auf. Unweit der Demarkationslinie hatten flüchtende deutsche Kampfverbände eine Menge Munition aller Kaliber in zwei Bombentrichter geworfen. Dieses Munitionslager war in Brand geraten, und die Munition detonierte in stundenlangem Getöse, als wenn ein neuer Krieg ausgebrochen wäre. Wir schlugen uns dann zwischen Straßensperren, Posten und Wegelagerern am nächsten Morgen nach Schwerin durch und kamen auf Umwegen nach Mueß, wo sich schon unsere übrige Familie befand. Fünf Jahre wohnten wir dann dort bei meinen Großeltern. In den Augusttagen dieses Jahres wäre ich beinah noch ums Leben gekommen, weil mich ein bewaffneter Bandit in Zivil an einem Waldrand mit angeschlagener Waffe anrief, um mir mein Fahrrad zu rauben. Als ich auf seinen Anruf mit dem Fahrrad in den Wald sprang, schoß er auf mich, traf mich aber nicht. Ich war aber gegen einen Baum gesprungen und hatte mein Fahrrad aus der Hand verloren.

Als ich wieder aus der Deckung kam, um mein Fahrrad in den Wald zu ziehen, erwartete mich der Räuber mit durchgeladener Waffe auf eine Entfernung von 60 Metern. Er schoß sofort, als er mich zu sehen bekam und setzte mir die Kugel durch Brust und Oberarm in das Schutzblech meines Fahrrades, auf dem ich in diesem Moment lag. Für den Schützen nicht mehr einsehbar, konnte ich mit dem Fahrrad hangabwärts flüchten, so daß ich mich der Gefahr entziehen konnte. Hätte ich eine Waffe gehabt, hätte er diesen feigen Anschlag ganz sicher nicht überlebt.

Die sowjetische Militäradministration übernahm die Verwaltung der Ostzone. Unter ihrem Schutz wurde die kommunistische Partei zur führenden Regierungspartei eingesetzt. Im April 1946 erfolgte dann unter dem Druck der KPD die Zwangsvereinigung mit der SPD zur SED, die dann Regierungspartei der 1949 gegründeten Deutschen Demokratischen Republik wurde. Die erste Auswirkung dieser Veränderung für uns war, daß mein Vater wegen seiner Zugehörigkeit zur NSDAP fristlos aus dem Dienst entlassen und erst fünf Jahre später wieder in den Staatsdienst eingestellt wurde.

Wie mein Vater zu dieser Parteimitgliedschaft kam, weiß ich aus seinen häufigen Erzählungen. Mein Vater hatte als Stadtoberförster 1934 die Sonnenwendfeier der NSDAP mit einem riesigen Holzstoß vorzubereiten. Der Gauleiter und alle möglichen Parteigrößen waren bei der Feier versammelt. Man triumphierte in euphorischen Gesprächen an diesem 21. Juni abends über die verblüffenden diplomatischen Erfolge Hitlers auf seinen Rundflügen um die Welt. Vater, der sich zunächst ganz im Hintergrund gehalten hatte, wurde unvermittelt in das Gespräch einbezogen und sah sich auch zu einer spontanen Bemerkung veranläßt mit den völlig unüberlegten Worten: „Hoffentlich stürzt Hitler auf seinen Flügen nicht mal ab!" Auf der Stelle verstummte die lebhafte Gesprächsrunde! Erst im Nachhinein fiel ihm auf, daß seine Bemerkung wohl deplaziert gewesen war. Am nächsten Morgen erhielt er einen Anruf von seinem Vorgesetzten des Inhalts: „Sagen Sie mal, sind Sie denn ganz verrückt geworden, auf der Sonnenwendfeier gestern abend im Kreise der Träger des goldenen Parteiabzeichens eine derartige Bemerkung zu machen? Sie haben sich damit in eine fatale Lage gebracht. Ich kann Sie jetzt nur noch halten, wenn Sie sofort ihren Eintritt in die NSDAP und in die SA erklären!" Meinem Vater blieb nichts anderes übrig, er trat ein. Zu dieser Zeit hatte er, wie die allermeisten deutschen Volksgenossen, die verheerende Perspektive der Hitlerpolitik auch noch nicht durchschaut.

In den ersten fünf Nachkriegsjahren verdiente mein Vater den Unterhalt für die Familie mit körperlicher Arbeit, indem er mit der vom Forsthof geretteten Kreissäge das Brennholz für die umliegenden Gemeinden schnitt. Eines Tages trat die Mecklenburgische Landesregierung an ihn heran mit der Bitte, sich dem sowjetischen Militärkommandanten, General Trufanow, als Jagdführer zur Verfügung zu stellen. Als guter Kenner der Jagdgründe Mecklenburgs trat er mit großer Erleichterung in den Dienst dieses damals bekannten Jägers, zumal dies auch Gelegenheit versprach, unseren geretteten DK-Rüden Drauf wieder jagdlich einzusetzen. Der General war ein passionierter Jäger. Er jagte besonders gerne auf Sauen und Gänse und schoß ausgezeichnet. Es war Vaters Auftrag, die besten Jagdgründe mit Fahrer und Dienstwagen zu erkunden.

Der General war ein freundlicher und großzügiger Mann. Vater durfte immer eine Waffe führen und brachte den General laufend zu Schuß. Gleich zu Anfang der gemeinsamen Jagdzeit kam der Kommandant auf eine starke Rotte Sauen auf kurzer Entfernung zu Schuß. Als Nachbarschütze sah mein alter Herr, daß zwei Stücke die Kugel hatten. Da aber kein Wild am Anschuß lag, sollte es gleich weitergehen. Für eine Nachsuche nach deutschem Muster hatte der Jagdherr kein Verständnis. Vater erbat sich aber, seinen Bringselverweiser ansetzen zu dürfen, was der General nur ungehalten duldete. Der Rüde war gleich wieder mit dem Bringsel im Fang da, worauf mein Vater dem General die Hand reichte mit der Bemerkung: „Waidmannsheil, Herr General, Ihr Schwein liegt! Gehen Sie jetzt bitte hinter dem Hund her, er führt Sie zum Stück!"

Nach achtzig Meter standen sie vor einem gestreckten Überläufer, der eine gute Kugel hatte. Da aber zwei Sauen beschossen worden waren, setzte Vater den Verweiser noch einmal am Anschuß an. Der Hund blieb diesmal längere Zeit weg und kam dann ganz von der anderen Seite mit Bringsel im Fang zurück. Vater bedeutete seinem Jagdherrn, daß auch sein zweites Schwein liegt. Nachdem sie dem Rüden gefolgt waren, standen sie auf vierhundert Metern vor einer starken Bache, die einen tiefen Weidewundschuß erhalten hatte. Der Gesichtsausdruck dieses hohen Offiziers verklärte sich augenblicklich, als hätte er sich jetzt wie vom Blitz getroffen zum wahren Christentum bekannt. Der General hatte deutsche Gebrauchshundearbeit kennen gelernt und war dafür offensichtlich sehr dankbar.

Als dann in einem Rostocker Hotel übernachtet wurde, bestellte der General ein separates Hotelzimmer eigens für den Hund und überzeugte sich im Beisein des Hotelpersonals, daß der Hund nicht nur sein eigenes Zimmer erhielt, sondern auch in einem eigenen Bett schlafen durfte – eine für alle Beteiligten rührende Szene warmherziger Tierliebe! Die Leute vom Hotelpersonal waren fassungslos und konsterniert, aber was verstanden die schon von Gebrauchshunden!

Der „Generalsmarder"

In der waffenlosen Zeit nach 1945 hatte ich mich als Oberschüler auf Fallenjagd spezialisiert. Hatte ich doch auch hierin eine gute Lehre gehabt, so daß ich das Handwerk beherrschte. Kleines Raubwild fingen wir damals vornehmlich mit der ebenso einfachen wie bewährten doppelseitigen bodenständigen Knüppelfalle. Wer die feine Stellung beherrschte, konnte mit selbstgebauten Fallen gute Strecke machen. Da es auch noch kein Jagdgesetz gab, konnte ich davon ausgehen, daß mein Revier keine Grenzen hatte. Ich hatte in dieser Zeit unweit unseres Wohnsitzes am Ufer des Schweriner Sees unter einem Weidengestrüpp eine meiner Knüppelfallen stehen. Der Fangplatz war äußerst günstig, außerdem war dort vorher nicht gefangen worden. Gleich im ersten Winter fing ich in dieser Knüppelfalle 25 Iltisse, einen Steinmarder und einen Nerz.

Nerze kannte ich damals nur aus der Theorie. Nach dem ersten Fang wußte ich nur, daß es kein Iltis war, also mußte es ein Nerz sein. Als ich an einem sonnigen, aber frostigen Januarmorgen wieder meine Falle revidierte, hatte diese geschlagen. Ich bemerkte unter dem Schläger einen Steinmarder, der aber noch nicht verendet war. Ich versuchte, den Marder abzufangen, er war aber durch Knüppel verdeckt. Plötzlich entkam er durch meine Unachtsamkeit, stürmte an dem abgelegten Hund vorbei, überwand einen hohen Drahtzaun und verschwand in Mannshöhe in einem Astloch einer starken Eiche. Mir war klar, daß ich mich auf den Schläger hätte stellen müssen, um das Stück zu binden. Jetzt war aber die Chance vertan und die Jagd vorbei. Ich hatte keine Zeit, um noch etwas zu unternehmen, weil die Schule rief. Zuhause berichtete ich meinem Vater kurz von diesem Pech, der sich sofort entschloß, die mehr als schwierige Nachsuche anzutreten.

Er begab sich mit seinem Gebrauchshund zum Marderbaum und begann, das Astloch aufzuschlagen – in der Hoffnung, dabei den Marder doch noch erlegen zu können. Das Gehämmere war dem Marder zuviel, er sprang mit einem gewaltigen Satz über Vater hinweg. Der entscheidende Schlag ging natürlich vorbei, und der Marder baumte nun auf der nächsten 25 Meter hohen Eiche auf und setzte sich in der Krone fest. Nun war der Marder nur noch mit einer Flinte zu bekommen.

Vater schwang sich auf's Fahrrad, fuhr zur Kommandantur und meldete dem General die festgemachte Beute. Der General ließ sich das Jagdvergnügen nicht entgehen, fuhr mit und streckte den Marder. Es war ihm eine sichtlich beglückende Beute; ihm wurde empfohlen, den Balg für seine Frau aufbereiten zu lassen. Ort, Zeit und Bedingung hatten so einen gewöhnlichen Marder zu einem Generalsmarder werden lassen.

Dachsseife

Gleich nach dem zweiten Weltkrieg gab es in der Ostzone sehr wenig zu kaufen. Selbst Dinge des täglichen Bedarfs waren Mangelware und wurden auf dem Schwarzmarkt zu Wucherpreisen gehandelt. Das traf auch für gewöhnliche Seife zu, die im Handel nicht zu haben war. Besonders die Hausfrauen litten unter diesem Mangel. Auch für unsere Familie war Seife allmählich ein Fremdwort geworden. Tausch von Naturalien war allerorts an der Tagesordnung, aber auch meine Versuche, rohe Fuchs- und Marderfelle gegen Seife zu tauschen, schlugen fehl. Die verzweifelte Suche nach einem Stück Seife ließen die Gedanken in die unmöglichsten Richtungen schweifen und weckten meinen Erfindergeist.

Aus den Erzählungen meines damals schon hochbetagten Großvaters, der jenseits der Demarkationslinie lebte, und dessen Erinnerungen in das vorige Jahrhundert zurück reichten, hatte ich beiläufig mitbekommen, daß die Altvorderen Dachse auch manchmal zu Seife verarbeitet hatten. Sie wußten überhaupt den Dachs vielfältig zu verwerten, gewissermaßen nach Hausmacherrezepten. Die Schwarte wurde als Bettvorleger, das Dachsschmalz als Stiefelfett und der Kern zur Seifenherstellung genutzt. Ich hatte als Kind diesen Erzählungen keine Bedeutung beigemessen. Was ich davon behalten hatte, war zu wenig, um als Anleitung zu dienen. Es war mir deshalb ein Rätsel, wie man einen schweren Dachs in Seife verwandeln konnte. Auch die Erinnerungen meines Vaters reichten nicht mehr in die Alchimistenküche des späten Mittelalters zurück. Dabei konnte doch die Lösung der Aufgabe eigentlich nicht so schwierig sein. Ich brauchte außer einem Dachs „nur" noch einige, wenn auch unbekannte Zutaten. Einen Dachs zu fangen, traute ich mir zu, und damit hatte ich ja dann schon den wichtigsten Grundstoff.

Aber schon bei den ersten Versuchen sah ich mich mit den Grenzen meiner jagdlichen Künste konfrontiert, denn der Dachsfang wollte partout nicht klappen. Ich bekam einfach den Dachs nicht aufs Eisen, im Gegenteil, er warf mir jedesmal das schwere 15a-Eisen wieder aus dem Lager. Der Zufall wollte es, daß ich einen alten, erfahrenen Nimrod kennenlernte, der mir die Fangtechnik auf Dachs verriet: den Bauhügel täglich aufharken und den Dachs so an diese Störung gewöhnen. Der mißtrauische Dachs bleibt daraufhin mehrere Tage im Bau und verzichtet auf seine Beutezüge. Schließlich wird ihm aber doch die Sache zu dumm, und er schlieft aus. Dabei wühlt er die Dachsrinne auf, wohlwissend, daß es auch Fußangeln gibt. Hat er mehrere Male nichts gefunden und konnte unversehrt passieren, spürt er sich ohne jeden Argwohn in einer geradezu klassischen Perlschnur aus dem Bau. An das fortgesetzte Aufharken gewöhnt er sich. Legt man nun am frühen Vormittag, möglichst bei Regenwetter, das Eisen gut verblendet vor den Bau, fängt sich auch der sonst so vorsichtige Dachs ziemlich sicher. Natürlich mußte das Eisen stark genug sein. Die Verankerung der Kette mußte so bemessen sein, daß der Dachs zwar noch in die Röhre kam, er durfte aber mit dem Eisen nicht weiter einschliefen können, dann war er nicht wieder ans Tageslicht zu befördern.

Der Dachsfang klappte nach dieser Methode Schlag auf Schlag. Dachse gab es genug, sie waren ja nie bejagt worden. Ich ging in unseren hügeligen Endmoränen auf die Suche nach Dachsbauen, fand auch einige, und damit hielt ich das Vorhaben schon für gesichert. Nun war das nächste Problem zu lösen, nämlich ein Rezept zum Kochen der Dachsseife ausfindig zu machen. Ich ließ meine Gedanken kühn durch das Branchenregister schweifen und vermutete von der Substanz her, am ehesten bei Drogerien fündig zu werden. Wenngleich mir auch klar war, daß eine solche Nachfrage ein musealer Rückgriff auf Großvaterszeiten sein würde und normalerweise keinen Erfolg haben konnte. Als gut trainierter Fahrradfahrer begab ich mich auf Erkundungsfahrt in die Stadt.

In der ersten Drogerie, die ich anlief, erntete ich auf meine Frage nach einem Rezept für Dachsseife ungläubige Blicke und ablehnendes Kopfschütteln. die Miene des Drogisten verriet absolutes Unverständnis. In der nächsten Drogerie bediente eine hübsche Frau mittleren Alters. Sie stolperte allerdings über den Begriff „Dachs" so sehr, daß ich den Eindruck hatte, der Verständigung wegen längere zoologische Erläuterungen abgeben zu müssen. Dazu hatte ich aber keine Lust. Auch in den nächsten Drogerien wußte man mit meinem Anliegen nichts anzufangen. Mir wurde immer klarer, daß die ganze Branche durch mich überfordert war. Während die meisten Drogisten unterschiedlichen Genres mich mit einem Ausdruck bedauernden Mitleids, aber doch meist höflich abfahren ließen, wurde einer von ihnen, ein jüngerer Mann, recht grob und fühlte sich auf den Arm genommen. Er zeigte mir den Vogel und demonstrierte seine Wertschätzung mit der begleitenden Bemerkung, ich hätte sie wohl nicht alle beisammen.

Das gab mir den Rest. Mir schien, als müsse ich auf der ganzen Linie den Rückzug antreten. Bei der Tücke des Objektes dämpfte ich meinen Zorn gegen alle Drogisten und entschuldigte im Stillen ihr enttäuschendes Unvermögen. Zuletzt fiel mir noch eine alte Boutique ins Auge, die nach Alter und Zustand des Gebäudes zu urteilen ungefähr den historischen Anschluß an mein mittelalterliches Vorhaben fand. Es bediente dort ein hochbetagter alter Herr mit gutmütigen, aber reichlich verwitterten Gesichtszügen.

Der von mir vorgetragene Sortimentsbegriff ließ ihn, inspiriert durch meinen verwegenen Waldläufer-Aufzug, gedanklich in die Ferne schweifen. Tief sinnierend, sich mit der Hand die Stirn reibend, entgegnete er mir: „Warten Sie mal, junger Mann, mir kommt zu diesem Thema der alte «Voß und Haas Kalender» in den Sinn." Das war jene mir noch aus frühester Jugend bekannte, in den ältesten Ausgaben geradezu vorsintflutliche Fibel mit Sammlungen bäuerlicher Weisheiten, Weissagungen, Sterndeutungen und homöopatischen Beschwörungen, die bei vergangenen Generationen mit ihrem Glauben an Geister und Gespenster enormen Eindruck gemacht haben mußte. Der von mir im stillen bereits gefeierte Mann meinte, da müsse es noch ein altes Rezept geben; er wolle es mir aus seinen literarischen Requisiten gerne heraussuchen und ließ mich in acht Tagen wiederkommen.

Das war das erste vernünftige Wort, das ich an diesem Tage hörte. Der alte Herr hielt sein Wort. Noch mehr: er hatte die Fährte über den „Voß und Haas Kalender" sauber ausgearbeitet und nicht nur ein Rezept für das Kochen von Dachsseife in der Hand, sondern gleich auch die Chemikalien dieser Rezeptur zusammengestellt. Den Etiketten auf den verschiedenen Gefäßen nach waren die Inhalte absolut brisant, wenn nicht sogar explosiv. Es begann mit neunzigprozentiger Natron- und Kalilauge und setzte sich über Höllenstein, Kupfersalze und Schwe-

felsäure fort, um in noch anderen dubiosen Zutaten zu enden. Meine naturwissenschaftlichen Kenntnisse reichten damals nicht annähernd aus, um diese Präparate beurteilen zu können. Der Drogist unterließ es nicht, mich einzuweisen und eindringlich vor leichtsinnigem Umgang mit diesen Stoffen zu warnen. Es fiel mir auf, daß er selbst einen Heidenrespekt vor diesen Gemischen hatte, denn ich wurde vergattert, fachmännische Vorsicht walten zu lassen. Auf seine Frage, wie ich die gefährliche Fracht transportieren wolle, antwortete ich ihm völlig ungehemmt: „Natürlich mit dem Fahrrad!"

Das entnervte den alten Mann nun vollends. Er hielt mir die Horrorvision vor Augen, daß ich bei einem Sturz mit der brisanten Ladung unweigerlich in die Luft fliegen würde. Mit dieser Zukunftsperspektive verließ ich hoffnungsvoll die Drogerie und brachte meine Beute dann auch höchst vorsichtig und unversehrt heim. Dem Rezept nach bedurfte es keiner besonderen Braukunst. Die gemischte Lösung sollte in einem großen Kupferkessel ein paar Stunden sieden, damit sich der darin versenkte Dachs in Seife verwandeln konnte. Ich verfuhr ganz nach Rezept und Vorschrift, ließ das Experiment in der Waschküche des Nebengebäudes ablaufen und beschränkte meine Mitwirkung auf gelegentliches Nachheizen und Beobachten der brodelnden Masse – sicherheitshalber aus respektvoller Entfernung durch den Türspalt. Nach stundenlangem Kochen und anschließendem Erkalten sollte sich nach Aussage des alten Alchimisten die Seife von der Lösung absetzen. Tatsächlich setzte sich handbreit oben am Kessel eine grünlich-braun-violett schimmernde, mit weißen Schlieren durchzogene Masse ab, die allerdings nur mit einem Beil zu bewältigen war. Bis auf die Reißzähne war in der Teufelssuppe vom Dachs nichts übrig geblieben. Ob das entstandene Produkt tatsächlich Seife war, konnte sich nur an der Wirkung beweisen. Für das unausweichlich notwendige Experiment mußte ein Opfer gefunden werden. Die Kunde von meiner Seife löste in unserer Familie mehr Zweifel als Freude aus. Nur meine in unserer Familie lebende leichtgläubige alte Tante war von der Neuigkeit mehr als beglückt. Sie wollte unbedingt die erste sein, die die neue Seife an sich ausprobieren durfte.

Ihre Erwartung wurde in der Tat übertroffen. Die Seife war mehr als sehr gut. Die Wirkung reichte bis einen Millimeter unter die Haut! Leichtsinnigerweise hatte sie auch gleich Gardinen in dieser Seifenlösung eingeweicht, Trotz Verdünnung fand sie davon nur noch geringe unzersetzbare Reste wieder – die Stoffteile waren restlos verätzt. Diesen Betriebsunfall bedauernd, hielt ich trotzdem das Experiment für geglückt und empfahl, die Konzentration durch enorme Verdünnung herabzusenken. Dies führte zugleich zu einer ungeahnten Streckung des wertvollen Materials. Die reinigende Tiefenwirkung dieser Lauge blieb dabei immer noch außergewöhnlich.

Ich setzte meine Experimente mit dem Dachs fort, indem ich nach dem Abschwarten, durch Auslassen des Schmalzes das weiße Dachsschmalz gewann. Das Fett entsprach in seiner Qualität tatsächlich einem guten Gänseschmalz und schmeckte auch mindestens ebenso gut. Ich bat meine Mutter, mir den Speck auszulassen und in Steintöpfen zu sammeln. In dieser fettarmen Zeit erwies sich mein Dachsschmalz als ausgesprochene Kostbarkeit. Es eignete sich nicht nur als wohlschmeckender Brotaufstrich, sondern auch als Bratfett für Kartoffelpuffer und zum Backen von Berliner Pfannkuchen. Und das zu einer Zeit, als es dem Durchschnittsbürger sogar an trockenem Brot mangelte! Ich vermied es, große Propaganda von meiner Erfindung zu machen, weil ich um meine Vorräte fürchten mußte. Reste des Dachsschmalzes habe ich auch als Stiefelfett verwendet, wozu es sich ebenfalls hervorragend bewährt hat.

Die Alten hatten doch recht gehabt. Mit dem Dachs ließ sich allerhand anfangen. Man mußte ihn nur zu verwerten wissen!

Fangjagd

Würde ich bei meinen Reminiszenzen nicht auch einige Streiflichter auf meine Fangjagd – auf die stille Jagd – werfen, so würde ich ein wesentliches Erlebniskapitel unterschlagen. Die Fangjagd stellte im Sinne Dietzels und von Raesfelds auch bei uns einen intensiven Jagdbetrieb dar. Dafür gab es vier wesentliche Gründe. Zum einen ist die Reduzierung der zu hoher Vermehrung neigenden Raubwildarten Fuchs, Dachs, Marder, Iltis, Nerz, Großes Wiesel und wildernde Katze im Rahmen der Niederwildhege unbedingt notwendig. Zum anderen waren der Verkaufserlös für die Bälge und die Abschuß- und Fangprämien ein materieller Anreiz für den Fang. Man muß sich auch darüber im Klaren sein, daß die Verminderung des Raubwildbesatzes wegen der vorherrschenden Nachtaktivität des Raubwildes nicht allein mit der Waffe, sondern nur unter Einsatz verschiedenster Fallen möglich wird.

Zudem vermittelt der Raubwildfang dem passionierten Jäger spezielle Waidmannsfreuden, stellt an sein jagdliches Können sehr hohe Anforderungen und ist eine Herausforderung gegenüber den mit scharfer Sinneswahrnehmung ausgestatteten Raubwildarten. Die Masse der Jäger stellt sich diesen Anforderungen und Anstrengungen nicht, das wird auch wohl immer so bleiben. Der Vorwand, für die Fallenjagd keine Zeit zu haben, ist nur eine Ausrede, denn die Stunden werden auf Ansitz und Pirsch auch nicht gezählt. Nur sehr wenige Jäger bringen es auf hohe Raubwildstrecken, obwohl der Besatz an Raubwild überall ziemlich gleich hoch ist. Nur beim Fang bekommt man Einblick über das tatsächliche Raubwildvorkommen.

Fangjagd ist die älteste Jagdart überhaupt. Während die Fangjagd auf Nutzwild immer mehr abgebaut wurde, hat sich der Fang des Raubwildes technisch stark weiter entwickelt. Eine große Zahl von Fanggeräten und -methoden wurde entwickelt. Viele sind aus Gründen des Tierschutzes nicht akzeptabel. So auch das gegenüber Fuchs und Marder so überaus erfolgreiche Tellereisen, das schon im Reichsjagdgesetz auf Initiative Ulrich Scherpings, des Oberstjägermeisters unter Göring und Leiter des Reichsjagdamtes, verboten wurde.

Mit der Begründung, auf Tellereisen nicht verzichten zu können, wurde das Verbot zeitweilig und örtlich wieder aufgehoben, so auch in der DDR. Es war dort seit 1953 das meist verwendete und mit großem Abstand erfolgreichste Fanggerät, mit dem hunderttausende Stücke Raubwild zur Strecke kamen. Das war besonders in der Bekämpfung der Tollwut von Bedeutung. Die aktivsten Fänger brachten regelmäßig ein halbes, manche sogar ein ganzes Hundert im Winterhalbjahr zur Strecke.

Es wird in der Literatur oft der Einsatz ganzer Fangsysteme empfohlen. Wer das aber tut, darf keinen anderen Beruf haben, denn nichts ist zeitraubender als die Fangjagd mit ihrer intensiven Vorbereitung. Was mit der Waffe oft nur durch Fortune erreicht wird, heißt bei der Fangjagd Einsatz, Aktivität und Können. Bei Fuchs und Steinmarder verzeichnen wir in den letzten Jahrzehnten eine sehr hohe Vermehrung, die von der Natur nur durch Seuchen zeitweilig gebremst wird. Die Fangjagd ist heute durch gesetzliche Beschränkungen fast lahmgelegt. Ein Jäger läuft immer öfter Gefahr, sich beim Fangen mehr Ärger als Erfolge einzuhandeln, obwohl die Fangjagd dringend notwendig wäre. Ob wir die Vermehrung des Raubwildes bis zur logistischen Obergrenze einfach laufen lassen können, muß von der Jagdwissenschaft geklärt werden.

Die winterliche Fangjagd war zu meiner aktiven Zeit immer ein bedeutendes Betätigungsfeld und wurde wegen ihres besonderen Reizes auch besonders geschätzt. Meine erste Knüppelfalle baute ich mit vierzehn Jahren und fing kleines Raubwild damit. Bereits im Sommer bereiteten wir den winterlichen Fang vor. Nahte die Fangzeit, dann wurde experimentiert und erprobt, und es wurden Fangplätze ausgekundschaftet, Fangsteige eingerichtet und mit Fallen bestückt. Holzfallen sind weitgehend auf dem Forsthof vorbereitet worden. Die Revisionen aller Fallen blieb nicht dem Zufall überlassen, sondern wurde sorgfältig geplant und durchgeführt. Die später gebündelt vorzuweisende Raubwildstrecke galt immer als eine der stolzesten Trophäen des Jagdjahres. Im Winter hatten wir durchschnittlich zwei Dutzend Knüppelfallen, mehrere Tellereisen und Kastenfallen auf einer Fläche von rund eintausend Hektar fängig stehen. Die Knüppelfalle ist ein sehr rationelles Fanggerät, besteht ausschließlich aus Holz und läßt sich leicht bauen und gut tarnen. Ihre Stellung mit Sperrstab, Stellstab und Stellzunge ist ebenso einfach wie in der Funktion sicher. Sie wurde mit frischen Abfällen aus dem Jagdbetrieb, für die immer ein Ludertopf bereithing, beködert. Ein großer Vorteil bestand darin, daß man sie im Winter nur zweimal in der Woche revidieren brauchte. Am leichtesten fingen sich Nerze, Iltisse und Baummarder; wesentlich schwerer fingen sich darin Steinmarder und Katzen – und fast niemals der Fuchs.

Mindestens ebenso gut fingen wir in Kastenfallen, aber die erforderten mehr Aufwand und Unterhaltung. Auf Steinmarder bewährte sich, wie überall, das Eiabzugseisen am besten, wenn gleich auch diese Methode recht aufwendig ist. Füchse fingen wir am leichtesten in der frischen Ackerfurche, von Pferden gezogen, oder auch nach längerer Vorbereitung mit Luderbrocken im Felde. Wer Eisen legt, muß im Winter schon sehr früh aufstehen und die Kontrolle schon in der Morgendämmerung durchführen. Durch Anpflocken der Eisen ersparten wir uns lange Nachsuchen. Man sammelt erst mit der Zeit genügend Erfahrung, um den Fang erfolgreich zu gestalten und abzusichern.

Es war in der waffenlosen Zeit nach dem Kriege am Ostufer des Schweriner Sees, unweit der ehemaligen Landesforstschule Raben Steinfeld, als Bütner Dähn aus dem Nachbardorf mit der Bitte um jagdliche Hilfe bei uns vorsprach. Er hatte in letzter Zeit durch einen unbekannten Räuber dreißig Legehennen verloren, wobei ihm täglich ein Huhn abhanden gekommen war.

Ich bot ihm sofort meine Hilfe an und war mir von vornherein sicher, daß hier Steinmarder die Übeltäter waren. Ich wußte, daß dort ein starkes Vorkommen dieser Räuber war. Wir hatten gerade eine günstige Schneelage. Ich packte mir am nächsten Morgen zwei 11 b-Eisen ein und begab mich an den Ort der Tat. Bei einer geselligen Hühnerschar, die den Hof belebte, spürte ich das Grundstück zunächst gründlich ab. Vor der Eingangstür des Hauses stand eine vierhundertjährige Eiche; etwas abseits ein schlanker Kirschbaum. In einer Entfernung von fünfzig Metern war eine hohe Strohmiete aufgetürmt, in deren Bereich die Hühner nach Futter scharrten. Beim Abspüren fand ich zu meiner Verwunderung keine Steinmarderspuren, was mir unerklärlich war. Es spürten sich nur Katzen, die ja aber nicht von Interesse waren. Auch am nächsten

Tag umschlug ich wieder das Grundstück. Trotz Neuschneefalls war weiter nichts zu spüren. Bütner Dähn hatte auch schon einige Male vor die Stalltüre ein kleines Tellereisen gelegt; es war aber jeweils am nächsten Morgen ergebnislos zugeschnappt. Ich ließ jetzt den Besitzer Katzen und Hunde des Nachts einsperren und legte am Hofrand in einem alten Kükenkäfig ein mit Schnee verblendetes Eisen auf Luder.

In der ersten Nacht passierte nichts. Bei der Revision des Eisens am anderen Morgen war es komplett verschwunden. Ich klärte zunächst, ob es ein Mensch aufgenommen haben konnte. Das war aber nicht der Fall. Im Falle eines erfolgreichen Fanges hätten wir deutliche Schleifspuren finden müssen, die aber nicht festzustellen waren. Soviel ich auch kreisend abspürte, es war nichts zu entdecken. Als Fänger, in den die Leute alles Vertrauen gesetzt hatten, war ich mit meinem Latein am Ende. Am Fangplatz stehend, kam mir schließlich entmutigt über die Lippen, es sehe ja gerade so aus, als wenn das Eisen in die Luft geflogen wäre.

Als wir dabei nach oben blickten, sahen wir einen starken Kater mit dem Eisen und der langen Kette im Kirschbaum sitzen. An diese Möglichkeit hatten wir bisher nicht gedacht. Es bestand nun kein Zweifel mehr, daß dies der Hühnerräuber war. Flugs holte der erregte Besitzer den Kater mit einer langen Stange vom Baum, und ich fing das Stück ab. Der Kater war überdimensional, wildfarben, aber mit einer längeren Rute als bei einer Wildkatze. An der Waage hängend, ließ das Tier das Pendel bei neun Kilo stehen. Wir konnten das zunächst nicht glauben und ließen uns durch eine zweite Waage das Resultat noch einmal bestätigen. Ich schickte damals das außergewöhnliche

Exemplar an das Zoologische Istitut nach Berlin, erhielt in dieser turbulenten Zeit aber keine Antwort mehr. Es blieb natürlich die interessante Frage, ob ich einen echten Wildkuder oder nur eine wildfarbene Hauskatze oder gar einen Mischling, einen Blendling, gefangen hatte. Viel später las ich dann in der Literatur, daß vereinzelt auch Wildkatzen in die norddeutsche Ebene abwandern und sich dort manchmal mit wildernden Hauskatzen paaren. Die längere Rute sprach gegen eine Wildkatze, und ob der für sie typische schwarze Rückenstreifen vorhanden war, der sich am Hinterhaupt mehrfach teilte, kann ich heute nicht mehr sagen. Ich habe viele wildernde Katzen in freier Wildbahn erlegt, die stärksten brachten es auf zehn bis zwölf Pfund. Der Kater im Kirschbaum blieb aber bisher unübertroffen.

Ein anderer interessanter Fall von einer Nachsuche ergab sich ebenfalls bei einer Schneelage. Auf der Anfahrt in mein Jagdgebiet traf ich eine Bäuerin, die ein einsames Haus bewohnte. Sie bat mich, die Steinmarder wegzufangen, die unter ihrem Dach lebten. Von dort sprangen sie nachts über die Veranda in den Vorgarten und unternahmen dann ihre Raubzüge in die umliegenden Reviere. Ich wollte der Frau natürlich gerne helfen. Bei Schneefall legte ich auf dem Fenstersims, den die Marder als Absprung benutzten, ein Mardereisen. Die Kette befestigte ich provisorisch an einem dünnen Rohr des Blitzableiters. Als ich am nächsten Morgen den Fangplatz revidierte, war das Eisen verschwunden. Leider waren auch allerhand Katzenspuren im Gelände zu sehen, obwohl ich gebeten hatte, die Katzen einzusperren. Die Bäuerin schlief noch, so daß weitere Nachfragen zunächst nicht möglich waren. Ich nahm an, das Eisen sei von einem Menschen wieder aufgenommen worden. Anders konnte ich mir das Verschwinden nicht erklären. Als ich am nächsten Morgen wieder vorsprach, versicherte mir die Frau, daß niemand das Eisen aufgenommen haben könne. Es kam somit praktisch nur ein Fang in Frage. Ich spürte den Fangplatz nochmal genau ab und umschlug bei dünner Schneelage das gesamte Grundstück. Schließlich fand ich eine stark unterbrochene Schleppspur, die durch den Spalt der Gartentür führte, sich dann aber wieder verlor. Auf der niedrigen Steinmauer, die das Grundstück umgab, fand ich den Anschluß wieder. Von da aus führte die verwischte Schleppspur über den Landweg hinweg zu einem am Wiesenrand liegenden mannshohen Haufen aufeinanderliegender Betonplatten. Alle Hoffnung sank, den Marder doch noch zu bekommen, denn unter diesen Betonplatten war nichts herauszubringen. Beim Umschlagen fand ich aber den Ausschlupf, und weiter ging die Spur in Richtung Erlenbruch. Jetzt war die Schleppspur wieder besser zu erkennen. Ich folgte ihr zügig durch hohes Gras und Staudengewirr und stand plötzlich vor dem längst verendeten Steinmarder. Der Marder war entkommen, weil sich die Kette aus der Verankerung gelöst hatte. Er muß auf seiner Flucht durch Streßwirkung verendet sein.

In einem anderen Falle wurde ich in meinem Nachbardorf zu Hilfe gerufen, weil von einem großen Hühnerhof jeden Tag ein Huhn verschwand. Meine Vermutung, daß auch hier Steinmarder am Werke waren, bewahrheitete sich nicht. Nachts waren die Hühner im Stall, also mußte der Räuber am Tage kommen. Als ich eines Mittags den Platz wieder revidierte, schlug gerade ein starkes Hühnerhabichtweibchen ein Huhn und strich damit ab. Das war also des Rätsels Lösung. Ich fing dann den Habicht, der schon zwei Dutzend Hühner geschlagen hatte, in einem Habichtskorb und lieferte dieses schöne Exemplar im Schweriner Zoo ab.

Ungewöhnlich waren auch einmal Fangergebnisse, als ich in einer frischen Ackerfurche mit einem einzigen Tellereisen in sieben Tagen sieben Füchse fing. Im Jahr vor der Wende, als wir noch mit Tellereisen fingen, brachte ich mit der Falle elf Füchse, dreizehn Steinmarder, acht Baummarder, zehn Iltisse, sechs Nerze, einen Dachs und ein Hermelin sowie zwei Dutzend wildernde Katzen zur Strecke. Es war doch recht interessant, was man so an den Hecken und Waldrändern auf einer kurzen Trapperlinie fing, wenn man drei Monate lang Eisen stehen hatte.

Zu DDR-Zeiten erhielten wir für einen gefangenen Fuchs 150,- Mark Prämie und für einen gefangenen Marder 50,- Mark. Alle Stücke mußten ausgekühlt im Kunststoffbeutel auf der Abbalgestation angeliefert werden, weil auch Bälge als Volkseigentum galten. Zukünftig wird man nach meiner Einschätzung die Fangjagd nur wieder beleben können, wenn auch entsprechende Fangprämien gezahlt werden. Der Zeitaufwand ist nämlich ohne besonderen Anreiz viel zu hoch, als daß sich jemand ernsthaft damit beschäftigen mag. Nur durch Abschuß, auch wenn man Sommerfüchse einbezieht, wird man das ausbleibende Fangergebnis unter den gegebenen Umständen nicht kompensieren können. Eine nachhaltige Reduzierung der angewachsenen Fuchspopulationen ist aber absolut notwendig, um den Beutetieren des Fuchses im Niederwildbereich eine ernsthafte Überlebenschance zu geben.

Der Beginn meiner Forstlaufbahn

Im Frühjahr 1949 hatte ich am Schweriner Gymnasium mein Abitur gemacht, und am 1. August trat ich im Revier Raben Steinfeld in die Waldfacharbeiterlehre ein. Ich wollte gerne Forstwirtschaft studieren, hatte aber nach Einschätzung der sich entwickelnden politischen Verhältnisse in der kurz vor der Gründung stehenden DDR zu befürchten, daß mir die Mitgliedschaft meines Vaters in der ehemaligen NSdAP zum Verhängnis werden würde. Das sollte sich später allzu deutlich bewahrheiten.

Ich war deshalb schon 1946 in die Freie Deutsche Jugend eingetreten, um meiner Loyalität gegenüber dem Staat Ausdruck zu geben. Kurz vor meinem Schulabschluß hatte mich ein älterer ehemaliger KZ-Häftling, der meine familiären Verhältnisse bestens kannte, beiseite genommen und mich befragt, wie ich mir meine persönliche Zukunft in diesem Staat vorstellte. Offenbar war er mir wohlgesonnen und machte sich um meinen weiteren beruflichen Lebensweg Sorgen. Er riet mir, falls ich mich nicht mit dem politischen System in der DDR anfreunden könne, nach Westdeutschland zu gehen. Wenn ich das nicht wolle, bliebe mir nichts andres übrig, als in die SED einzutreten. Sonst hätte ich wohl keine Chance, Karriere zu machen.

Einerseits konnte ich damals die weitere politische Entwicklung in der DDR nicht übersehen; andererseits dachten meine Familie und ich unter gar keinen Umständen daran, unsere Heimat, mit der wir engstens verbunden waren, zu verlassen. Ich folgte also dem gut gemeinten Rat des alten Herrn und trat in die SED ein. Im Nachhinein gesehen war dieser Schritt für mich richtig, denn später hätte ich in meiner staatlichen Dienststellung einer Mitgliedschaft ohnehin nicht mehr ausweichen können. Außerdem hatte man als Mitglied größere politische Bewegungsfreiheit, als wenn man bei den Machthabern von vornherein als Parteiloser negativ abgestempelt war.

Am 1. Januar 1950 wurde mein Vater wieder als Revierförster in den Staatsdienst übernommen und erhielt das Revier Slate bei Parchim. Dort konnte ich meine Waldfacharbeiterlehre im Nachbarrevier Kiekindemark fortsetzen. Meine beiden Vorgänger, die Lehrlinge Paul-Joachim Hopp und von Maltzahn, waren gerade in den Westen geflüchtet, dadurch war das politische Klima im damaligen Parchimer Forstbetrieb aufgeheizt. Ich bekam massive politische Auflagen in der Jugendarbeit und wurde gewissermaßen in die politische Bewährung genommen.

Nach eineinhalbjähriger Lehrzeit hatte ich im dritten Berufswettbewerb sehr gut abgeschnitten und konnte dazu als Gruppenleiter in den Stadtwerken eine aktive FdJ-Arbeit nachweisen. Als ich mich dann für das Studium der Forstwirtschaft bewarb, erhielt ich auch eine Einladung zu einem Aufnahmegespräch an der damaligen Landesforstschule Raben Steinfeld in Mecklenburg.

Vor einer vielköpfigen Aufnahmekommission fragte mich der Vorsitzende, der selbst Leutnant in der ehemaligen Deutschen Wehrmacht gewesen war, sich jetzt aber als kommunistischer Revolutionär gebärdete, wie ich als Sohn eines „faschistischen Oberförsters" dazu käme, mich zum Forststudium zu melden. Ich nannte ihm zur Begründung meines Anliegens mein Interesse für Forstwirtschaft und Naturgeschehen. Er schnitt mir aber gleich das Wort ab und teilte mir seinen Entschluß und vermutlich auch den der Aufnahmekommission mit. Kurz angebunden sagte er nur: „Fachlich magst Du es ja schaffen, aber politisch haben wir große Bedenken. Wir nehmen Dich zunächst mal an der Landesforstschule auf, da kannst Du Dich dann bewähren".

Tatsächlich erhielt ich zu Ostern 1951 meine Zulassung zum Fachschulstudium und zum ersten dreijährigen Lehrgang. Trotz vorhersehbarer Schwierigkeiten war ich froh, wenigstens zur Bewährung zugelassen worden zu sein. Es wurde überwiegend gesellschaftswissenschaftlicher Unterricht erteilt. Die politische Atmosphäre an der Forstschule war extrem „revolutionär", wie man das nannte. So war beispielsweise das Tragen von Schaftstiefeln verboten, weil das als Bekenntnis zum Junkertum ausgelegt wurde. Ebenfalls durfte unter Androhung von Exmatrikulation kein Plesshorn in unserem Besitz sein, weil es als Sympathiekundgebung gegenüber der altdeutsch-preußischen Forstpartie aufgefaßt wurde. Das gesamte Jagdwesen war pauschal als reaktionär verschrien und wurde boykottiert. Ein über dem Hauptportal der Forstschule angebrachter Propagandaspruch drückte den Geist der neuen Ideologen so aus: „Hirsche hegen war wichtiger, als sich um das Wohl der Waldarbeiter regen!"

Im Frühjahr 1952 setzte an unserer Forstschule eine massive Werbekampagne für die Nationale Volksarmee ein, die damals noch im Aufbau begriffen war und nach Niveau strebte. Freiwillige Meldungen waren selten. Als einen der beiden einzigen Abiturienten an der Schule wollten mich zwei NVA-Offiziere unbedingt werben. Sie köderten mich mit dem Versprechen, ich bekäme die Hauptmannsuniform und ein Gehalt von 1200,– Mark. Ein Salär in dieser Höhe erhielten vergleichsweise Chefärzte. Obwohl ich so gut wie mittellos war, lehnte ich ab. Erst am zweiten Werbetag ließ man mich dann in Ruhe und begnügte sich mit meiner Entscheidung.

Nach Absolvierung der Mittelstufe wurde ich dann von der Landesforstschule – genau genommen vom damaligen Landesforstamt, das die Nachwuchsfrage für die Forstwirtschaft steuerte – zum forstlichen Hochschulstudium nach Tharandt delegiert. Ich erhielt allerdings die Auflage, nach meinem Studium als Lehrer an die Landesforstschule Raben Steinfeld zurückzukehren. Mit diesem Gedanken konnte ich mich durchaus anfreunden, denn diese Berufung entsprach meinen Neigungen. Gleichzeitig wurde mein gesamtes ehemaliges Studienkollektiv an der Forstschule zwangsweise zum Dienst in der Nationalen Volksarmee eingezogen. Den Studenten wurde dafür in Aussicht gestellt, zu einem späteren Zeitpunkt den Fachschulabschluß nachholen zu dürfen, was zum Teil auch geschehen ist.

In Tharandt nahm mich fortan das Forststudium voll in Anspruch. Völlig überraschend kam ich dort aber nach dem Volksaufstand am 17. Juni 1953 in arge politische Bedrängnis. Ich hatte kurz vorher einen FdJ-Auftrag nicht erfüllt, der darin bestand, einen Wandzeitungsartikel mit dem geforderten abwertenden Inhalt über die Bundesrepublik Deutschland zu schreiben. Diesen Auftrag hatte ich ignoriert, weil mir die Zeit für mein Studium wichtiger war. Nach der Niederschlagung des Volksaufstandes setzte an der Hochschule in Tharandt eine Rachekampagne ein, die überraschenderweise auch mich wegen dieses banalen Versäumnisses traf. Zwei Vollversammlungen mit ungefähr achtzig Parteimitgliedern beschäftigten sich einmal sechs Stunden und ein zweites Mal nochmals vier Stunden lang mit meinem Fall und mit meiner von der Partei angedrohten Exmatrikulation. Offensichtlich wollten sich bestimmte Genossen an einem solchen Fall, wie dem meinen, politisch profilieren. Diese skrupellose Verhaltenstaktik erschien diesen politischen Karrieristen wohl aussichtsreich, und sie fand in der Partei reichlich Nährboden. Solche Machenschaften waren systemimmanent und allerorts bekannt. Für mich steigerte sich der an mir ausgetragene ideologische Fanatismus zu einer unerträglichen Hysterie. Das Zünglein an der Parteiwaage schlug nach stundenlangen Zerreißproben in letzter Minute zu meinen Gunsten aus. Ich durfte weiter studieren, erhielt aber als Parteistrafe für mein politisches Vergehen eine schwere Rüge.

Ich fragte mich mit den Freunden und Bekannten meines Vertrauens natürlich, ob man in der Partei wirklich an einen für die Partei nützlichen Gesinnungswandel des Opfers glaubte, wenn es durch solch moralisch minderwertige Exzesse erniedrigt wird. Das politische Regime hatte sich damit mir gegenüber offenbart. Ich zog meine Konsequenzen und überlegte mir meine zukünftige staatspolitische Verhaltenstaktik. Mein Wunsch, in der Heimat zu bleiben und in diesem DDR-Staat auch meine beruflichen Ziele verwirklichen zu wollen, stürzten mich fortan in einen nicht endenwollenden und letztlich unlösbaren Konflikt und nötigten mir immer wieder schwer zu schließende politische Kompromisse ab. Ich mußte sie schließlich vor mir und vor meinem Gewissen verantworten können.

Millionen von DDR-Bürgern waren mit mir in der gleichen politischen Situation. Aus dieser Erkenntnis schöpfte ich immer wieder die Kraft, in dieser unserem Volk aufgezwungenen rücksichtslosen politischen Diktatur durchzuhalten. Dahin kommt ein Staat, wenn er jedes berufliche

Fortkommen seiner Untertanen auf Gedeih und Verderb und unter der scheinheiligen Vorgabe freiheitlicher Entscheidungen an ein in Wahrheit erzwungenes und indirekt erpreßtes politisches Bekenntnis bindet!

Wie glücklich bin ich, daß ich die Wende 1989 miterleben durfte, wo das Richtschwert der Geschichte der Wahrheit wieder Bahn gebrochen hat. Vier Jahrzehnte habe ich unter den gegebenen politischen Verhältnissen meinen Beruf als Waldbaulehrer und Erzieher ausgeübt, wobei mich die Begeisterung für unsere jungen Forstleute und ihre berufliche Förderung sowie deren und meine Beseelung durch Wald und Wild nie verlassen haben.

Mein erster eigener Hund

Im Herbst 1949 erschien unser früherer Jagdnachbar, ein älterer Dorfschullehrer, von dem schon im Kapitel „verklüftet" die Rede war. Er brachte mir eine hübsche, kleine braune Deutsch-Drahthaar-Hündin ins Haus. Er hatte das Tier beim Hauptzuchtwart des DD-Vereins, Forstmeister O. H. Curschmann, zwar bestellt, glaubte aber in dieser waffenlosen Zeit keine Verwendung dafür zu haben. Ich war in der gleichen Lage, konnte dieses Geschenk aber dennoch nicht ablehnen und kam so zu meinem ersten eigenen Jagdhund. Meine Bedingungen, einen Jagdhund halten zu können, waren natürlich auf unserem Forsthof in Slate und in meinem Lehrrevier günstig. Mit dieser DD-Hündin, „Cara vom Schildetal" erwachte meine alte Liebe zu Jagdhunden wieder. Ich hatte ja in meinem „ersten jagdlichen Leben"' immer mit Hunden gejagt und hatte auch gelernt, sie fachmännisch abzurichten. Freilich gab es noch kein geordnetes Ausbildungs- und Prüfungswesen für Jagdhunde im Lande. Seit seiner Wiedereinstellung als Revierleiter im Revier Slate bei Parchim bemühte sich aber mein Vater um den Wiederaufbau. Ihm ist die Wiederbegründung des Jagdgebrauchshundewesens in Mecklenburg mit zu verdanken. Er bereitete im Herbst 1950 auch die erste Vollgebrauchshundprüfung nach dem Krieg vor und führte sie erfolgreich durch.

Mit meiner Hündin hatte ich großes Glück. Sie war allseitig gut veranlagt und machte ihrem erfolgreichen Zwinger alle Ehre, war ebenso lieb im Wesen wie auch leichtführig. Die Jugendprüfung in Rostock absolvierte sie mit einem ersten Preis, gerichtet von Altmeister Dr. Carl Tabel. Der

Umgang und die ständige Begleitung dieser Hündin bereicherte mein Waldläuferleben ungemein. Cara absolvierte im Herbst dann noch die Herbstzuchtprüfung mit dem 1a-Preis. Sie sollte ihr Leben schicksalshaft leider viel zu früh beenden, indem sie gleich nach der HZP an Staupe erkrankte und einging. Wir begruben sie unter Tränen. Ich hatte durch diesen meinen ersten Hund sehr viel in der Abrichtung dazugelernt, was mir als späterer Suchenführer von großem Nutzen sein sollte.

Forstlich gesehen war mein Lehrrevier Kiekindemark bei Parchim sehr interessant und lehrreich. Neben zweihundertfünfzigjährigen Buchenaltholzbeständen, deren Buchen Brusthöhendurchmesser von einem Meter hatten, gab es die berühmten, damals achtzigjährigen Douglasienbestände mit Hektarvorraten von über achthundert Festmetern. Sie sind später sogar auf eintausendzweihundert Festmeter pro Hektar angewachsen.

Die jagdliche Situation, wenn man überhaupt von einer solchen sprechen kann, weil es noch kein Jagdgesetz gab, war überaus trostlos. Es grassierte eine Schlingenstellerei ungeahnten Ausmaßes. Die Schlingensteller hatten sich besonders auf den Fang von Sauen spezialisiert. Es war für mich neu, daß man auf diese Weise sogar auf Schwarzwild Strecke machen konnte. Drahtseile aller Stärken fand man auf den Wechseln in den Buchennaturverjüngungen, auch Fangplätze, an denen sich Sauen gefangen hatten. Die Sauen hatten in ihrem verzweifelten Befreiungskampf metertiefe Gräben ausgehoben. Noch schlimmer war, daß die Schlingen völlig unregelmäßig kontrolliert wurden, manche auch vergessen wurden, sodaß dann häufig Wild verluderte. Je mehr Schlingen wir Forstleute aufnahmen, desto mehr wurden wieder aufgestellt. Polizeiliche Hilfe erhielten wir nicht, und da wir selbst keine Waffen hatten, standen wir diesem Unwesen ziemlich hilflos gegenüber. Meine jagdlichen Aktivitäten beschränkten sich auf den Fang von Kaninchen für den Eigenverbrauch und im Fang von Raubwild. Auf diese Weise besorgte ich mir das notwenige Schleppenwild für die Ausbildung meines Hundes.

Im November 1953 trat das erste sogenannte „demokratische" Jagdgesetz mit seinen Durchführungsbestimmungen in Kraft. Daraufhin machte ich an der Forstlichen Hochschule in Tharandt gleich meine Jägerprüfung. Man befragte mich in der Prüfung nur nach Bruchteilen dessen, was ich mir vorher schon an Wissen erworben hatte. Auf der dort durchgeführten Lehrjagd schoß ich als einziger erfolgreicher Schütze mein erstes weibliches Stück Rotwild. Während der Sommerferien gab es jetzt auch wieder jagdliche Betätigung, weil ich Anschluß an die polizeilichen Jagdkommandos gefunden hatte. Während des Studiums fand ich Zeit, mich intensiv mit jagdkynologischen Studien zu befassen. Ich interessierte mich für alle Probleme der Jagdhundabrichtung, besonders für die „gerechte" Führung des Gebrauchshundes. Oberländer, Hegendorf, Hegewald und insbesondere Dr. K. Tabel prägten nachhaltig meine Einstellung und meine Ansichten, wobei mir meine praktischen Erfahrungen mit Jagdhunden besonders nützlich waren. Unzählige Male habe ich auch mit meinem Vater über die uns gemeinsam interessierenden kynologischen Probleme diskutiert und so eine weitere Vertiefung des Themas gefunden.

Im Kreise meiner Kommilitonen gründete ich an der Hochschule einen Jagdgebrauchshundklub. Ich bemühte mich in meiner Studienzeit auch um einen organisatorischen Anschluß an die Jagdhundvereine. Die Ausschreibung der dritten Herbstzuchtprüfung für Vorstehhunde der DDR in Halle-Kreuz wirkte auf mich wie ein Fanal zum Aufbruch. Ich mußte diese wichtige und lehrreiche Veranstaltung als Schlachtenbummler unbedingt miterleben, um daraus für meine spätere Führungs- und Prüfungspraxis zu lernen.

Mittellos, wie wir damals alle waren, machte ich mich Mitte September per Fahrrad bei sengender Sonne auf den Weg durch das mitteldeutsche Trockengebiet. Nach achtstündiger Fahrt kam ich total erschöpft in Halle an, studierte aber bei über achtzig Hunden am Start das Prüfungsgeschehen und erlebte zwei schöne Suchentage. Das war das Milieu, in dem ich mich wohl fühlte und zu dem ich mich hingezogen fühlte. Ich hatte den Wunsch, Suchenführer zu werden und bin es dann auch geworden.

Der Professorhund

Bei Wegebauübungen meines Matrikels an der Hochschule sagte mir der leitende Assistent, ich solle mich nach dem Unterricht beim Professor melden. Mir war nicht klar, was der von mir wollte, denn er kannte uns Studenten kaum mit Namen. Dort angekommen, empfing er mich mit den Worten: „Ich habe gehört, Sie verstehen etwas von Jagdhunden. Sie wissen vielleicht, daß ich erst kürzlich aus der Bundesrepublik hierher übergesiedelt bin. Man hat mir hier ein Landhaus und eine große Jagd geschenkt. Ich bin kein aktiver Jäger, habe aber einen Jagdschein und mir einen Deutsch-Drahthaar gekauft. Wären Sie bereit, mir diesen Hund auszubilden?"

Ich war von diesem Angebot völlig überrascht, willigte aber gleich ein, denn das konnte eine angenehme Freizeitbeschäftigung im Studium werden. Auf die Frage des Professors, wie wir die Abrichtung am besten organisieren könnten, schlug ich ihm vor, den Hund täglich mit in das Institut zu bringen. Ich würde ihn mir dann nachmittags nach meinen Vorlesungen abholen. So lief es dann auch gut an. Ich arbeitete den sehr hübschen dunkelbraunen DD-Rüden „Troll von der Schloßaue" aus dem berühmten Zwinger von Moritz in Eilenburg gern und mit besonderer Hingabe. Troll war sehr gut veranlagt, sehr wesensfest, passioniert und führig. Mein Chef war von den täglichen Fortschritten begeistert. Auf der Jugendprüfung in Meißen machte Troll unter anderen Vorstehhunden verschiedener Rassen den Suchensieger. Das gab mir weiteren Auftrieb. Im Herbst 1955 führte ich ihn schon auf der Herbstzuchtprüfung in Halle, die für die DDR noch zentral abgehalten wurde. Auch hier machte ich einen ersten Preis. Wenig später hatte ich erfahren, daß die Hegewaldprüfung in der Bundesrepublik, und zwar in Dinkelsbühl stattfinden sollte. Ich setzte alle Hebel in Bewegung, um von der DDR-Regierung unter den zehn besten als Hundeführer delegiert zu werden. Meine Bemühungen waren erfolgreich.

Der damalige Hauptzuchtwart des Verbandes DD, Herr Dr. Elbracht Hülseweh, nahm mich und Troll mit nach Dinkelsbühl. Für diese denkwürdige Fahrt stand uns ein alter Opel P 4 zur Verfügung. Mit diesem Oltimer, dessen Motor nur eine sehr begrenzte Leistungsfähigkeit hatte, starteten wir mit großem Herzklopfen. Es gehörte schon viel Mut dazu, mit solch einem Vehikel auf eine für die damaligen Verhältnisse so lange Reise zu gehen. Starke Steigungen erklomm das Gefährt nur mit Mühe. Es wurde unter diesen Umständen eine Marathonfahrt, die nur von kurzen Tankpausen unterbrochen wurde. Ich war nicht nur vom Getöse dieses lauten und unbequemen Fahrzeugs gestreßt, sondern auch vom maschinengewehrartigen Redeschwall des Fahrers. Er versuchte mit funkensprühender Beredsamkeit, mir hingebungsvoll und in allen Einzelheiten die gesamte historische Entwicklung des Jagdgebrauchshundewesens in Sachsen zu erläutern. Wäre das Plädoyer gedruckt worden, hätte es wohl Tausende von Seiten gefüllt.

Auf diese unterhaltsame Art erreichten wir nach durchfahrener Nacht die wunderschöne Stadt Dinkelsbühl. Das Angebot einer gemeinsamen Unterkunft mit dem Chefarzt umging ich geschickt. Ich befürchtete, daß sich sein Redeschwall fortsetzen könnte, und ich wollte mein Gehirn gern für die HZP aufnahmefähig halten. Die Eröffnung der Prüfung mit dem Auftritt eines auf Schimmeln reitenden

Knabenchors war für alle Teilnehmer ein unvergeßliches Erlebnis. Die Begegnung von ost- und westdeutschen Gebrauchshundmännern gestaltete sich zu einem beglückenden historischen Treffen. Als der Vorsitzende unseres Vereins Deutsch Drahthaar, Dr. Werner Heuer, auf der Eröffnungsveranstaltung an das Rednerpult trat und in bewegenden Worten den Gefühlen unserer DDR-Delegation und der Jagdgebrauchshundmänner in der DDR zum Ausdruck brachte, flossen Tränen. Der Gemeinschaftsgeist in der Deutschen Jägerschaft setzte für die Zukunft ein verheißungsvolles Zeichen. Die gesamtdeutsche Hegewald-Herbstzuchtprüfung war vorbildlich organisiert und repräsentierte ein international hohes Niveau deutscher Jagdkynologie. Alle unsere Hunde schnitten gut ab.

Von der HZP zurückgekehrt, setzte ich Trolls Abrichtung mit Kurs auf die Verbandsgebrauchsprüfung, die in Moritzburg bei Dresden stattfinden sollte, mit aller Energie fort. Dazu mußte Troll nun aber auch jagdlich geführt werden. Mein Verhältnis zu Trolls Herrn war ausgezeichnet. Mein Professor bedachte mich mit mehr Lob, als mir recht war und ging auf alle seinen Hund betreffenden Empfehlungen ein, wenngleich er als Mensch ein ausgesprochenes Unikum war.

Ich wurde von ihm mehrfach in sein Landhaus eingeladen und genoß dort Gastfreundschaft und jagdliche Freizügigkeit. Der Professor war an Jagd und Hunden durchaus interessiert, verstand aber von beidem nichts. Daß er das offen zugab, sprach für ihn und imponierte mir. Er bat mich, ihn jagdlich weiterzubilden, ihn bei Fehlern zu kritisieren. Dabei verbat er sich jede Zurückhaltung und verlangte von mir absolute Unbefangenheit. Anderenfalls wollte er mir die Freundschaft kündigen. Mir war ein solchermaßen geforderter Umgangston gegenüber meinem Vorgesetzten fremd, aber ich war bemüht, mich auf diesen sehr warmherzigen Mann, der sich so gern mit einer rauhen Schale tarnte, einzustellen. Als ich beispielsweise auf einer unserer Jagdtouren einen Schwarm Ringeltauben am Flugbild auf einen Kilometer Entfernung am Horizont erkannte, wollte er mir das nicht abnehmen und versuchte mich zu verbessern – griff aber arg daneben. Wir kamen dem Objekt näher, und ich überzeugte meinen Chef mit den Worten: „Herr Professor, Sie haben wirklich keine Ahnung, wer Ihnen den Jagdschein gegeben hat, muß wohl betrunken gewesen sein!" Mein Chef lachte laut, schlug mir auf die Schulter und meinte, so wolle er mich haben, er könne die Scheißkerle nicht leiden, die das Herz nur in der Hose hätten.

Seinen oft geäußerten Zweifeln, kein brauchbarer Hundeführer zu werden, konnte ich zwar nicht widersprechen. Ich tröstete ihn aber damit, daß der Troll ihm später schon zeigen würde, wo es jagdlich langginge.

Bei allen Annehmlichkeiten in diesem Hause war ich natürlich besonders daran interessiert, auch mal seine Flinte in die Hand zu bekommen. Es war dann so kurz vor Weihnachten, als der Professor den Wunsch hatte, Weihnachtshasen zu schießen. Wir zogen los, um mindestens vier davon zu schießen.

Der Chef führte seine 12-er Flinte, allerdings wenig gekonnt und auch nicht erfolgversprechend. Ich hatte Troll an der Leine und trug den Rucksack. Wir suchten einen alten Sturzacker ab, auf dem gut Hase lag. Auf den ersten aufstehenden Hasen wurde der Professor nicht fertig, beim zweiten ging ihm vorzeitig der Schuß los. Den dritten

Hasen schoß er erwartungsgemäß vorbei, beim vierten hatte er gesichert, wofür ihm der Hase noch freundlich mit der Blume winkte. Als der Professor dann schon den fünften Hasen vorbeischoß, fragte er mich, wo er denn eigentlich hinhalten müsse. Da fiel mir die herrliche Regel meines Vaters ein, der auf solche Fragen seiner Jagdgäste immer antwortete: „Am besten ist es, wenn Sie da hinhalten, wo er hin will und nicht dort, wo er gewesen ist!" Allerdings habe ich nie erlebt, daß daraufhin besser geschossen wurde.

Beim nächsten gefehlten Hasen war das Ergebnis unserer Jagd abzusehen, und mir riß der Geduldsfaden: „Herr Professor, Sie schießen saumäßig, geben Sie mir mal die Flinte her, ich will ihnen mal zeigen, wie das gemacht wird!"

Der Chef war sichtlich erleichtert, und wie mir schien, fühlte er sich in seiner neuen Rolle bedeutend wohler. Die nächsten vier Hasen stellte ich mühelos auf den Kopf und so bat er mich, in diesem Stil nicht fortzufahren, weil er nicht mehr Hasen tragen könne. Ich hatte Einsicht und vertauschte unsere Rollen wieder.

Im Landhaus angekommen, wurde ich gebeten, in der sauberen und gut eingerichteten Küche alle Hasen abzubalgen, auszuwerfen und pfannenfertig zuzubereiten, weil das sonst dort niemand konnte. Alle Angehörigen des Hauses mußten dieser Prozedur beiwohnen. Die zartbesaiteten Hausgehilfinnen mußten sich dabei fast übergeben. Ich hatte meine jagdliche Bewährungsprobe bestanden und bekam fortan freie Flinte, wenn ich meinen Troll besuchte. Auch die netten Unterhaltungsabende in diesem Hause waren mir fernab meiner Heimat eine willkommene Abwechselung, an die ich dankbar zurückdenke.

Wie geplant, führte ich den Troll dann noch auf der VGP in Moritzburg. Das ließ sich dort zunächst sehr gut an. Bis auf das letzte Fach hatte ich schon in allen Fächern die „4" erhalten; dann aber versagte mein Hund in der Schweißarbeit völlig, weil Sauen vor ihm hochgegangen waren und er dadurch die Ruhe verlor. Ich lernte, auch einmal verlieren zu können.

Rückkehr in Mecklenburgische Jagdgründe

Nach meiner Rückkehr aus Tharandt trat ich meinen vorgesehenen Dienst als Fachschullehrer an der Mecklenburgischen Forstschule in Raben Steinfeld an. Jetzt begann der zweite, längere Abschnitt meines Jägerlebens. Das Jagdwesen in der DDR war inzwischen von den Jagdkommandos der Volkspolizei an die Gesellschaft für Sport und Technik übergegangen. Die Jäger organisierten sich in Jagdkollektiven, die die örtlichen Jagdgebiete bejagten. Es wurden Waffenstützpunkte errichtet, von denen sich die einzelnen Jäger Jagdwaffen befristet ausleihen konnten. Als Verantwortliche der jeweiligen Jagdgebiete wurden von den staatlichen Behörden nur dem politischen System nahestehende Personen eingesetzt. Die Kontrolle über die Jagdwaffen verblieb weiterhin bei der Volkspolizei. Schalenwild wurde vornehmlich mit Flintenlaufgeschossen erlegt. Die Leihflinten schossen fast alle gut, auch mit der Brennecke. Das Geschoß lieferte stets viel Schweiß und war auch auf starkes Schalenwild ausreichend wirksam. Die Zielgenauigkeit wurde durch aufgesetzte Zielfernrohre wesentlich erhöht, was auch die Jagd bei Mondschein möglich machte.

Die Wildbestände waren in den fünfziger Jahren stark angewachsen. Auch Niederwild gab es noch reichlich. Die forstlichen Wildschäden durch Rot- und Rehwild nahmen oft ein untragbares Maß an. Die Sauen verursachten hohe Feldschäden. Die Situation erforderte starke Reduktionsabschüsse; der begrenzte Zugang zu den Jagdwaffen erschwerte aber die Jagdausübung erheblich und führte allgemein wegen des aufwendigen Ausleihdienstes zu einer unzumutbaren Belastung der Jäger. Viele erfahrene und altgediente Jäger warfen in dieser Zeit das Handtuch und gaben das Jagen auf. Zunächst gab es noch keine zugewiesenen Pirschbezirke, so daß auch ich in mehreren Forstrevieren jagte. Erst später wurden aus Sicherheitsgründen persönliche Pirschbezirke eingeführt. Die persönliche Freigabe von Waffenkäufen blieben aus Gründen der staatspolitischen Sicherheit äußerst beschränkt. Repetiergewehre durften nur Angehörige des Ministeriums des Innern und andere höhere Parteifunktionäre führen. Mit meiner 1958 erworbenen Doppelflinte nahm ich am Reduktionsabschuß im Lehrrevier der Forstschule teil, wo infolge überhöhter Rehwildbestände die Buchenverjüngungen gefährdet waren. Die Hegerichtlinien mußten zu diesem Zweck stark eingeschränkt werden. Ich schoß im ersten Jahr mit dem Flintenlaufgeschoß und ohne Zielfernrohr allein 44 Stücke Rehwild und sechs Sauen. Auf einer herbstlichen Waldpirsch konnte ich sogar sieben Stücken Rehwild erlegen. In diesen Jahren, in denen wir auch aktiv auf Schwarzwild jagten, schossen wir Sauen auch gerne mit 8 mm-Posten. Hielt man eine Entfernung von 35 Metern ein, war die Wirkung sehr gut. Bei unbeherrscht abgegebenen Weitschüssen wurde dabei allerdings Wild krankgeschossen. Aus meiner Erfahrung ist deshalb der heute wieder diskutierte Postenschuß auf Schalenwild abzulehnen, weil die Gefahr des Mißbrauchs durch Weitschüsse zu groß ist. Es besteht auch keine Notwendigkeit dafür.

Trotz ständig steigender Abschußzahlen bei Schalenwild wurde jedoch die angeordnete und wirtschaftlich tragbare Wilddichte meistens nicht erreicht. Durch die Verfügung der Obersten Jagdbehörde über die Mehrartenwirtschaft wurde diese Fehlentwicklung noch begünstigt. So blieben die Schalenwildbstände in den meisten Revieren bis zur

Wende hoch. Es wurden zwar die hohen Wildschäden allerorts beklagt, aber ein durchgreifender Reduktionsabschuß unterblieb meistens. Besonders die Schwarzwildbestände wurden unterschätzt, und periodisch brach nicht zuletzt deshalb die Schweinepest aus. Bei wachsendem Jagddruck wurde die Bejagung mit Flinten immer schwieriger, trotzdem blieben die Jahresstrecken gleich hoch oder stiegen sogar noch an.

Ein besonders romantisches Erlebnis hatte ich in einem unserer Jagdreviere im August bei Vollmond. Es sollte vornehmlich Schwarzwild geschossen werden. Ich pirschte an jenem Abend gegen 23 Uhr in einem großen Kiefernkomplex in einer Geländerinne entlang. Sie verlief in Richtung eines Niedermoores, in das die Sauen gerne hineinzogen. Plötzlich hörte ich eine Rotte Sauen vom Plateau her auf mich zuwechseln. Und da waren sie auch schon, über zwanzig Sauen. Ich wollte gerade ein Stück anvisieren, als es links von mir im dunklen Bestand stark knackte. Ich vermutete, daß vielleicht noch ein Hauptschwein der Rotte folgen würde. Nun stand der Vollmond gerade als risengroßer Ball im flachen Winkel über dem bewaldeten Hang und präsentierte sich in voller Größe und Leuchtkraft. Während sich meine Blicke noch durch die Dunkelheit bohrten, wechselte ein Rothirschrudel genau durch die Mondscheibe im Hintergrund. Der Anblick war einzigartig! Es passierten vier Hirschsilhuetten vor dem Himmelskörper. Da auch Rotwild frei war, schoß ich den letzten der vier Hirsche mit der Brennecke, so daß er noch in der Mondscheibe zusammenbrach. Es war ein geringer Achter. Ein solch phantastischer Anblick zählt zu den einmaligen Gaben der Natur und wiederholt sich, wenn überhaupt, nur höchst selten.

Ameisen-Urian

Die Erlegung meines einzigen Hauptschweines bei einer Strecke von fast dreihundert Sauen fiel in einen harten Winter. Auch an diesem Beispiel kann man erkennen, wie rar wirkliche Hauptschweine sind. Bis zum zweiten Februar hatte es tagelang geschneit. Alles Leben in der Natur schien unter den weißen Massen wie erstickt. Immer neue schwere Schneeflocken tanzten vom Himmel. Die Schneekristalle zauberten jene wunderbare Märchenwelt herbei, die nicht nur Kinder frohlocken ließ, sondern auch Jägerherzen. Der weiße Leithund forderte zur Folge auf. So standen wir Jäger des Lehrerkollegiums im Lehrerzimmer der Forstschule in der letzten Pause vor Unterrichtsschluß und schauten dem Flockenwirbel zu. Alle Gedanken gingen in unser zehn Kilometer entferntes Schwarzwildrevier. Jeder wußte: das war Wetter, um auf Sauen zu jagen!

Die riesigen Ginsterdickungen waren nun unter den Schneemassen versunken, und die Schwarzkittel hatten sich einschneien lassen. Wie gerne hätten wir jetzt die Gunst der Stunde genutzt – aber wir waren noch bis dreizehn Uhr in der Forstschule verpflichtet. Wir kalkulierten im stillen mit der Zeit. Nach Dienstschluß war die mögliche Abfahrt von unserer Wohnung ins Revier gegen 14 Uhr, Erreichen des Zentralreviers bei aller Beeilung nicht vor 15 Uhr. Aber gegen 17 Uhr wurde es wieder dunkel. Nein, die Zeit reichte nicht aus, um die schwierigen Ginsterdickungen noch in Angriff zu nehmen. Uns schien, daß der Wettlauf mit der Dunkelheit nicht mehr zu gewinnen war. Dennoch wollten wir diese Gelegenheit nicht ungenutzt lassen und verabredeten uns für fünfzehn Uhr an unserem traditionellen Treffpunkt. Mit dem Klingelzeichen zum Unterrichtsschluß, das die zweite Tageshälfte des kurzen Wintertages einläutete, rüstete jeder für sich, so schnell und so gut er konnte. Der Aufbruch zu Jagd wurde zum perfekten Alarmstart im Wettlauf mit dem Büchsenlicht. Flinte, Patronen und jagdlicher Zubehör ergriffen, die beiden Drahthaarhündinnen angeleint – und schon ging es per Fahrrad ins Revier. Erst verlief die Fahrt auf guter Chaussee, dann auf geräumten Landwegen und schließlich auf ungeräumten Schneisen. Das Radfahren wurde mehr und mehr zur Schlittenpartie. Die Drahthaar griffen aus und legten sich ins Geschirr. Angefeuert, verdoppelten sie noch ihre Geschwindigkeit, erhöhten aber auch die Sturzgefahr. Der Schnee stiebte nur so in wilder Fahrt. Geschick und Konzentration waren gefordert, wollte man noch heil ankommen. Aber das ferne Ziel lockte.

Schweißtriefend kam ich pünktlich um 15 Uhr am Treffpunkt an. Es hatte aufgehört zu schneien. Wie schon vermutet, lagen die Dickungen unter hohen Schneedecken begraben. Verlorene Einsamkeit umgab mich. Der Winterwald prahlte in geheimnisvoller Pracht. Jäger und Hunde verschnauften und erwarteten die Mitjäger. Eine Viertelstunde nach 15 Uhr wußte ich, daß niemand mehr kommen würde. Meine Waidgenossen hatten den Wettlauf mit der Zeit entweder nicht mehr angetreten oder hatten ihn unterwegs verloren. Nun stand ich allein im tiefverschneiten Forst und begriff die Sinn- und Aussichtslosigkeit unseres Unternehmens. Allein konnte man ohnehin nichts machen. Um mich abzureagieren, bummelte ich ziellos eine Schneise entlang. Unweit vom Treffpunkt stieß ich auf eine starke Schwarzwildfährte. Große Trittsiegel, weite Schrittlänge, breiter Schrank und starkes abstehendes Geäfter. Es durchfuhr mich siedendheiß, als mir klar wurde, daß hier ein Hauptschwein durchgewechselt war. Die Fährte mußte vom späten Morgen stammen, denn sie war noch nicht zugeschneit und führte in ein mit Fichtenjungwuchs durchsetztes Kiefernstangenholz. Ich fühlte mich unwillkürlich an Vaters Lebenskeiler erinnert, der sich damals unter einer einzelnen Fichte im Buchenstangenholz eingeschoben hatte und nach späterem Einkreisen zur Strecke gekommen war. Dieser Fährte mußte ich folgen, so weit es irgend ging.

Ich lud meine Doppelflinte mit Posten und Brennecke, nahm die entsicherte Flinte in die Hand und folgte dem Fährtenzug. Die Fährte war im Bestand schwer zu halten, es ergaben sich zahlreiche Widergänge, und es sah so aus, als wollte sich das Schwein hier irgendwo stecken. Ich buchstabierte die Fährte mühsam aus und bahnte mir durch den Unterwuchs des Fichtenanflugs den Weg. Die beiden Drahthaar zerrten unruhig an der Umhängeleine. Ich erreichte eine kleine Bestandeslücke, über die ein Windwurf lag. Am Rande hatte ich im Augenwinkel einen hohen Ameisenhaufen bemerkt, ahnte aber nicht, daß sich der Basse in diesen Haufen eingeschoben hatte, bis der Ameisenhaufen plötzlich wie durch eine Explosion auseinander flog. Ameisenspreu und Schnee stiebten durch die Luft, und der schwarze Kasten überfiel den Windwurf mit gewaltigem Satz. Völlig unvorbereitet wäre diese Situation nicht zu parieren gewesen. Blitzschnell riß ich die Flinte hoch und gab einen Schnappschuß ab. Im Knall überschlug sich das Schwein, drehte sich auf der Breite liegend um die eigene Achse und wirbelte den Schnee hoch auf, war aber sofort wieder auf den Läufen und stürmte in den anschließenden Fichtenkussel.

Den zweiten hingeworfenen Schnappschuß gab ich ab, als der Keiler schon in die Deckung rutschte. Dann sah ich seitwärts den Keiler noch weit durch das Stangenholz flüchten. Ich mußte das Ereignis erst einmal verarbeiten, das Herz schlug mir bis zum Hals. Mir war nicht klar, ob ich getroffen hatte, aber ich begriff, daß ich das Hauptschwein meines Lebens vor mir gehabt hatte. Ich untersuchte die Anschüsse und fand am ersten nur einen einzigen Schweißtropfen. Am zweiten Anschuß lagen auf den Postenschuß hin kurze Borsten. Enttäuscht folgte ich der Fluchtfährte durch den hohen Schnee. Das Schwein war nicht langsamer, sondern eher noch schneller geworden. Die tiefen Eingriffe zeigten mächtige Trittsiegel, einem starken Hirsch ähnlich. Ich war nun der Fluchtfährte schon über zweihundert Meter gefolgt, ohne Schweiß gefunden zu haben. Mein Stimmungsbarometer sank auf Null. Ich glaubte, kläglich versagt zu haben. Ein guter Schütze durfte dieses Schwein trotz schwieriger Situation nicht weglassen. Auch Schnappschüsse müssen auf solch nahe Entfernung sitzen.

Plötzlich traf ich auf Schweiß. Meine Hoffnung war nun wieder voll entflammt. Jetzt wußte ich, daß der Keiler die Kugel hatte. Schließlich lag Schweiß wie mit einer Gießkanne verspritzt, dann hatte er schon Bäume angeflohen, und dann konnte ich ihn nach dreihundert Metern Fluchtfährte liegen sehen. Er war bereits verendet. Die Brennecke hatte er mitten drauf in der Lebergegend und die Posten saßen alle in Lunge und Herz. Ich bekam mein Selbstvertrauen wieder. Ein wahrer Urian, ein Hauptschwein lag ausgestreckt im Schnee. Er glich fast einem Schwarzbären, war acht Jahre alt, hatte eine Gebrächlänge von fünfundsiebzig Zentimeter. Die Wurfscheibe hatte einen Durchmesser von 16 cm, und die Vorderläufe waren an der dünnsten Stelle selbst mit beiden Händen nicht vollständig zu umfassen. Die Gewehre waren lang, mäßig breit und hatten fünf Zentimeter lange Schliffflächen. Die starken Haderer waren stark gekrümmt, aber an den Spitzen abgebrochen. Sein Gewicht betrug in diesem harten Winter und nach der Rauschzeit noch 125 kg.

Nachdem ich den Keiler aufgebrochen hatte war es schon nach 16 Uhr geworden. Ich mußte mich nun auf den Weg zur Försterei begeben, um den Transport zu organisieren. Dabei passierte ich eine kleine Kieferndickung, an der meine Hunde Wild anzeigten. Nun ritt mich der Teufel, und ich schnallte beide Hunde, die sofort Hetzlaut gaben. Schnell schob ich mich in eine Stichschneise ein, und schon kamen mir sehr nah drei Überläufer, von denen ich einen schoß. An diesem Tage schien tatsächlich alles gut zu gehen. Wir holten den Keiler und den Überläufer mit einem Pferdeschlitten zur Försterei. Eines der in diesem Revier seit langem nicht mehr erlegten Hauptschweine trat seinen letzten Weg an: den Weg in die Wildkammer. Eine Sternstunde des Waidwerks hatte mir geleuchtet.

Elch aus der Forstschule

„Elch" stammte von einer prächtigen Deutsch-Drahthaar-Hündin ab. Seine Mutter, „Bessi vom Schäferblock", war fünfjährig, gehörte zur DD-Mutterlinie 8 und hatte, nachdem sie jahrelang in falscher Hand gewesen war, nach meiner Abrichtung die Vollgebrauchshundprüfung in Rostock mit über 300 Punkten bestanden. Nun hatte sie einen wunderschönen ausgeglichenen Wurf, der nach acht Wochen abgegeben wurde. Am Tag der Abgabe fiel der größte der Welpen, der braune starkknochige Elch, in die Wahl eines benachbarten Mitjägers, der sich einen Welpen bestellt hatte. Wir hörten lange nichts voneinander. Nach einem Dreivierteljahr, es war um Sylvester, erschien der Besitzer mit der Bitte, den Hund zurücknehmen. Er begründete sein Ansinnen damit, daß der Hund zu scharf sei.

Diese Begründung schien mir lächerlich. Wie konnte es bei einem erst acht Monate alten Junghund ein „zu scharf" geben? Selbst eine Mannschärfe war keineswegs von Nachteil, sondern ein besonderes Prädikat, und alles andere ware doch eine Sache der Abrichtung. Herr Holz beklagte sich über den Hund, weil dieser angeblich einmal seine Schwiegermutter nicht in die Wohnung gelassen hätte. Und noch schlimmer habe er sich Weihnachten aufgeführt, als er ihn mit in das Zimmer nahm. Sein eigener Hund habe ihm nicht gestattet, sich eine Weihnachtszigarre aus dem Schrank zu nehmen, sondern hätte zähnefletschend vor ihm gestanden, so daß er sich lange nicht zu rühren wagte. Ich hielt diese Geschichten zunächst für Ammenmärchen, bis ich sie später aufklären konnte. Aber der Rüde wurde mir durch diese Schilderungen interessant. Wenn nur etwas davon stimmte, dann war das für mich als Vertreter der Zwangsdressur der richtige Hund. Ich nahm ihn gerne zurück. Den Transport im Auto hielt der Besitzer für ausgeschlossen. Das würde der Elch nicht mitmachen, kündigte er mir an. Es wurde in der Tat auch ziemlich spannend, denn der großrahmige schwere Rüde setzte sich unter Aufbietung aller seiner Kräfte zur Wehr und spielte seine Kopfhundrolle voll aus. Elch ließ in seinem Gebaren keinen Zweifel daran, daß er es bitter ernst meinte. Nur dadurch, daß ich ihm einen Fangriemen um seinen langen kräftigen Fang gelegt hatte und meine rechte Hand mit Würgegriff in der Halsung stand, konnte ich seine Befreiungsversuche vereiteln. Das war das Vorspiel zu dem, was mich zukünftig in der Abrichtung erwarten sollte. Als Beifahrer in diesem Auto kamen wir heil nach Hause. Im Zwinger gab sich Elch schnell wieder gelassen, wenn auch mannscharf.

Nun begann ich umgehend die Grundausbildung, um den Hund rasch in die Hand zu bekommen. Die Unterordnungsübungen provozierten ihn zur Gegenwehr, weil er in der Rangordnung absolut ganz vorn bleiben wollte. Elch ließ es auf allerhand Kraftproben ankommen, die ich aber mit aller Härte für mich entschied. Beim Schwerapportieren griff er mich wiederholt an, biß wie eine wilde Bestie um sich und versuchte, mir an die Kehle zu springen. Ich zog seine Leine durch einen Bodenring, und bekam ihn so in die Hand. Ich zwang ihn in dieser Pferdekur zur totalen Kapitulation. Bei einer dieser Attacken biß er sich in meinen linken Arm fest, erwischte aber zum Glück nur meine Armbanduhr, die er zwar erheblich demolierte, aber mein Unterarm blieb verschont. In der weiteren Abrichtung machte sich Elch gut. Ich hatte keine Klagen, sondern war von seinen jagdlichen Qualitäten angetan. Er absolvierte die Jugendprüfung Anfang Mai und die Herbstzuchtprüfung mitte September mit hohen Punktzahlen und guten Preisen. Das ermutigte mich, mit der Abrichtung Kurs auf die VGP zu nehmen. Die Vollgebrauchshundprüfung fand in den Revieren um die Kleinstadt Wittenburg statt. Ich führte auf dieser Prüfung neben Elch noch eine DD-Hündin. Wir waren in einem bescheidenen Hotel untergebracht. Der Besitzer verbot uns, die Hunde mit auf das Zimmer zu nehmen. Das hörten wir Hundeführer natürlich nicht gern, denn wo sollten wir sonst mit unseren Hunden hin? Außerdem hat man auf solcher Meisterprüfung seinen Hund auch gerne bei sich. Als die Luft mal einen Moment rein war, schmuggelte ich meine Hunde die Treppe hoch in mein Zimmer, legte sie an der Tür ab und begab mich frühzeitig zur Ruhe, was sonst auf Hundeprüfungen nicht üblich war.

Nach friedlicher Nacht erwachte ich voll Tatendrang am nächsten Morgen und ließ meine Nachttischlampe leuchten. Als ich mich erheben wollte, stand Elch aus der mir gegenüber liegenden Ecke des Zimmers auf und kam grimmig knurrend und zähnefletschend im verkrampften Stechschritt auf mich zu. Die Hündin dagegen blieb ruhig an ihrem Platz. Auf meine Anrede reagierte er nicht, er schien mich nicht zu kennen. So etwas hatte ich noch nie erlebt. Elch ließ keinen Zweifel daran, daß er ernst machte. Ich wagte nicht aufzustehen – das heißt, ich riskierte zunächst auch keinen Versuch. Jede meiner Bewegungen im Bett quittierte er mit heftiger Aggression. Als ich aber das Licht wieder ausmachte, ging er wieder auf seinen Platz zurück. Machte ich das Licht wieder an und kam auf der Vorderhand hoch, kam Elch mit schielendem Blick erneut auf mich zu. Ich wehrte ihn ab mit der Plastik-Nachttischlampe mit dem Resultat, daß ich jetzt auch kein

Licht mehr hatte. Jetzt konnte ich seine Aktionen nur noch hörend verfolgen und kam mir vor wie im Tollhaus. Einige Zeit ließ ich vergehen und überlegte dabei, wie ich mich befreien könnte. Mir war klar, daß ich mich im Schlafanzug und in meiner entwaffneten Lage auf einen Ringkampf mit diesem schweren und sehr bissigen Hund nicht einlassen konnte. Durch den Fensterspalt drang allmählich das erste Licht des anbrechenden Oktobertages. Draußen auf dem Hof versammelten sich schon die Prüfungsteilnehmer und riefen nach mir, während ich noch im Bett lag und mich noch nicht einmal melden konnte. Ich entschloß mich, ihm bei seiner nächsten Attacke mein Federbett über den Kopf zu werfen, um dann mit einem Sprung über ihn hinweg aus der Tür zu gelangen.

Gedacht, getan – und schon schlug sich Elch das Oberbett um die Behänge und riß es auf, daß die Federn durch das Zimmer flogen. Es gelang mir, an ihm vorbeizuspringen, die Tür zu erreichen und gleich hinter mir zuzuschlagen. Meine panische Flucht aus dem Zimmer verursachte auf der Etage des Hotels einen ziemlichen Krach. Als ich mich im Pyjama hinter der Zimmertür in Freiheit wiederfand, kam mir ausgerechnet in diesem Moment das nichtsahnende Zimmermädchen entgegen. Erschrocken flüchtete sie wieder nach unten. Natürlich mußte sie die ganze Situation mißverstanden haben oder annehmen, sie hätte es mit einem Verrückten zu tun. Ich hätte ihr gerne die Zusammenhänge erklärt, aber zunächst hatte ich dazu weder Zeit noch Gelegenheit. Dieser mysteriöse Zwischenfall hat ihre Erfahrungen in der Hotelbranche wohl kaum positiv bereichert.

Die prekäre Lage mit Elch entkrampfte sich dann rascher, als anzunehmen war. Als die Zimmertür wieder offen war,

und Licht in den Raum fiel, kam der Hund zu sich und entkrampfte. Der angerichtete Schaden war ein Versicherungsfall. Ich bezweifle, daß man mir den im Protokoll geschilderten Schadenshergang geglaubt hat. Elch folgte jedenfalls wieder willig, als sei nichts geschehen. Trotz meiner Entschuldigung beim Hotelier erntete ich Ungläubigkeit und Mißfallen. Mir war klar, daß ich hier nie wieder übernachten konnte. Nach diesem unvorhergesehenen Intermezzo bestanden beide Hunde die Gebrauchshundprüfung mit guten Punktzahlen. Elch machte sogar eine sehr gute Schweißarbeit als Bringselverweiser. Eine plausible Erklärung für das anomale Verhalten des Rüden fand ich erst viel später in einer Veröffentlichung eines Tierpsychologen, der solche Neurosen bei Hunden in Zusammenhang mit Raumangst als pathologische Erscheinung beschrieb. Elchs Wesensveränderung hing also mit dem geschlossenen Raum zusammen, der ihn in einen neurotischen Zustand mit extremer Verhaltensstörung versetzte.

Um die Zukunft dieses Hundes machte ich mir ernste Sorgen. Als Suchenführer, der jedes Jahr ein bis zwei Hunde für die Prüfungen abrichtete, pflegte ich meine VGP-Hunde zu verkaufen. Im Falle des Elch hatte ich gegen einen Verkauf aber arge Bedenken. Ich ging sogar mit dem Gedanken um, ihn zu erschießen. Da er aber jagdlich recht gut war, nahm ich dann doch davon Abstand. Wie das so manchmal ist, wurde mir die Entscheidung rascher abgenommen, als zu erwarten war. Eines Tages fuhr ein Wagen bei mir vor, dem ein beleibter Herr entstieg. Er war Vorsitzender einer landwirtschaftlichen Produktionsgenossenschaft und hatte gehört, daß ich hin und wieder fertige Gebrauchshunde verkaufte. In unserem einleitenden Gespräch stellte er allerdings, ohne meine Hunde gesehen zu haben, die Grundbedingung, daß er nur einen sehr scharfen Hund kaufen würde. Nun, das konnte ich ja bieten! Als wir an die Zwinger herantraten, entschied er sich sofort freudestrahlend für Elch. Ich versuchte zunächst, ihn davon abzubringen und äußerte meine Bedenken, daß er mit diesem Hund eventuell nicht fertig würde. Er zerstreute aber selbstbewußt meine Befürchtungen. Der Mann war von seiner Absicht nicht abzubringen, warf einen Batzen Geld auf den Tisch und war über diesen Erwerb sichtbar glücklich. Ich bugsierte Elch mit einigen Kunstgriffen in den Kofferraum des großen Wolga und wünschte dem Besitzer viel Glück. Als der Wagen um die nächste Ecke bog, war ich einerseits froh, diesen schwierigen Hund los geworden zu sein, andererseits fürchtete ich eine baldige unangenehme Rückmeldung. Diese blieb aber aus.

Nach einem halben Jahr faßte ich den Mut, dem Führer und dem Hund einen Besuch abzustatten, um zu erfahren, wie wohl beide miteinander auskamen. Der Mann kam mir gleich glückstrahlend entgegen. Er berichtete über die Zusammenarbeit mit seinem Gebrauchshund nur Gutes und bedankte sich nochmals, daß ich ihm diesen fabelhaften Hund überlassen hatte. Damit hatte ich nicht gerechnet. Elch wurde auch dort im Zwinger gehalten, konnte aber nur von seinem Herrn gefüttert werden. Es blieb mir ein Rätsel, ob der Führer- oder der Milieuwechsel dazu beigetragen hatten, sein Wesen zu verändern. Jagdlich war der Besitzer mit seinem Hund sehr zufrieden.

Es dürfte aber wohl in der Geschichte der Vollgebrauchshundprüfungen ein einmaliger Fall sein, daß ein Hund seinen eigenen Führer morgens nicht mehr aus dem Bett gelassen hat.

Nur den Hirsch mit den Krebsscheren

Jedes neue Studienjahr an der Ingenieurschule für Forstwirtschaft in Raben Steinfeld begann im Herbst mit einem Arbeitseinsatz in der Forst- oder in der Landwirtschaft. So hatte es die Regierung verfügt. Die Studenten blödelten: „Jetzt gehts wieder ins Feldlager!" Die Einsätze galten vornehmlich der Beräumung von Bruchholz oder auch der Kartoffelernte. Unsere Arbeiten fanden in der ganzen DDR statt, mal hier und mal dort. In der Forstwirtschaft herrschte damals ein ständiger Arbeitskräftemangel, weil die Männer aufgrund der günstigeren Arbeitsbedingungen in die Industrie abwanderten.

Zur Erfüllung der jährlichen Betriebspläne wurden deshalb regelmäßig im Herbst unsere Forststudenten als Lückenbüßer eingesetzt. Wir Lehrer reisten zur Betreuung der Studenten mit an die Einsatzorte. Meine in der Abrichtung stehenden Gebrauchshund-Jährlinge begleiteten mich stets im eigenen Fahrzeug. Auch meine Bockbüchsflinte mit Wechselläufen führte ich mit, denn es ergaben sich meistens noch jagdliche Gelegenheiten als Gastjäger in fremden Revieren. Ich genoß immer wieder jagdliche Gastfreundschaft, die mir zahlreiche erinnernswerte Erlebnisse bescherten.

Einmal landeten wir in einem entlegenen Walddorf im mitteldeutschen Raum. Als alle ihre Quartiere bezogen hatten und die Arbeit unter dem Kommando der örtlichen Leiter angelaufen war, fragte ich mich an einem der folgenden Tage zum örtlichen Jagdleiter durch und stattete diesem im Rentenalter stehenden und vom Lebenskampf gezeichneten Waidgenossen einen ersten Besuch ab.

Dabei kam eine lebhafte Unterhaltung in Gang, und wir kamen uns schnell näher. Gemeinsame jagdliche Passion verbindet, und ich hatte den Eindruck, bei einem gönnerhaften Mitjäger als Jagdgast willkommen zu sein. Es gab dort einen ziemlich hohen Wildschaden zu bekämpfen, und ich wurde zur Jagd auf Dam- und Schwarzwild eingeladen. Da ich in meinem heimatlichen Revier keine Möglichkeit hatte, auf Rotwild zu jagen, trug ich dem Jagdleiter meinen Wunsch vor, auf Rotwild jagen zu dürfen. Er bedauerte aber, mir diesen Wunsch nicht erfüllen zu können, weil das Jagdgebiet kein Rotwild frei hatte. Er deutete an, daß höher gestellte Funktionäre sich den Rotwildabschuß reserviert hätten und daß selbst er nur unter Vorbehalt einen ganz bestimmten Hirsch frei hätte. Natürlich war dies kein Kronenhirsch, sondern ein Hirsch, der auf beiden Stangen deutliche Krebsscheren trug.

Eines Abends, als ich mich wieder zur Pirsch anmeldete, eröffnete er mir ganz unvermittelt, daß ich den ihm persönlich freigegebenen Hirsch schießen könne, wenn er mir käme. „Aber nur den Hirsch mit den Krebsscheren", sagte er nochmals mahnend, dürfe ich schießen. Er selbst wie auch sein Vorgesetzter konnten diesen älteren und bereits heimlichen Hirsch, einen ungeraden Eissprossenzehner, bisher noch nicht zur Strecke bringen. Diese großzügige Freigabe war den übrigen Mitjägern des Jagdgebietes nicht erteilt worden. Ich genoß also gastfreundschaftliches Vorrecht, von dem niemand etwas wissen sollte, damit der Jagdleiter keine Unannehmlichkeiten bekäme. Das Unternehmen lief also für mich als „geheime Kommandosache". Es kam der 15. September, ein Regentag. Unentwegt rauschte es vom Himmel. Wir zogen uns alle zurück und schliefen uns einmal so richtig aus. Erst gegen Abend hörte der Dauerregen auf, und die Sonne brach durch. Es wurde ideales Jagdwetter. Alle Jäger des Jagdgebietes waren auf den Beinen und meldeten sich zur Jagd an. Ich wurde durch den Jagdleiter am großen Graben eingewiesen. Dort angekommen, empfingen mich wunderschöne Waldbilder. Der große, breite schwach fließende Wassergraben begrenzte linker Hand die tiefgestaffelten dunkelgrünen Nadelholz-Jungbestände, die beliebte Wildeinstände waren. Rechts vom Graben standen mit Adlerfarn durchsetzte mittelalte Birkenbestände im lichten Verband, die bis an die Feldmark reichten. Gut ausgetretene Wechsel führten hindurch.

Die sinkende Abendsonne fiel mit rötlichen Strahlen durch die Kronendächer und zauberte in diesem vielgestaltigen Forstort ein prachtvolles Farbenspiel. Die scheidenden Blätter der weißstämmigen Birken flammten im Gelb des sich zersetzenden Chlorophylls. Der lange Regen hatte die Luft fühlbar gereinigt; ein frischer Duft entströmte dem lebendigen Waldboden. Nachdem ich die Schönheit dieses Biotops in mich aufgesogen hatte, schaltete ich auf das Jägerauge um, prüfte den Wind und bezog in aller Ruhe meinen Ansitz hinter einer einzelnen starken Eiche, die auf der Grabenböschung stand.

Ich stellte meine Bockbüchsflinte geladen und gesichert an der Eiche ab und prüfte, wie ich es immer bei solchen Gelegenheiten tat, eingehend das Gelände und den Kugelfang. Dann gab ich mich ganz dem Genuß der bezaubernden Abendstimmung hin und ließ meine Blicke wiederholt an dem großen Graben entlanggleiten, über den die Wechsel laufen sollten. Die Waldlandschaft hatte mich aufgenommen, und ich wurde ein Teil von ihr. Plötzlich wurde ich aus meinen Träumereien gerissen, als ein Rottier auf 100 m den Graben überfiel und auf der Grabenbö-

schung sicherte. Ich bedauerte, das Tier nicht frei zu haben und genoß den guten und für mich seltenen Anblick. Das Tier verhoffte auffällig lange und äugte wiederholt zurück zur Fichtendickung, aus der es ausgewechselt war. Als es weiterzog, überfiel auf gleichem Wechsel ein im Wildbret sehr starker Hirsch den Graben und verhoffte dort, wo auch das Tier gesichert hatte. Mir fuhr es wie ein Blitz durch die Glieder, mein Herz raste. Der Hirsch stand breit und drehte mehrere Male nach allen Seiten sein prachtvoll glänzendes Geweih, als wolle er mir sein Ansprechen erleichtern. Schon mit bloßen Augen waren beiderseitig lange Krebsscheren statt Kronen zu erkennen, die Stangen waren kurz, aber sehr stark. Der Hirsch hatte starken Vorschlag und eine ausgeprägte Brunftmähne. Das war unverkennbar der Hirsch, den ich ausnahmsweise frei hatte. Ihn als ausgesprochen guten Abschußhirsch anzusprechen, war keine Kunst. Das 7 x 50 Zeiss-Doppelglas gab alle Einzelheiten wieder. Ich griff nach meiner Bockbüchsflinte und legte auf den Hirsch an.

In diesem Moment sah ich, daß mein Zielfernrohr nicht intakt war, der Zielstachel lag schräg und lose im Gehäuse. Das hatte ich noch nie gehabt. Und jetzt, ausgerechnet in diesem entscheidenden Moment und bei der für mich fast einmaligen Chance mußte das passieren! Ich nahm rasch das defekte Glas ab, ging gut mitte Blatt ins Ziel und schoß über Kimme und Korn. Im Knall wurde der Hirsch von dem 7 x 65 R-Geschoß von den Läufen gerissen. Eine Minute später stand ich beglückt vor meinem Hirsch mit den Krebsscheren. Mein Ansprechen war völlig korrekt. Einen besseren Abschußhirsch als diesen kurzendigen, ungeraden Eissprossenzehner konnte man sich nicht wünschen. Ein seltenes Waidmannsheil hatte sich unter besonderen Begleitumständen erfüllt. Nun mußte ich überlegen, wie der Hirsch „unter Ausschluß der Öffentlichkeit" abtransportiert werden konnte, ohne den Jagdleiter zu kompromittieren. Ich brach den Hirsch nicht gleich auf, sondern überlegte mir, wie ich meinen Abschuß den übrigen Jägern gegenüber geheimhalten konnte. Rechtlich war ich mit dem Erlegen dieses Hirsches zwar gedeckt, denn der Jagdleiter hatte ihn mir freigegeben – aber ob er das nach oben hin rechtfertigen konnte, war für mich zweifelhaft.

Im Hause des Jagdleiters angekommen, traf ich mit den übrigen Mitjägern zusammen, die von ihrer Pürsch heimkamen und sich lebhaft unterhielten. Der Jagdleiter war von der Pürsch noch nicht zurück. Die Mitjäger hatten alle keinen Anblick gehabt, wohl aber einen Kugelschuß in Richtung des großen Grabens gehört. Auch ich bestätigte, den Schuß gehört zu haben und ließ offen, ob nicht vielleicht der Jagdleiter zu Schuß gekommen war. Ich verließ dann unauffällig die geschwätzige Jägerrunde. Um den Chef draußen abzufangen, ging ihm ein Stück entgegen, und schon kam er angeradelt. Ich eröffnete ihm mein Waidmannsheil, worauf er sichtbar erregt seine Freude mit mir teilte, steckte sich einen Eichenbruch an den Jägerhut und bedeutete mir, mich nun wieder unter die Jäger zu mischen.

Wenig später steckte er sein listiges Gesicht durch den Türspalt und wurde von seinen Männern befragt, was er denn geschossen hätte. „Denkt mal an, Waidgenossen, ich habe den Hirsch mit den Krebsscheren erlegt, den der Alte mir persönlich freigegeben hat!" war seine Antwort. Seine Mitjäger gratulierten ihm stürmisch und teilten seine Freude über dieses seltene Waidmannsheil. Er fabulierte einen kurzen Jagdbericht, dann kündigte er an, den Hirsch mit seinem Fuhrwerk holen zu wollen. Ich hatte den Eindruck, daß man ihm diesen Hirsch gönnte, weil er sich eines hohen Ansehens erfreute. Die Mitjäger bestanden aber darauf, den Hirsch mit heimzuholen; alle wollten das Prachtexemplar sehen. Da der fingierte Schütze nun nicht genau wußte, wo der Hirsch lag, dirigierte ich ihn bei der Suchaktion unauffällig durch die Dunkelheit.

Nach einigem Suchen fanden wir das Stück im Fackelschein der Stallaterne. Der Jagdleiter brach „seinen" Hirsch auf, mußte nochmal den Hergang des Erlegens schildern und spielte seine Rolle als glücklicher Schütze höchst überzeugend, während ich mich bemühte, meine Freude zu verbergen. Seine Jäger bestanden darauf, den Hirsch in der Dorfkneipe totzutrinken. Da der Jagdleiter auf einen Wink von mir vorgab, seine Geldbörse nicht bei sich zu haben, erbot ich mich, für ihn „zunächst" die Zeche auszulegen. Natürlich schmeckte mir das Bier an diesem Abend am besten, und ich habe nach dieser Sternstunde als Gastjäger freudig mehrere Runden ausgegeben.

Der Hirsch wog aufgebrochen und ohne Haupt 198 kg. Das Geschoß steckte hochblatt fühlbar unter der Decke der Ausschußseite. Der mir freundlich gesonnene Jagdkamerad spielte dieses Spiel bis zur Trophäenschau des nächsten Jahres konsequent durch; dann durfte ich mir meine kostbare Trophäe abholen. Der Hirsch als solcher, die besonderen Begleitumstände seiner Erlegung und die jagdliche Kameradschaft dieses Mannes, die er mir unter für uns beide schwierigen Umständen erwiesen hatte, haben mir diese Trophäe unter meinen Rothirschen besonders wertvoll gemacht. Und wenn mein Blick bei jagdlichen Erzählungen auf den Eissprossenzehner mit den Krebsscheren fällt, dann schicke ich einen stillen Dank an meinen Gönner, der frei war von jeglichem Jagdneid, und den heute schon lange der grüne Rasen deckt.

Jagd im Zeitgeschehen

Mit der „Durchführungsbestimmung Nr. 8 zum demokratischen Jagdgesetz der DDR" trat in den siebziger Jahren eine wesentliche Stabilisierung in der Organisation des Jagdwesens ein. Die Jagdausübung blieb aber durch die erlassenen Sicherheitsbestimmungen erheblich belastet.

Das hatte eine starke Begrenzung von Freigaben für den Erwerb einer persönlichen Jagdwaffe im Territorium zur Folge. Die offizielle Begründung dafür lautete, daß nur so viele Jagdwaffen in den Gebieten geführt werden sollten, wie zur Erfüllung der Abschußpläne unbedingt notwendig war. Die Zahl der Kugelwaffen in den Jagdgesellschaften hatte sich zwar erhöht, aber die Mehrzahl der Jäger mußte sich immer noch vom Waffenstützpunkt eine Waffe zur Jagd ausleihen, um sie danach höchstens 72 Stunden in ihrem Besitz behalten zu dürfen. Das Mißtrauen der Machthaber in seine Bürger war so groß, daß bei staatspolitischen Ereignissen sowie bei Durchfahrten von Politbüromitgliedern durch das Jagdgebiet oder bei Besuch von Bürgern der Bundesrepublik im Hause eines Jägers die Jagdwaffen abgegeben oder mindestens im Waffenschrank zu verbleiben hatten.

Hinsichtlich der Führung von Jagdwaffen gab es darüber hinaus eine Menge bürokratischer Hemmnisse, die manchem Jäger die Jagd verleideten. Mit Auswirkungen auf das jagdliche Geschehen existierten in der ehemaligen DDR zwei administrative Säulen der Politik und der Verwaltung. Da war zum einen das Politbüro und zum anderen der Ministerrat mit seiner Zuständigkeit für Wirtschaft und mit seinem Ministerium für Landwirtschaft. Teil dieses Ministeriums war die Hauptabteilung Forstwirtschaft mit der obersten Jagdbehörde und mit der ihr angegliederten Inspektion Staatsjagd.

Das Gebiet der DDR war aufgeteilt in 16 Bezirke mit ihrem jeweiligen „Vorsitzenden des Rates des Bezirks" und jeweils einem „Sektretär der Bezirksjagdbehörde". Die Bezirke selbst waren dann noch in Kreise aufgeteilt mit ihrem jeweiligen „Rat des Kreises" und dessen Ratsvorsitzenden. Bis in diese Ebene konnten nur politisch „absolut zuverlässige" Parteigenossen aufsteigen. Ab etwa dem „Sekretär der Kreisjagdbehörde" bis zu den dieser Behörde untergeordneten Jagdgesellschaften und ihren Hegegebieten wurden dagegen mehr die Jäger selbst mit ihrem Jagdverstand, ihrer jagdlichen Gesinnung und vor allem ihrer Vertrauenswürdigkeit im Kreis ihrer Mitjäger richtungsweisend.

Eine für die Masse der Jäger zunehmend unerträgliche Begleiterscheinung im Leben der Jagdgesellschaften war aber der immer stärker ausgebaute Einfluß der SED. So wie die Einheitspartei mit der Zeit immer stärker in alle Lebensbereiche der Bürger eindrang, so war auch das Jagdwesen von der Parteipolitik durchsetzt und vereinnahmt. Wo drei Genossen zusammentrafen, mußte laut Parteistatut eine Parteigruppe gebildet werden, die dann die führende Rolle der Partei durchzusetzen hatte. Es hatte alles auf der Grundlage der Beschlüsse des Politbüros und des Zentralkomitees zu erfolgen. Alles andere bekam allzuleicht einen staatsfeindlichen Anstrich mit den entsprechend unausweichlichen Folgen. Wo kollektive Beschlüsse zu fassen waren, trat immer erst die Parteigruppe zusammen. Unter ihrem Druck fielen dann auch die Beschlüsse parteigerecht aus. Das war auch in den Jagdkollektiven nicht anders. Die „sozialistische Demokratie", von der Staatsführung als die höchste Form der Demokratie bis zum Überdruß propagiert, wurde andererseits auch häufig durch die Partei selbst unterlaufen, um deren unumschränkte Macht zu sichern. Je nach politischer Einstellung des Einzelnen haben unzählige Jäger unter diesen Mißhelligkeiten gelitten, und nicht wenige sind ihr zum Opfer gefallen. Wie die Demokratie unterlaufen wurde, sollte ich selbst einmal ganz konkret erfahren. Ich wurde bei einer Vorstandswahl im Raben Steinfelder Jagdkollektiv zum Leiter gewählt. Das war wohl einigen parteilich mir übergeordneten Personen und Organen nicht recht.

Prompt erschien einige Tage später der in Sicherheitsfragen abgesandte ehemalige Kreisforstmeister Grünes. Er nahm mich beiseite, und erklärte mir unter vier Augen mit gedämpfter Stimme, daß das Jagdwesen nun noch enger an die Partei gebunden werden solle und daß ich doch bitte einsehen möge, daß statt meiner der Parteisekretär der Ingenieurschule für Forstwirtschaft, der Genosse H. Schädlich, als Kollektivleiter fungieren solle.

Obwohl ich demokratisch gewählt worden und auch Mitglied der Partei war, wurde ich für diese Funktion von der Partei kaltgestellt. Solche Machenschaften waren unerträglich und riefen den tiefgreifenden inneren Widerstand der Bürger gegen die Politik der Parteiführung hervor. Als in den siebziger Jahren von der Parteiführung die bis zur Hysterie betriebene Abgrenzungspoltik zur Bundesrepublik proklamiert und durchgesetzt werden sollte, ist der gewählte Vorsitzende unserer über sechzig Jäger zählenden Jagdgesellschaft fristlos von seiner Funktion entbunden, parteilich und dienstlich schwer bestraft und zur Abgabe seiner Jagderlaubnis und seiner persönlichen Jagdwaffe gezwungen worden. Seine „Verfehlung": er hatte seinen aus der Bundesrepublik bei ihm zu Besuch weilenden Vetter als Begleiter mit auf die Jagd genommen. Dabei hatte der Betreffende sogar die Karl-Marx-Hochschule der SED durchlaufen und galt bis dahin als politisch besonders zuverlässig und systemtreu. Ausschließlich aus diesem Grund war ihm von der Partei diese Führungsfunktion anvertraut worden.

Ähnlich war es auch seinem Vorgänger ergangen. Obwohl er sogar Offizier der Staatssicherheit war, wurde er wegen angeblich parteischädigendem Verhaltens von seiner Funktion entbunden. Spitzel hatten ihn angeschwärzt: er habe Kontakte zu Bürgern aus der Bundesrepublik unterhalten und so den übergeordneten Parteiinstanzen den Vorwand für eine häßliche Intrige geliefert. Mit solch hinterlistigen Machenschaften und Einschüchterungen mußte jeder auf seine Art fertig werden. Es fanden immer mehr Gespräche hinter verschlossenen Fenstern und Türen statt. In vielen Situationen wurde das geforderte und überwachte eigene „parteiliche" Verhalten zu einem schwierigen und kräftezehrenden Balanceakt. Die Aufarbeitung der Geschichte der DDR verlangt heute eine bewußt realistische und mit wachem Verstand vorzunehmende Analyse, unter welchen Verhältnissen die DDR-Bürger gelebt und die Jäger gejagt haben. Auch für uns in Mitteldeutschland ist jetzt die Zeit gekommen, vor sich selbst und vor der freiheitlichen Gesellschaft ein klares Bekenntnis zu den humanistischen Moralwerten eines hochentwickelten Kulturvolkes abzugeben.

Trotz der politischen Überschattungen boten sich dem Durchschnittsjäger in den Jagdgesellschaften dennoch oft günstige Möglichkeiten zur Jagdausübung, getragen von einem meistens vorhandenen gemeinnützigen Kollektivgeist von Gleichgesinnten. Die Jagd war billig in der DDR, die Wildbestände befanden sich in den meisten Gebieten über der wirtschaftlich tragbaren Wilddichte, daraus ergaben sich hohe Abschußpläne und für den einzelnen Jäger ein beachtliches Abschußsoll.

In den Jagdgruppen herrschte Ordnung und Disziplin. Das von der Politik beargwöhnte jagdliche Brauchtum wurde dennoch unauffällig und im gegenseitigen Interesse und Einvernehmen unter den Jägern gepflegt. Ständige Weiterbildungen führten zu einem brauchbaren Ausbildungsniveau, das seine Erfolge stets mit Stolz vorzeigen konnte. Die allermeisten Spitzentrophäen der DDR, die in die internationalen Medaillenränge hineingewachsen waren, wurden in den Jagdgesellschaften herangehegt und schließlich auch zur Strecke gebracht. Hier nahm man sich im Unterschied zum Jagdbetrieb in den Staatsjagdgebieten die Zeit für eine gerechte Hege, um starke Trophäenträger in die Altersklasse wachsen zu lassen.

In den Jagdgesellschaften wurde dann auch über die Freigabe dieser Trophäenträger der Spitzenklasse an ein Mitglied der Jagdgesellschaft offen beraten und entschieden. Auf diese Weise konnte auch ein verdienter Jäger, unabhängig von seinem Einkommen oder gesellschaftlichem Stand, zu einer in seinem Leben einmaligen Rekordtrophäe kommen. Außerdem wurde streng auf die Sicherheit im Umgang mit Jagdwaffen geachtet. Die hegegerecht betriebene Jagd war, wie wir heute wissen, insgesamt allzu „hegegerecht" betrieben worden, weil die Wildbestände zu weit angewachsen waren. Die auf nationalen und internationalen Jagdausstellungen demonstrierten Hegeergebnisse waren nur die eine Seite der Medaille. Die Kehr-

seite davon wurde häufig bagatellisiert oder ganz verschwiegen, wenn es um die viel zu hohen Wildschäden ging und die polypenhaft ausufernde Okkupation immer weiterer und größerer Staatsjagdgebiete für einzelne Herren aus der Parteiprominenz.

Ich selbst habe dennoch Jahrzehnte in den Vorständen der Jagdkollektive und Jagdgesellschaften mitgearbeitet und leitete dort die fachliche Weiterbildung unserer Jägerschaft, was ich mit Freude und Engagement für die gute Sache tat. In unserer großen Jagdgesellschaft bot sich darin auch stets ein fruchtbares Arbeitsfeld.

Wenn die Wildgänse zogen

Wer nie auf Gänse jagte, weiß nicht, was ihm an Waidmannsfreuden vorenthalten geblieben ist. Mir war es vergönnt, auf dieses edle Flugwild in verschiedenen Wasserwildrevieren Mecklenburgs jagen zu dürfen. Für manche Jäger, wie auch für mich, ist das Waidwerken auf Gänse die Krone der Niederwildjagd, zugleich aber auch jagdlich und schießtechnisch eine Herausforderung der besonderen Art. Wenn Anfang Oktober die Rufe der nordischen Gänse unsere Blicke zum Himmel lenken, dann schlägt das Herz des Gänsejägers höher. Seine Phantasie entführt ihn augenblicklich in die Romantik des Gänsereviers, das ihm so viele interessante Jagderlebnisse bescherte. Das Waidwerk auf Gänse hat seine besonderen Eigenarten und ist mit keinem anderen vergleichbar. Dabei kommen hier größere Strecken nur selten vor.

Mit der Gänsejagd war ich schon als Schuljunge in Berührung gekommen. Mein Vater wurde wegen seiner Gebrauchshunde öfter zu guten Jagden eingeladen. Eines Tages, es war 1942, rief unser Oberlandforstmeister, A. von Bülow, bei uns an, um mit meinem Vater an den Karpfenteichen der Lewitz auf Gänse zu jagen. Vater erlaubte mir, mitzukommen, weil solche Gelegenheiten selten waren. Als der große Wagen vom Typ „Wanderer" vorfuhr, standen wir mit zwei Hunden und zwei Flinten bereit. Vater erbat meine Teilnahme und begründete die zweite Flinte augenzwinkernd als Reservewaffe. Der große Forstchef lud mich daraufhin freundlich lächelnd ein. Bei den Karpfenteichen in der Lewitz angekommen, folgte eine kurze Lagebesprechung. Während die beiden

Herren weit vorn an einer Pappelreihe ihre Stände bezogen, sollte ich im Hinterland zurückbleiben, durfte aber meine Kal. 20 führen. Mit Einbruch der Dunkelheit kamen die Gänse, um auf den Teichen einzufallen. Sie strichen hoch und von allen Seiten an. Vorn knallte es wiederholt, ich konnte aber nicht einsehen, was sich da tat. Plötzlich strich mich eine Kette von sechs Gänsen ziemlich tief von der Seite an, ich schoß eine Gans, vergaß aber in meiner Aufregung und Freude den zweiten Schuß, was später von Vater mit Kopfschütteln kommentiert wurde. Die Gans fiel mausetot in den Modder des abgelassenen Karpfenteichs, so daß nur noch die Ruder herausragten. Der alte Pudelpointer, der bei mir geblieben war, hatte große Mühe, dorthin zu gelangen und noch mehr Mühe, die Gans herauszuziehen. Ein junger Hund hätte diese Arbeit sicher verweigert. Ich hielt meine erste Gans in der Hand. Meine Passion für die Gänsejagd war damit entfacht, um mich nie mehr zu verlassen, wenn der „schrille Schrei" am Himmel ertönte. Die beiden Herrenjäger waren leer ausgegangen, weil die Gänse wieder einmal zu hoch gekommen waren. Ich überreichte dem Oberlandforstmeister meine Gans, die er zunächst etwas verschämt ausschlug, um sie schließlich doch anzunehmen.

Es muß wenig später gewesen sein, als mich mein Vater ins Grambower Moor mitnahm, wo er bei den großen Torfstichen auf Gänse eingeladen war. Unser Marsch führte auf morastigen, wenig ausgetretenen Pfaden durch dichte Schilfgürtel. Wir wateten zwischen tiefen Torflöchern durch bis hin zu einem aus Knüppeln gebundenen Floß und bezogen hier mit zwei Hunden unseren provisorischen Stand. Er war vom Rohr eingeschlossen und gab nur den Blick nach oben frei. Dann setzte im letzten Dämmerlicht ein mächtiger Gänsezug ein. Wie schwere

Wellen rauschte es, auffällig tief und Zug um Zug, über uns hinweg. Die über die Kiefernbestände flach streichenden Gänse glichen großen in Kette schwebenden Drachen. Ich erlebte meinen Vater wieder einmal in seiner Höchstform, er schoß mit seiner 16-er Doppelflinte sechs Doubletten hintereinander. Selbst beschoß ich zwar auch jede Kette, traf aber keine Gans. Ich wußte auch nicht, wo ich hinhalten sollte, mir ging das alles zu schnell. Die Hunde brachten dann alle Gänse unter schwierigsten Wasserverhälnissen. Als elf Gänse zur Strecke waren, mußten wir noch bis in die Dunkelheit warten, bis der alte Pudelpointer auch die zwölfte geflügelte Gans brachte, die ihm immer wieder weggetaucht war. Die Hunde hatten in diesem Moorwasser, wo sie weder richtig schwimmen noch waten konnten, Schwerstarbeit geleistet. Das war echte Gebrauchshundarbeit unter Aufbietung der letzten körperlichen Kraft!

An die brillanten Schießleistungen meines ständig in Übung stehenden Vaters mußte ich mich später oft erinnern, wenn mich ein starker Strich herausforderte, ich aber nur mäßig Strecke machte. Es ergaben sich später noch oft gute Gelegenheiten, an verschiedenen Mecklenburgischen Binnenseen auf Gänse zu jagen, und stets genoß ich ihren einzigartigen Reiz.

An unseren kleineren Seen konnten wir die Gänse bejagen, weil die breiten Verlandungszonen und Schilfgürtel den Gänsen zur Übernachtung gut Gelegenheit boten. Die langen Uferzonen waren mit Weiden und Holundergebüsch wie auch mit Kopfweiden bestanden, so daß auch die Jäger ausreichend Deckung fanden. Der Zugang zum See führte meistens über Viehkoppeln, auf denen bis in den Dezember hinein noch das Vieh stand. Auf diesen

Seen fielen von Oktober bis Dezember zu Tausenden die überwinternden Saat- und Bläßgänse ein. Abends strichen sie in der Regel zu hoch an, aber morgens, wenn sie sich auf dem Wasser aufnahmen, überflogen sie die Uferzone mit lautem Geschrei und manchmal auch in Schrotschußhöhe, dann kamen Sekunden der jagdlichen Bewährung. Ein besonderes Merkmal des Gänsestrichs war die Pünktlichkeit der Gänse im ersten Morgengrauen. Dazu kam, daß der Zug der sich aufnehmenden Gänse immer durch ihre lauten Rufe begleitet war. So verrieten sie sich und alarmierten den Jäger.

Eine gewisse Unsicherheit lag immer in der Bestimmung der Strichrichtung, die in der langen Uferzone öfter wechselte. Der Stand war möglichst so zu wählen, daß man überflogen wurde; dann war auch die geringste Schußentfernung gegeben. Stand man nicht gut in Deckung, drehten die Gänse im letzten Augenblick ab und kamen dann zu weit. Trotzdem mußte man auf genügendes Sichtfeld achten, sonst wurde man von den sehr schnell anstreichenden Gänsen überrascht und wurde nicht fertig. Außerdem mußte man aufpassen, wo die Gänse nach dem Schuß hinfielen, denn noch lebende liefen gleich in Richtung auf das offene Wasser. Geflügelte Gänse, die ins Wasser fielen, tauchten sofort weg und verlangten deshalb den schnellen Fangschuß. Sie waren sonst auch vom Hund nicht mehr zu haben.

Den morgendlichen Zug erwarteten wir mit Spannung und Ungeduld. Jeder Gänsemorgen brachte neue Erlebnisse, Überraschungen aber auch Enttäuschungen. Unser Aufbruch erfolgte noch in dunkler Nacht, eine Stunde vor dem Strich. Die Zeit für ein Frühstück und für die Anfahrt hatte man genau zu kalkulieren, denn die Gänse waren stets sehr pünktlich im ersten Dämmerlicht. Schon wenn wir aus dem Auto stiegen, hörten wir sie auf dem See schnattern, rauschen und flügelschlagen. Ihr Rufen wurde immer aufgeregter und lauter, je heller es wurde. Auf dem Gang über die Viehkoppeln bestimmten wir nach den Rufen die Ausflugrichtung zu den Äsungsplätzen, an denen unsere Stände zu beziehen waren. Schließlich galt es, gut Deckung zu nehmen, die Flinte zu laden und sich mit Blick in den Morgenhimmel zu konzentrieren. Teilweise strichen die Gänse stumm an, dann waren sie plötzlich über uns. Das Aufnehmen der starken Flüge war dagegen deutlich brausend zu vernehmen und versetzte uns in höchste Spannung und Konzentration. Dieses Brausen erreichte mitunter eine Geräuschstärke von schweren Panzermotoren oder startenden Flugzeugen. Die ersten noch in der Dämmerung streichenden „Aufklärer" beschossen wir nicht, denn sie verrieten die Flugrichtung der nachfolgenden Ketten. Trotz starken Beschusses behielten die Schwärme ihre Flugrichtung meist konsequent bei. Die Ketten kamen tief gestaffelt hintereinander, so daß manchmal der ganze Himmel schwarz war.

Unsere Erfolge waren entscheidend abhängig von der Flughöhe der Gänse. Meistens strichen sie zu hoch. Nur bis 40 m Höhe fällt die Gans sicher, darüber hinaus wird sie oft nur krank geschossen. Anstreichende Gänse täuschen immer wieder in ihrer Geschwindigkeit und Höhe. Die großen Vögel haben einen relativ langsamen Flügelschlag, der eine geringere Fluggeschwindigkeit vortäuscht. Eine alte Regel des Gänsejägers besagt, daß die Gänse dann tief genug zum Beschuß sind, wenn man ihre Ruder erkennt. Aber wer bringt es schon fertig, sich daran konsequent zu halten, und wer kann schon so genau die Höhe bei der ständig wechselnden Geschwindigkeit abschätzen? Der allgemein übliche Patronenverbrauch mit 1 : 5 oder gar 1 : 10 beweist das.

Die Frage nach dem richtigen Vorhaltemaß ist wohl für alle Jäger ein immer wieder aktuelles Thema. Es liegt in der Tücke des Objektes, daß es hierauf keine allgemeine Regel gibt, denn Entfernung, Höhe, Anflugwinkel, Geschwindigkeit und Art des Mitschwingens sind immer wieder anders. In jedem Falle macht es dem Anfänger Schwierigkeiten, weit vor die Gans in die blaue Luft zu schießen, wo gar kein Ziel ist, also richtig vorzuhalten. Man ist allzusehr verleitet, aufs Ziel zu halten, tut man das aber, geht der Schuß weit hinten weg.

Die Gänse streichen morgens meistens mit Geschwindigkeiten zwischen 60 bis 80 km/h, und mit Windweg können sie noch viel schneller kommen. Sogar so schnell, daß man mit der Drehung in den Hüften nicht mehr mitkommt. Wer sich Zeit nehmen will zum richtigen Zielen, kann nicht fertig werden, denn es sind nur sehr wenige Sekunden, in der die Zielposition optimal ist. Der Schuß muß schon aus der Bewegung heraus und mit gutem Anschlag hingeworfen werden. Entweder man kanns oder man kanns nicht! Beschossene Gänse muß man im Auge behalten, weil sie mitunter erst später fallen. Nachsuchen sind manchmal sofort erforderlich, noch während schon wieder neue Ketten anstreichen.

Der jagdliche Reiz liegt im einzigartigen Schauspiel des faszinierenden Gänsezugs. Beide Augen müssen im Schuß geöffnet sein, weil man nur so getroffene Gänse erkennen kann. Das geübte Auge erkennt die geflügelte Gans auch an der Art, wie sie abstürzt, wenn sie mit gestrecktem Hals gradlinig im Winkel abkippt, während die im Flug verendete im Bogen als toter Körper fällt. Und das alles im Dämmerlicht des Morgengrauens!

Die zu wählende Schrotstärke war unter uns Gänsejägern ein beliebtes und nie endenwollendes Diskussionsthema. Jeder schwor da auf seine Theorie, für die er immer überzeugende Beispiele zur Hand hatte. Letztendlich blieb es aber bei der uns von den Waffentechnikern gelehrten Erfahrung, daß Deckung vor Durchschlagskraft geht. 3,5 mm Schrotstärke erwies sich als die günstigste. Die allerorts vertretene Auffassung, daß man mit gröberem Schrot viel weiter schießen kann, ist eine Täuschung, wenn man einbezieht, daß ungleich mehr Wild krank geschossen wird. Manchmal mangelt es an der waidmännischen Einstellung, wovon sich niemand freisprechen sollte. Wer immer nur große Strecken machen will, wird von der Gänsejagd bald enttäuscht sein. Auch eine einzige zur Strecke gebrachte Gans sollte einem eine kostbare Trophäe sein, bei der man Waidmannsfreude empfindet.

Der Gänsestrich war keineswegs immer gleich. Es gab gute Gänsejahre, in denen die Gänse zu Abertausenden einfielen und andere, in denen so wenig Gänse zogen, daß man nicht erst auszurücken brauchte. Auch innerhalb des Herbstzuges war das Vorkommen periodisch wetterabhängig und von unterschiedlicher Vitalität. Als optimales Jagdwetter auf Gänse gelten Sturm, Schnee und Nebellagen, weil die Gänse dann, besonders wenn sie gegen den Wind streichen müssen, wesentlich tiefer fliegen. Aber das trifft auch nicht immer zu. Mitunter schossen wir unsere höchsten Strecken sogar bei klarem blauen Himmel. Sehr oft gingen wir auch ohne Beute nach Hause – aber trotzdem war der Gänsemorgen immer spannend und interessant. Hatten wir unsere Stände zufällig richtig gewählt, so daß der Hauptflug uns überkopf kam, konnte man mehrere Male, sehr schnell hintereinander zu Schuß kommen. Dann mußten die Patronen bereitliegen, denn die Ketten folgten gestaffelt in rascher Folge. Dann war keine Zeit zum langen Suchen. Mit meiner Ejektorflinte schaffte ich es, daß ich bei bereitgelegten Patronen zum Nachladen nur zwei bis drei Sekunden brauchte. Länger durfte dann das Anvisieren einer neuen Kette auch nicht dauern. Wer nicht die einzelne Gans anvisierte, sondern die ganze Kette, in der Absicht, mehrere Gänse gleichzeitig im unwaidmännischen Paketschuß fallen zu sehen, bekam gar keine, denn der Abstand von Gans zu Gans betrug meistens zwei bis vier Meter. Für die Schrotgarbe war also viel Platz. Fiel auf den Schuß nicht die erste Gans in der Kette, auf die man gezielt hatte, sondern die dritte in der schrägen Reihe, dann war das der Beweis, daß man nicht weit genug vorgehalten hatte.

In jedem einzelnen Falle lag das Problem darin, die maximale Schußentfernung von 40 m richtig einzuschätzen und nicht weiter zu schießen; eine Regel, gegen die wohl allzuoft verstoßen wird. So wurde festgestellt, daß etwa jede vierte bis fünfte Gans schon einmal krank geschossen worden ist und Schrot im Körper hat. Unverzichtbar, wie auch im Gesetz gefordert, ist der Einsatz sicher apportierender Hunde, die auch im Schwerapportieren durchgearbeitet sind. Unsere stärksten erbeuteten Gänse wogen immerhin bis zu zehn Pfund. Nasengebrauch, Passion, Durchhaltewillen, Finderwille und Härte sind für den Gebrauchshund Bedingung. Zunehmender Jagdverstand bildete sich bei den Hunden mit der Übung heraus. Mit der Zeit arbeiteten sie ganz automatisch. Kommandos waren kaum mehr erforderlich. Bei Nachsuchen galt die Regel, daß der Hund immer recht hat. Ein schwerer Führungsfehler bestand meist darin, den Hund nicht gegen den Wind anzusetzen und ihm bei der Nachsuche, die in schwerem Schilfdickicht bis zu einer Stunde dauern konnte, nicht genügend Zeit zu lassen, das Wild zu finden. Manchmal brachten unsere Hunde mehr Gänse, als wir in der morgentlichen Dämmerung fallen gesehen hatten. Eine von mir einmal aus großer Höhe heruntergeschossene Gans fiel zufällig direkt auf einen Koppelpfahl, von wo ich sie mir dann in zwei Hälften aufnehmen konnte. Eine andere rauschte, schon in der Luft tödlich getroffen aus vierzig Metern Höhe so steil von vorn auf mich zu, daß sie mir mit ihren sieben Pfund direkt auf den Kopf gefallen wäre, wenn ich mich nicht mit einem Sprung zur Seite gerettet hätte. Natürlich würzen solche und ähnliche Begebenheiten die Jagd immer wieder.

Am Seeufer ergab sich bei Erwachen des Tages noch manch andere interessante Beobachtung. Es zogen Enten über uns hinweg, Fischreiher strichen laut krächzend am Ufer entlang, Bläßhühner gründelten auf den Blänken, Rehe sprangen ab, der Fuchs schnürte über die Koppel, mitunter brachen auch die Sauen im Schilf vor uns weg. Das Eintreten des Büchsenlichtes, die Wetterentwicklung, das Spiel der Wolken, die ziehenden Nebelschwaden und die aus der Dunkelheit sich entwickelnden Konturen waren neben der Spannung, wie die Gänse kommen würden, Motivation genug, das warme Bett frühzeitig zu verlassen und das Naturgeschehen zu genießen. In einem Gänseherbst erbeutete ich einmal 48 Gänse, was für einen Einzeljäger eine selten gute Strecke war. Bei einer Jagd brachte ich es auf neun Gänse, als die Ketten wegen eines scharfen Ostwinds nahe am Ufer in den Schilfbuchten der Warnowmündung vor mir lagen und flach in zehn bis zwanzig Metern Höhe über mich hinwegstrichen.

Diesmal kamen sie sogar zu nah, ich wurde nervös, schoß übereilt und fehlte die ersten drei Gänse. Dann konzentrierte ich mich und schoß aus den nächsten drei Ketten je eine Doublette und aus den nächsten weitstreichenden Schoofs nochmal drei einzelne Gänse. Ein andermal lud mich ein Freund ein, der unter anderem auch ein gutes Gänserevier übernommen hatte. Die Gänse waren lange nicht beschossen und strichen entsprechend tief. Wir wurden wohl zehnmal direkt überflogen und schossen, so schnell wir nachladen konnten. Der ununterbrochene Strich wurde zur Nervenprobe. Ich schoß in zwei Tagen 22 Gänse, wovon meine Hunde vier erst am nächsten Morgen auf der Nachsuche fanden. Sie hatten sich krank in die Gräben und Knicks gedrückt. Es zeigte sich immer wieder, wie wichtig Nachsuchen nach der Jagd sind – zumal dann, wenn die Sicht- und Deckungsverhältnisse schwierig sind.

Zuweilen kam es zu außergewöhnlichen Ereignissen. So standen wir Jäger eines Morgens nach mäßigem Strich noch eine Weile in der Uferzone zusammen und tauschten unsere Erfahrungen aus. Wir sahen etwa 500 m entfernt noch drei Gänse vom See her sehr hoch herausstreichen. Als mein Freund bemerkte: „Seht mal, da kommen immer noch welche", sahen wir plötzlich eine der drei Gänse tot aus der Kette fallen. Wir trauten unseren Augen nicht. So kam mein Freund, der an diesem Morgen keine Gans geschossen hatte, nur durch genaues Beobachten doch noch zu einem Gänsebraten. Die Gans hatte sicherlich durch unseren vorhergegangenen Beschuß ein Lungenkorn erhalten, war krank zum See zurück gestrichen und hatte sich später mit zwei anderen Gänsen wieder aufgenommen. In der Luft muß sie dann kollabiert sein, und wir hatten das Glück, zufällig dort hinzuschauen, wo sie hinfiel.

Lebenshirsch

Von einem Rothirsch geht eine besondere Faszination aus, nicht zu unrecht trägt er deshalb den Beinamen „Edelhirsch". Er liefert die begehrteste aller Trophäen, trägt den Stempel des Erlesenen und ist der Wunsch kühner Jägerträume und für manchen die Erfüllung seines Jägerlebens.

Welcher Jäger möchte in seinem Jägerleben nicht einmal seinen starken Lebenshirsch schießen? Als Lohn für eine lebenslange aufopfernde Arbeit in der Natur hat der Heger ihn auch verdient. Den meisten Jägern ist das aber nicht beschieden, denn Rotwild kommt nicht in allen Revieren vor. Gute Rotwildeinstandsgebiete sind selten, die Anzahl der Hirsche ist begrenzt, starke Erntehirsche bleiben kostbare Seltenheiten. Der Abschuß wird oft sogar als Anerkennungsprämie für persönliche Verdienste vergeben.

Um eine starke Trophäe ausbilden zu können, müssen Hirsche mindestens zehn Jahre alt werden. Dicke Hirsche wachsen deshalb langsam. Die meisten Hirsche erreichen nicht ihr Zielalter, weil sie wegen ungenügender Geweihentwicklung schon in den jüngeren Altersklassen geschossen werden. Jeder Hirsch geht im Laufe seines Lebens durch eine ebenso lange Auslese, und wenn er dabei auch noch alt geworden ist, muß er schon besonders gut sein. Gleich welche Staatsform herrscht und welche Jagdgesetze auch immer gelten – für den Durchschnittsjäger bleibt der jagdbare Hirsch meist ein unerfüllter Lebenstraum. Bewerber gibt es genug, Freigaben, ob verdienter- oder unverdientermaßen, gibt es nur wenige. Nach dem Bundesjagdgesetz kann man im In- und Ausland Hirschabschüsse kaufen. Das trifft aber nur für die begüterten Jäger zu, was sicherlich auch nicht die beste Regelung ist.

In der früheren DDR wurden jagdbare Hirsche meistens an sogenannte „verdiente Persönlichkeiten" vergeben, das waren vor allem dem System besonders nahestehende Funktionäre, denen der sozialistische Staat seine Machterhaltung mit zu verdanken glaubte. Für diese Kategorie von Jägern begann das Waidwerk beim Hirsch und endete auch bei ihm. Nun, die Jagdgeschichte lehrt, daß Hirsche und besonders starke jagdbare Hirsche immer ein besonderes Statussymbol waren und vielleicht auch bleiben.

Hirschtrophäen haftet deshalb auch ein bestimmter schaler Beigeschmack an, den zu genießen mancher von vornherein verzichtet, um nicht ins Gerede zu kommen. Was ich auf diesem Gebiet alles erlebt habe, möchte ich den „Streit der Hirschkönige" nennen, der mein tief empfundenes Mißfallen hervorrief. Zuweilen war ich froh, nicht zu denen zu gehören, die um solche Trophäen pokerten, um nicht noch zwischen machtpolitische Mühlsteine zu geraten. Im Zusammenhang mit einem Hirschabschuß war das allzu leicht möglich.

Ich selbst hatte immer das Pech, in Revieren zu jagen, in denen kein Rotwild stand. Ich habe als Gast und meist auch ganz zufällig – mit Ausnahme von einem stärkeren Abschußhirsch – einige geringe Hirsche geschossen, die zu gering waren, als daß „große" Jäger auf sie angelegt hätten. Starke Hirsche waren für mich tabu. Auch meine Gönner konnten mir keinen jagdbaren Hirsch freigeben, denn der unterlag schon einer politischen Vorherbestimmung von ganz oben. Von den Mächtigen im „Arbeiter- und Bauernstaat" wurde mir nie ein Erntehirsch zugesprochen. Trotz mehrfach dokumentierter Meriten, die man sich im Laufe eines langen Berufslebens erworben hat, trotz bündelweiser Urkunden, Medaillen, Anerkennungs- und Dankesbezeugungen. Auch das ließ mich den Stellenwert dicker Hirsche begreifen. So rankt sich um den edlen Recken unverdientermaßen ein Übermaß an Jagdneid, Mißgunst, Prestigesucht, Angebertum und Arroganz. Das ist die Kehrseite und meist auch der Grund dafür, warum der wahre Heger und der kleine Mann meist leer ausgeht. Um so erfreulicher ist es, wenn man es dann doch anders erlebt.

Ein guter Freund und Kollege, Leiter eines Rotwildreviers, bot mir in alter Bekanntschaft und gegenseitiger Wertschätzung seinen ihm freigegebenen jagdbaren Hirsch an. Er wußte, daß er mir damit eine sehr große Freude bereiten würde. Er selbst hatte schon Gelegenheit gehabt, einige gute Hirsche zu schießen. Ich war über ein so großzügiges Angebot natürlich sehr beglückt und entschlossen, es wahrzunehmen, zumal ich den Hirsch auch unter seiner Führung erlegen sollte. Ich kannte das Revier von früheren Dienstreisen her. Es waren bestechend gute Rotwildbiotope mit einem überaus guten Vorkommen eines genetisch fundierten Rotwildbestandes. Die Standorte waren vielfältig, teils Moränen, teils Sander, aber auch Talsande.

Das sind Formationen aus der Dynamik der Quartärgeologie. Dort, wo in der Eiszeit bei den Eisvorstößen riesige Endmoränenwälle entstanden, bildete sich aus dem Endmoränenschutt die typische kuppige Endmoränenlandschaft mit ihrem hohen Block- und Steingehalt und ihren nährstoffreichen, lehmhaltigen und silikatreichen Sanden. Südlich der Endmoränen entstanden durch Abfluß der tauenden Gletscher die Sandergebiete mit ihren grobkörnigen und nicht mehr ganz so nährstoffreichen Sandböden. Weiter südlich der Sander wurde durch Wassertransport feineres Material zu Talsanden abgelagert. Die meist nährstoffarmen quarzreichen Talsande werden aber durch hochanstehendes Grundwasser im Nährstoffgehalt wesentlich aufgebessert und tragen wegen des Wasserüberschusses eine reiche Bodenvegetation. Das bedeutet reichlich Deckung und Äsung für das Wild. Es finden sich naturgemäß hier hohe Wildbestände. Die Haupteinstände des Rotwildes lagen in meinem Gastrevier in den Brüchen und in den Schilfpartien verlandeter Seen. Dichte Strauchflora in den Randterrassen bildeten den Übergang zu den fruchtbaren Feldern mit reichhaltigem Äsungsangebot. Bei früheren Waldbegängen hatte ich hier schon wiederholt gute Anblicke gehabt, und wer etwas vom Fährtenlesen verstand, brauchte über das örtliche Wildvorkommen keine weiteren Informationen einholen. Es herrschte ziemliche Ruhe in diesem Revier, das Wild war vertraut und zeigte sich oft schon am Tage. Wo gab es das sonst noch?

Meine Einladung kam zur Hochbrunft. Das Wild war rege, und die Hirsche schrien mitunter auch tagsüber. Nach gastfreundlicher Aufnahme im Hause meines Freundes pürschten wir nach einem strahlenden Altweibersommertag spät nachmittags auf einem Knüppeldamm durch ein Moor. Am Rande eines Bruches und einer kleinen Wiese bestiegen wir eine stabile Kanzel, die bestens getarnt war. Die Sonne stand noch hoch am Himmel, erwärmte die Luft und hob das Farbenspiel in der Natur prächtig heraus. Bald meldeten aus der Deckung heraus mehrere geringe Hirsche. Wir genossen das uns umgebende Panorama. Die Stimmung des scheidenden Sommers lag über dem Land, die letzten Mückenschwärme tanzten in der bodennahen Luftschicht und ein sanfter Abendwind wirkte erfrischend. Graureiher zogen ihre Bahn zum nächsten Waldsee, und zwei Fischadler zogen Kreise in größerer Höhe der noch ausreichenden Thermik. Lautlos war ein mittelalter Zwölfer aus dem Bruch ausgetreten, verhoffte kurz auf der Wiese vor uns, zog dann bedächtig in den nächsten Erlenkussel und stieß dort einmal kurz an. In der Rohrplage rechts von uns schrie unentwegt der meinem Freund bekannte 16-Ender, ein Zukunftshirsch vom 6. bis 7. Kopf. Wir lauschten dem Orgelkonzert und leuchteten mit unseren Gläsern die Umgebung ab. Die Luft war erfüllt vom Duft saftiger Wiesen, tätigen Bodens und reifer Früchte.

Die Sonne stand inzwischen tief, die Zeit lief langsam der Nacht entgegen. Uns gegenüber, auf reichlich 300 Metern Entfernung trat Rotwild auf der Wiese aus. Zuerst erschienen die Kälber, dann die Tiere und zuletzt der Hirsch. Der Hirsch trieb aufgeregt sein starkes Rudel zusammen, und schrie wiederholt mit dunkler Stimme. Über seiner schweren Brunftmähne ragte sein endenreiches Geweih mit langen, in mächtiger Auslage prangenden Stangen. Mit dröhnendem Brunftschrei zeigte er sich als Platzhirsch dieses Forstortes. Schließlich übernahm das Leittier wieder die Führung, änderte seine Richtung und zog das Rudel über die Wiese in Richtung eines großen Maisschlages, in dem es bald verschwand. Es war zu weit, um den Hirsch genauer anzusprechen. Er schien das Erntealter erreicht zu haben, die Trophäe war zweifellos hochjagdbar, und unser Blick verfing sich selbst auf dieser Entfernung im Endenmeer der ausladenden Stangen. Wir tauschten im Flüsterton unsere Eindrücke aus. Mein Freund meinte, den Hirsch müßten wir uns am nächsten Abend näher ansehen. Das könnte ein Hirsch für mich sein! Das Büchsenlicht schwand. Bodennebel kam auf und verschluckte immer schneller Wiese und Bruch, nahm immer mehr Land in Besitz und vermischte die Grenze zwischen Boden- und Luftraum, sog die Pracht des schönen Herbsttages ganz in sich auf und schloß schließlich die Bühne des Brunftplatzes. Auf unserem Heimweg begleitete uns noch das Orgeln der Hirsche, die trotz dunkler Nacht ihre Ansprüche anmeldeten. Wir schmiedeten schon den Plan für den nächsten Abendansitz. Wir wollten an anderer Stelle sitzen, die uns unter das Rotwild bringen sollte.

Ein erster, erlebnisreicher Tag mit einem bezaubernden Abendansitz inmitten eines paradiesischen Rotwildreviers ging zu Ende. Im trauten Familienkreis meiner Gastgeber rannen die Stunden dahin, gewürzt mit Jagdgeschichten aller Art. Wir ließen die Waidmannslust hochleben und sanken schließlich müde ins Bett.

Am nächsten Abend steuerten wir, wie geplant, den großen Maisschlag an, in den das Rotwild am Vorabend gezogen war – in der stillen Hoffnung, daß es wieder den gleichen Wechsel nehmen würde. Wir bestiegen eine Kanzel in einer kleinen Baumgruppe am Rande des Maisschlages, der schon flächig durch das Wild stark geschädigt war. Rechts vor uns hatten wir jetzt das große Erlenbruch, den Einstand des Hauptrudels. Allerhand Vogelstimmen sangen den Abend ein, Bussarde strichen zum Schlafplatz, der Seeadler strebte mit schweren Flügelschlägen dem fernen Kiefernwald zu, und Rehwild sprang irgendwo schreckend ab. Links hinten im Moor schrie der junge 16-Ender. Ganz entfernt am jenseitigen Hang zur Grenze des Nachbarreviers zog ein im Wildbret sehr starker suchender Hirsch noch bei gutem Licht frei über das Feld den Brüchen entgegen.

Nicht anzusprechen, aber mit Sicherheit hoch jagdbar mit massigem Geweih, bereit, sich seinen Rivalen zum Kampf zu stellen. Wo mochte er sein Rudel gegen einen noch stärkeren verloren haben?

Plötzlich schrie auch vor uns ein Hirsch mit kräftiger Stimme in den Erlen. Das mußte er sein, der uns gestern noch zu weit kam und dem heute unser spezieller Ansitz galt. Der Hirsch schrie mit kurzen Unterbrechungen, er schien seinen Wechsel zu halten. Und da erschien auch wieder sein Kahlwild auf dem schmalen Wiesenstreifen. Einige Kälber trollten schon in Richtung Mais und damit auf uns zu, und dann folgten die Tiere, 15 Stücke Rotwild. Und nun drängte auch der Hirsch flüchtig nach und jagte das Rudel vorn in den Maisschlag. Unsere Gläser flogen an den Kopf und es erfolgte eine kurze, flüsternde Absprache, „Alt genug, doppelseitiger, mehrendiger Kronenhirsch, ein Erntehirsch der Klasse 1a". Mein Jagdführer zeigte mir entschlossen an, daß ich schießen solle. Einen so starken Hirsch hatte ich in meinem Leben noch nicht vorgehabt.

Im niedergewalzten Maisschlag zog das Rudel hastig auf uns zu. Während Kälber und Tiere zu äsen begannen, brachte der Platzhirsch einen Spießer auf den Schwung und jagte ihn bis tief in das Bruch. Aber schon war er wieder da und preschte zum Rudel zurück. Jetzt kam er bis auf 80 m breit, schlug mehrere Male in den Mais, daß die Stengel hoch aufstoben, dann dröhnender Kampfruf in der Position des Herrschers. Ich stach ein, setzte ihm den Zielstachel hinter das Blatt und schoß. Der Hirsch zeichnete klassisch mit Kammerschuß, steilte auf und flüchtete schwerfällig zurück Richtung Einstand. Nach 50 m brach er in der letzten Todesvolte noch sichtbar im Maisschlag zusammen. Mein Herz klopfte bis zum Hals. Nur langsam wich die Anspannung. Das Rudel war auseinandergesto-

ben und ins benachbarte Bruch geflüchtet. Wir traten jetzt an den majestätischen Recken heran und waren gebannt von seinem Anblick. Die Kugel des 7 x 65 R Geschosses hatte den Wildkörper hinter dem Blatt durchwirkt. Wir hielten stille Andacht und genossen den einmaligen Anblick dieses urwüchsigen Königs der Wälder. Unsere Hände tasteten immer wieder über die Stangen und Enden dieser gewaltigen Trophäe und kamen dann zu einer nüchternen Bestandsaufnahme.

Es war ein gerader 18-Ender, etwa acht kg Geweihgewicht, doppelseitige mehrendige Handkronen, weite Auslage, lange starke Stangen, beiderseits dreiendige Wolfssprosse, eine kurze deformierte Augsprosse, gute Perlung, starke Rosen, sowie starkes Unter- und Obergeweih. Alter etwa zehn Jahre und damit ein Erntehirsch der Klasse 1a. Das war ein Lebenshirsch, wie man ihn nur einmal schießt, Höhepunkt und Krönung eines Jägerlebens! Noch einmal galt mein Blick dem gestreckten Recken und mir fiel Goethes Faust-Wort ein: „Werd' ich zum Augenblicke sagen: Verweile doch, Du bist so schön". Es wurde nun rasch dunkel, und wir mußten aufbrechen. Der Hirsch mußte noch heimgeholt werden. Es fiel mir schwer, diesen weihevollen Ort so plötzlich zu verlassen, und damit diesen Anblick zu verlieren. So hart kann die Wirklichkeit sein. Aber der Puls des Lebens drängt in ewiger Eile über alles Schöne viel zu schnell hinweg.

Am nächsten Morgen verließ ich die Heimstatt starker Hirsche und die gastfreundliche Familie meines lieben Freundes. Der Abschied entriß mich dem Zauber eines großen Erlebnisses. Ich hatte an den kostbarsten Pfründen deutschen Waidwerks teilnehmen dürfen. Meinem geschätzten Freund galt ein besonders tief empfundenes Waidmannsdank und meine Glückwünsche für ihn in aller Zukunft.

Wilddichte, Wildschäden und Waldbau

Seit dem Bestehen der deutschen Forstwirtschaft und besonders im letzten halben Jahrhundert wurde kaum ein Thema lebhafter diskutiert als das der Schäden am Wald durch das Wild. Trotz eines fast undurchdringlichen literarischen Blätterwaldes wurden keine idealen Lösungen für dieses Problem gefunden. Es drängt mich deshalb, in Aufarbeitung der forstlichen und jagdlichen Vergangenheit aus den letzten 50 Jahren meine persönlichen waldbaulichen und jagdlichen Erfahrungen aus den heimischen Jagdgebieten als Forstmann und Jäger mitzuteilen.

Während meiner Promotion am Waldbauinstitut in Eberswalde hatte ich schon in den sechziger Jahren Gelegenheit, mich mit diesem Thema eingehend auseinanderzusetzen. Ich hatte damals die Aufgabe, den Nutzen und Schaden von Schalenwildbeständen in einer Beispielsoberförsterei mit 10 000 ha Holzbodenfläche zu bilanzieren und daraus Maßnahmen zur Wildstandsbewirtschaftung abzuleiten.

Seit Gründung der „Staatlichen Forstwirtschaftsbetriebe" in der DDR im Jahre 1952 bis zur politischen Wende wurde durchgehend in den meisten Revieren über die zu hohen Wildschäden geklagt. Die damalige Hauptabteilung Forstwirtschaft bezeichnete wiederholt die Wildschäden als den größten Schadfaktor am Walde. Das war aber nicht ganz korrekt beurteilt, weil die Immissionsschäden an den Wäldern unvergleichlich größer sind und sogar auf eine absolute Waldvernichtung hinsteuern. Es wurden in logischer Konsequenz immer wieder Reduktionsabschüsse der weit überhöhten Wilddichten gefordert, aber in der Zusammenarbeit zwischen Jagd- und Forstwirtschaft in den meisten Revieren nicht in die Tat umgesetzt. Es herrschte zwischen der Obersten Jagdbehörde mit der ihr angegliederten „Inspektion Staatsjagd" als Verwaltungsbehörde der Politprominenz und der „Staatlichen Forstwirtschaft" mit ihrer zentralen waldbaulichen Aufgabe ein für alle sichtbarer, aber nie ausgesprochener Machtkampf, wobei der Waldbau gegenüber der Jagdpolitik der Politprominenz deutlich unterlag. Der Drang zur uferlos betriebenen Jagd – insbesondere in den Staatsjagdgebieten – schien größer zu sein als die Liebe zum ordentlichen Waldbau. In dieser Hinsicht unterlief der Gesetzgeber selbst in vielfältiger Hinsicht seine eigenen Gesetze. In den Staatsjagdgebieten spielte für die Wildhege und für die Gatterung der Kulturen Geld überhaupt keine Rolle. Trotzdem traten dort die größten Wildschäden auf, die aber geflissentlich totgeschwiegen wurden. Auf diesem Gebiet war keinerlei Kritik zulässig, obwohl die Parteiführung immer wieder in ihren Verlautbarungen öffentlich zur Kritik aufforderte. Es ging im Volke der schöne Vergleich um, daß es zwar leicht ist, jemandem von oben Wasser auf den Kopf zu schütten, daß es aber unmöglich ist, Wasser von unten nach oben zu gießen.

Staatsjagdgebiete waren gegenüber der Öffentlichkeit weitgehend abgeschottet. Hier wollten die Funktionäre unter sich sein. Die von der Forstwirtschaft laufend geforderte Reduktion der Schalenwildbestände wurde durch die Jagdpolitik, insbesondere der Inspektion Staatsjagd, regelmäßig unterlaufen. Die Jagdwissenschaft hatte mit der Bestimmung der wirtschaftlich tragbaren Wilddichte und der daraus abzuleitenden Abschußplanung die theoretische Grundlage für die Jagdpraxis erarbeitet. Nicht wenige forstliche Weiterbildungsveranstaltungen im Rahmen der „Agrarwissenschaftlichen Gesellschaft" in der DDR widmeten sich in Theorie und Praxis diesem Thema. Gute Beispiele konnten aber nie flächendeckend Schule machen, obwohl die Abschußplanung und der Abschuß unter der Forderung der Wildschadensverminderung standen. Die von der Obersten Jagdbehörde der DDR erlassene Verfügung zur Mehrwildarten-Bewirtschaftung sollte diese Entwicklung stützen helfen. In Wirklichkeit wirkte sie dieser aber entgegen, denn sie wurde ja in Anlehnung an die Staatsjagdstrategie entwickelt. Die sich selbst priviligierenden Machthaber hatten nämlich bemerkt, daß es sich um so amüsanter jagen ließ, je mehr Wildarten und Wild vorhanden waren. Sinn und Ziel der Mehrwildarten-Bewirtschaftung war es aber, daß von den Schalenwildarten nur bis zu höchstens vier Wildarten pro Standort vertreten sein sollten – mit dem Bestreben, eine Beschränkung auf drei Schalenwildarten zu erreichen.

Trotz wissenschaftlicher Wildzählungsverfahren, Bestimmung der wirtschaftlich tragbaren Wilddichte und Erarbeitung von Richtlinien zur Bewirtschaftung der Wildbestände blieben die Wildbestände und die forstlichen Wildschäden in den letzten Jahrzehnten in vielen Revieren Mitteldeutschlands zu hoch. Dafür gab es örtlich nicht nur objektive, sondern auch subjektive Gründe. Die politischen Funktionäre im Jagdwesen kamen vornehmlich aus dem Parteiapparat und den staatlichen Verwaltungsorganen, es waren also keine Forst- oder Landwirte. Sie konnten deshalb die Sachlage nicht kompetent beurteilen. Da die meisten von ihnen auch noch mehr passionierte Schießer als Jäger waren, mußten die überhöhten Wildbestände weiterhin gehegt werden, um zu den in der Wertschätzung der Politgenossen hoch stehenden Massenabschüssen kommen zu können. Dabei bedient man sich der Hegerichtlinien, die dem „Reichsjagdgesetz" entnommen waren. Und das ausgerechnet in der DDR – ein geradezu grotesker Anachronismus!

So wurde das Problem von verschiedenen Seiten halbherzig angegangen und konnte deshalb auch nicht wirksam bewältigt werden. Bezüglich der Verwaltung und Organisation des DDR-Jagdwesens herrschte eine ausgesprochen kontraproduktive Gewaltenteilung zwischen staatlicher Forstwirtschaft, den polizeilichen Kontrollorganen und dem staatlich organisierten Jagdwesen, die alle gleichzeitig von ihrer Warte her Macht ausübten. Das mußte sich hemmend auf die weitere Entwicklung des Jagdwesens auswirken und führte zu mancher Fehlsteuerung und örtlicher Behinderung.

Auch heute ist das Wildschadensproblem und damit das der Wildbewirtschaftung und Jagdausübung noch hart umstritten. Es wird leider in den extremsten Richtungen bis zur Ausrottung und oft widersinnig diskutiert, anstatt diesen Komplex realistisch und vor allem naturgemäß zu beurteilen. Das Wild unter Anklage zu stellen, Verursacher des schlechten Waldzustandes zu sein, ist eine billige Form der Ablenkung vom Unvermögen der Verantwortlichen, die Prozesse zu beherrschen. Die Wildbestände als größte Schadquelle des Waldes zu brandmarken, ist sachlich falsch und irreführend. Leider blasen sogar einige Forstbeamte mit in dieses Horn. Dieser Mangel an Berufsethos ist erschreckend. Sie sollten sich lieber darüber Gedanken machen, warum sich die heutige Forstwirtschaft in einer tiefen Krise befindet – in einer Zeit, in der durch die globalen Immissionsschäden dem Wald sogar weltweit der Garaus droht. Die Wildbestände sind jedenfalls nicht das Hauptproblem.

Die Ursache des Konflikts zwischen Wald und Wild oder zwischen Forstwirtschaft und Jagdwesen liegt vielmehr in der bisherigen Betriebsphilosophie der Forstwirtschaft, dem Altersklassenwald den Vorzug zu geben vor der ökologisch orientierten naturnahen Waldwirtschaft. Der großflächig betriebene reine Nadelholz-Altersklassenwald beschwört einen chronischen und nicht optimal lösbaren Konflikt „Wald kontra. Wild" herauf. Die Konsequenz ist auch deshalb der ökologische Umbau unserer Wälder in ungleichaltrige Mischwaldstrukturen, in der sich die Wildfrage wieder ganz anders und organischer stellt.

Mit dem Übergang des Altersklassenwaldes in eine ökologisch orientierte und naturnahe Waldwirtschaft stehen wir im Waldbau an einer historischen Wende. Der vorherrschende großflächige, gleichaltrige Nadelholzreinbestand, der auf dem Flächenfachwerk beruht und nach dem Normalwaldschema aufgebaut ist, hat wegen seiner Instabilität, Betriebsunsicherheit und negativen Wirkung auf das natürliche Ökosystem seine historische Prüfung nicht bestanden. Er hat zu naturfremden Foststandorten geführt, in denen die Äsungsgrundlage für die Schalenwildarten immer schlechter geworden ist. Dieser Mangel läßt sich durch künstliche wirtschaftliche Einzelmaßnahmen nicht kompensieren.

Der Horizontalschluß der gleichaltrigen Reinbestände hält das Sonnenlicht vom Waldboden weitgehend fern und dunkelt die Bodenflora und damit die Äsungspflanzen weitgehend aus. Der fruchtbare Oberboden ist in unseren Kiefern- und Fichtenbeständen mit ungünstigen und stark sauren Rohhumusauflagen bedeckt, die durch ihren Humussäureangriff auf den Mineralboden zur Verschlechterung unserer Waldböden geführt haben. Durch die Verdrängung des Laubholzes ist eine Verarmung an Süßgräsern, Kräutern und Sträuchern auf den meisten Standorten vor sich gegangen. Damit ist auf den armen Standorten eine katastrophale Ernährungslage für die Schalenwildarten eingetreten. Die künstlichen Maßnahmen zur Äsungsverbesserung wie Wildäckerbestellung, Wildwiesenunterhaltung, Anlage von Dauergrünlandflächen und Verbißgärten wurden in der Vergangenheit in den Revieren leider nicht allgemein und auch nicht konsequent verwirklicht. Das trifft auch für die Gatterung der allermeisten Walderneuerungs-Schwerpunkte zu.

Da wir gegenwärtig fast ausschließlich mit den uns überlieferten Altersklassenwäldern wirtschaften, müssen wir der Not gehorchen. Wir können daher nur mit den als Komplex wirkenden, eng verflochtenen Aktivitäten Reduktionsabschuß + Gatterung + äsungsverbessernden Maßnahmen arbeiten, wobei dem verstärkten Abschuß nach wie vor die größte Bedeutung zukommt.

Wenn die Altersklassenwälder schrittweise in ungleichaltrige Mischbestände mit grundsätzlich hohen Laubholzanteilen überführt werden, entkrampft sich bei einer sachgemäß betriebenen Waldwirtschaft naturgemäß auch das leidige Wildschadensproblem. Nur in einer naturnahen Waldwirtschaft können die Wildbestände auch naturnah leben und bewirtschaftet werden. Auch die Jagdtechnik muß sich den jeweiligen Verhältnissen anpassen. Mit zunehmender Verwirklichung der Plenterprinzipien – wie Zielstärkennutzung, Naturverjüngung, Mischung, Erwachsen unter Schirm, Stufigkeit und Auslesedurchforstung – verbessern sich auch die Äsungsverhältnisse. Das kann heute schon in vielen naturnah bewirtschafteten Revieren, die sogar vielfach ohne Gatterung auskommen, bewiesen werden. Ausschlaggebend für das Wachstum der nachhaltig ganzjährig vorhandenen Äsungspflanzen wird immer das Licht sein, das partiell auf den Waldboden oder auf Hiebflächen vordringen kann.

Gegenwärtig kommt es nach dem Beispiel Niedersachsens und anderer Landesforstverwaltungen darauf an, die langfristige Waldentwicklung in unserem Land zu planen und in den Revieren durch wissenschaftlich erarbeitete Waldbaukonzeptionen umzusetzen. Die Höhe der Wildbestände, die mit ihnen immer verbundene Wildschadensfrage und die Abschußhöhe sind unmittelbar davon abhängige Größen. Die Wildbestände müssen in jedem Revierteil zunächst so weit reduziert werden, daß der gegenwärtig auftretende Wildschaden wirtschaftlich tragbar wird und die Waldbaukonzeption durch zu hohe Wildschäden nicht in Frage gestellt wird. Der Waldbau hat also bis auf weiteres Vorrang. Die Wildbestände müssen jedoch stets auf einer zahlenmäßig vertretbaren und stabilen Kopfhöhe gehalten werden, damit sie nach wildbiologischen und hegerischen Gesichtspunkten noch bewirtschaftbar bleiben. Andernfalls verlieren wir ihre Steuerung aus der Hand. Wo wir heute während des ökologischen Umbaus unserer Wälder noch unsere meist zu hohen Wildbestände im Interesse eines ökologischen Umbaus reduzieren müssen, werden wir nach gelungenem waldbaulichem Werk wieder höhere Wildbestände halten können.

Reduktionsabschüsse müssen mit aller Konsequenz durchgeführt werden. Dabei besteht allerdings die Gefahr, daß sie stark überzogen werden und ihren Charakter verlieren, so daß die Reviere ausgeschossen werden. Das wiederum ist als nicht naturnah und auch jagdkulturell feindlich zu beurteilen und deshalb abzulehnen. Die

Hegerichtlinien müssen unbedingt auf ein Mindestmaß reduziert werden; in dieser Situation muß es sogar darum gehen, möglichst viel Wild innerhalb kurzer Zeit zur Strecke zu bringen. Für passionierte Jäger ist das eine ausgezeichnete Gelegenheit, ihr Können unter Beweis zu stellen.

Erfolg oder Mißerfolg einer Ansitz-Drückjagd liegen eng beieinander

Ich habe wiederholt an Reduktions-Jagden teilgenommen, hatte aber auf den meisten dieser Ansitz-Drückjagden wenig Anlauf. Eine Ausnahme davon erlebte ich in einem Rotwildeinstandsgebiet, dessen ohnehin erhöhter Abschußplan kurz vor Ende der Jagdzeit noch erfüllt werden sollte. Da ich über Jahre von solchen Waldjagden stets mit blanken Läufen nach Hause gegangen war, trösteten meine Mitjäger mich damit, daß nach sieben mageren Jahren bekanntlich sieben gute Jahre folgten. Deshalb sei mir jetzt der Erfolg sicher.

Mit Hörnerklang wurde die kleine Ansitz-Drückjagd in der großen Kiefernheide Anfang Januar eröffnet. Nach kurzer organisatorischer und sicherheitstechnischer Unterweisung wurden die Abschußrichtlinien bekanntgegeben. Es war weibliches Rot-, Dam- und Rehwild sowie Frischlinge und Überläufer neben Füchsen freigegeben. Von zwei Fronten her wurden die Schützen zu ihren Ständen gefahren. Sonnenschein, geringe Schneelage und leichter Frost waren verheißungsvoll und ließen gute Stimmung aufkommen. Die absolute Windstille zauberte eine magisch empfundene Waldesruhe herbei, die Heide war in malerisch winterlicher Pracht erwartungsvoll versunken. Mein Jagdleiter – einer meiner früheren Forstschüler – wies mir am Rande einer etwa zwanzig Hektar großen, hüfthohen Kiefernkultur meinen sieben Meter hohen Hochsitz zu. Dort sollte ich in dreistündigem Ansitz ausharren. Getrieben wurde aus verschiedenen Seiten nur von sehr wenigen Hundeführern mit ihren kurzsuchenden Stöberhunden. Ich machte es mir auf dem stabilen Hochsitz bequem, lud meinen Walddrilling (Kal. 7 x 65 R /16) und nahm ihn entsichert in die Hand. In tiefen Atemzügen, frohen Sinnes und beseelt von beglückender Waidmannslust ob des wunderschönen Jagdtages und des hier in diesem Revier spannungsvoll erwarteten Anlaufs, genoß ich konzentriert diese als paradiesisch empfundene, seltene Chance. Kurz nach Beginn des Treibens hörte ich entfernt schon Geläut. Ich musterte die vor mir liegende Kultur sowie die mich umgebenden Stangen- und Baumhölzer und bereitete mich auch auf Weitschüsse vor, die hier in Frage kommen konnten. Ich wußte, wo die Kugel auch noch auf zweihundert Meter sitzen würde und hätte es mir auch leisten können, so weit zu schießen.

Jählings ließ es mich zusammenfahren. Ein starkes Rudel Rotwild trollte von rechts nach links quer durch die Kultur, allerdings auf einer Entfernung von über zweihundert Metern, was für einen sicheren Schuß zu weit war. Auf einer Sanddüne rudelten sich die Tiere noch einmal, dann zogen sie in die linksseitig liegende Kieferndickung. Mein hochgeschnellter Blutdruck hatte sich noch nicht beruhigt, da zog das zweite Rotwildrudel, auch von rechts kommend, über die Kultur. Es waren elf Stücke Kahlwild mit Schmaltieren und Kälbern auf einer Entfernung von etwa 160 Metern. Als das Rudel im Troll kurz verhoffte und ein Kalb deutlich abseits sicherte, beschoß ich es. Das Stück sah ich darauf hin zur Seite wegsinken. Das Rudel konnte die Schußrichtung wohl nicht orten, denn es flüchtete nun direkt auf mich zu. Sofort erkannte ich meine zweite Chance und lud sehr schnell nach. Das Rudel wurde auf 70 Meter plötzlich langsam, und als es ganz kurz verhoffte, hatte der Zielstachel schon ein Tier Blatt gefaßt. Der zweite Schuß fiel. Das Rudel stürmte jetzt noch näher auf mich zu. Dreißig Meter vor mir brach vorn im Rudel ein Stück zusammen, das Rudel verhielt nun einen Moment. Ich hatte in aller Eile wieder eine Kugel im Lauf und schoß, gut abkomend, auf ein geringes Kalb, das mit für mich gut erkennbarem Blattschuß seitwärts ausbrach. Das Rudel stürmte unter meinem Hochsitz durch, schlug im Altholz einen kurzen Bogen und verhoffte zu meinem größten Erstaunen und völlig unvermutet noch einmal. Nun hatte ich keine Kugelpatrone mehr, denn eingedenk meines anhaltend schlechten Anlaufs hatte ich nur drei Kugeln mitgenommen. Auf gute sechzig Meter stellte sich das Rudel noch mal kurz breit. Da der Drilling mit dem Flintenlaufgeschoß hervorragend schießt und ich dieses Geschoß über all die Jahre gewohnt war, schoß ich jetzt mit der Brennecke auf ein Schmaltier, das im Feuer hochblatt getroffen zusammenbrach. Dann war das Rudel in der Deckung verschwunden.

Ich mußte mich nun sammeln, weil ich das Geschehene kaum begreifen konnte. In einer Minute war ich viermal auf Rotwild zu Schuß gekommen, und alle vier mußten liegen. Solchen Anlauf hatte ich noch nie in meinem Leben gehabt, und Rotwild war mir ohnehin selten gekommen. Dazu die Chance, hier einmal ungeniert mehrere Stücke schießen zu dürfen, ja sogar schießen zu müssen! In freudiger Erregung erwartete ich nun das Ende des Treibens, das kurz darauf durch Abblasen angekündigt wurde. Es war vereinbart, daß ich mich nach dem Treiben an der hinter mir gelegenen Wegekreuzung einfinden sollte. Obwohl mir daran lag, pünktlich zu sein, suchte ich sofort die Anschüsse auf. Drei Stücke sah ich von der Kanzel aus liegen, alle vierzig Meter lag ein Stück. Ich trat kurz an die Stücke heran, ein Kalb, ein Schmaltier und ein nicht führendes Alttier. Dann ging ich eiligst zum ersten weit entfernten Anschuß. Hier fand ich reichlich Schweiß, Panseninhalt und eine Menge Deckenhaare, aber keine weitere Schweiß- und Fluchtfährte. Aus dem Anschuß wurde ich nicht schlau, außerdem sah es so aus, als wenn die Wundzeichen älter waren. Nun hatte ich keine Zeit mehr, begab mich zum Treffpunkt, mußte dort aber noch warten, bis ich abgeholt wurde. Ich meldete dem Jagdleiter meine Strecke und den vierten nicht entschlüsselten Anschuß. Der Jagdleiter setzte die Nachsuche auf dieses Stück nach dem zweiten und letzten Treiben an. Als wir dann die Nachsuche später gemeinsam vornahmen, und ich den Jagdleiter an meinen ersten Anschuß geführt hatte, erfuhr ich von ihm, daß dort zwei Tage zuvor drei Stücke Rotwild geschossen worden waren. Das von mir beschossene erste Stück hatte zufällig dort verhofft, wo ein Tier aufgebrochen worden war. Eine weitere Fluchtfährte mit Schweiß war vom Anschuß an nicht zu finden.

Das Rätsel klärte sich aber auf, als einer der Mitjäger meldete, er habe im zweiten Treiben ein Kalb gestreckt, das einen hohen Vorderlaufschuß gehabt hätte. Da kein weiterer Schütze sonst Rotwild beschossen hatte, war ganz klar, daß es das von mir beschossene Kalb war. Die übrigen drei Stücke hatten saubere Blattschüsse. Die Kugel auf das zuerst beschossene Kalb war mir aber zu meinem größten Bedauern verrutscht. Beim Versorgen der Stücke nahm ich in dieser Ausnahmesituation auf Empfehlung des Jagdleiters die Hilfe meiner Mitjäger in Anspruch, um nicht eine lange Wartezeit für unsere Teilnehmer entstehen zu lassen. Mir wurde für dieses einmalige Erlebnis von allen ein herzliches Waidmannsheil ausgesprochen. Normalerweise schießt man nicht mehrere Stücke aus einem Rudel. In diesem Fall jedoch hatte ich keine Gewissensbisse, denn es war eine hohe Strecke ausdrücklich erwünscht und erforderlich. Eingedenk meines auf Waldjagden bisher so schlecht geleuchteten Sterns, empfand ich deshalb die mir von der Jagdgöttin gereichte Hand als eine Art ausgleichende Gerechtigkeit und durch Dianas jagdlichen Richterspruch mir zugesprochen. Ich genoß dieses sicherlich nie wiederkehrende Jagdglück einer einzigen Sternminute, die ich gut pariert hatte.

Als der zuständige Forstamtsleiter mir daraufhin sehr freundschaftlich einen jagdlichen Begehungsschein anbot, um bei der zukünftigen Planerfüllung mitzuwirken, wußte ich, daß mir dieses erlesene Waidmannsheil gegönnt war.

Mit meinen Jagdhunden in bester Gesellschaft

Jagdhunde sind mir seit den frühesten Kindheitstagen vertraut. Zusammen mit ihnen wuchs ich auf unserem einsamen Forsthof auf. Sie waren meine Spielkameraden und täglichen Wegbegleiter. Später wurden sie meine unentbehrlichen Jagdgehilfen. Die Anwesenheit meiner Hunde ist mir ein Bedürfnis, ihre Geselligkeit und ihre Lebensäußerungen sind mir angenehm, ihre Instinkte sind bewundernswert und ihre Leistungen begeistern mich immer wieder aufs neue. Meine Liebe zu ihnen hat es mir ermöglicht, sie zu verstehen, was auch immer sie taten.

Mit besonderem Interesse beschäftigte ich mich viele Jahrzehnte mit dem Aufbau der Leistungen durch Abrichtung im Sinne eines kunstvollen Handwerks. Das vermittelte mir zusätzliche Waidmannsfreuden und ließ mich das Waidwerk auf einer höheren ethischen Stufe tierschutzgerechter Jagd verstehen. Ich brachte 23 Vorstehhunde mit erfolgreich abgelegter Vollgebrauchshundprüfung in das Deutsche Gebrauchshundestammbuch, führte mehr als fünfzig Vorstehhunde erfolgreich auf den Herbstzuchtprüfungen und über sechzig Hunde auf den Jugendprüfungen der Vereine Deutsch-Drahthaar und Deutsch-Kurzhaar. Für meine kynologischen Leistungen erhielt ich wiederholt Auszeichnungen. Ich bildete einen Totverbeller und fünfzehn Bringselverweiser aus und absolvierte mit den besten meiner Hunde elf erschwerte Schweißprüfungen. Ich habe siebzig Hunde abgerichtet und als geprüfte, fertige Gebrauchshunde als meinen Beitrag zum Deutschen Waidwerk in fremde Jagdgebiete abgegeben.

Die Führung meiner Hunde auf den öffentlichen Prüfungen bereitete mir stets eine große Freude. Suchentage waren immer Festtage für mich, wobei uns allen das Wiedersehen im Kreise gestandener Gebrauchshundmänner ein persönliches Bedürfnis war.

Ich konnte meine Kenntnisse und meine Erfahrungen auf diesem Gebiet an viele junge Nachwuchsführer, besonders aber an meine ehemaligen Forststudenten weitergeben, die heute in der Mehrzahl aktiven Forstdienst leisten und aktive Jäger und Hundeführer sind. Zucht, Haltung, Abrichtung und jagdliche Führung von Gebrauchshunden hat im deutschen Waidwerk eine ruhmreiche Tradition und hat zur Achtung der deutschen Jagd bei den Jägern auf der ganzen Welt ganz erheblich beigetragen. Die Jagdkynologie hat sich in den letzten hundert Jahren gerade in Deutschland zu einer Wissenschaft entwickelt, die die kulturelle Weiterentwicklung des Jagdwesens gravierend beeinflußt hat. Schon meine jagdliche Lehrzeit schloß die systematische Beschäftigung mit unseren Jagdhunden ein. Die Niederwildbestände waren damals noch hoch, so daß es an jagdpraktischen Ausbildungsmöglichkeiten nicht mangelte. Die Abrichtung war an den Verbandsprüfungen orientiert, die auf die jagdpraktischen Anforderungen ausgerichtet waren und sind. Der Leistungsnachweis für die Jagdhunde war nur über die öffentlich ausgeschriebenen Prüfungen zu erbringen.

Bis zum Kriegsende führten wir, soweit ich mich erinnere, in Mecklenburg vornehmlich Vorstehhunde der Rasse Deutsch-Kurzhaar. Sie waren bis 1945 in den Niederwildrevieren Mecklenburgs unter den Vorstehhundrassen am weitesten verbreitet. Nach dem Kriege entwickelte sich in der ehemaligen DDR die Deutsch-Drahthaarzucht organisatorisch erfolgreicher, weil die wertvollsten Kurzhaarstämme mit ihren Besitzern nach Westdeutschland übergesiedelt waren. Das Gebrauchshundwesen in der ehemaligen DDR, dabei insbesondere das für die Rasse Deutsche-Drahthaar, übernahmen nach Kriegsende die noch vorhandenen verdienstvollen Altmeister und Förderer Dr. K. Tabel, Forstmeister O. H. Kurschmann, W. Millahn, Hagemeister und S. Tiltmann, die auch die erfahrensten Organisatoren im Verein Deutsch-Drahthaar waren. Die Deutsch-Drahthaar-Hunde traten daraufhin ihren einmaligen Siegeszug an. Zucht und Abrichtung erlangten ein hohes Leistungsniveau. Sie sind auch heute noch die verbreitetste und beliebteste Vorstehhundrasse. Das Leistungsniveau der übrigen Rassen und Schläge ist aber keineswegs schlechter. Mit Urteilen über eine ganze Rasse sollte man ohnehin äußerst vorsichtig sein, weil sie meistens falsch sind. Urteile darf man nur über einzelne spezielle Hunde fällen. Es gibt naturgemäß in jeder Hunderasse leistungs- und formmäßig ebenso viele gute wie auch schlechte Hunde.

Mit der Führung meiner ersten DD-Hündin, „Cara vom Schildetal", trat ich 1955 dem organisatorisch gefestigten Verband Deutsch-Drahthaar bei und erlebte unter dem Vorsitzenden Dr. Heuer, einer außerordentlich talentierten und von uns hochgeschätzten Führerpersönlichkeit, den raschen und erfolgreichen Aufstieg dieser Rasse. Während meines forstlichen Hochschulstudiums in Tharandt befaßte ich mich bereits mit der Entwicklung eines eigenen Abrichtesystems insbesondere für Vorstehhunde auf der Grundlage von Oberländers „Dressur und Führung des Gebrauchshundes". 1961 habe ich die gesammelten Erkenntnisse und Erfahrungen zusammengefaßt und in meinem „Dressurkalender" im damaligen Landwirtschaftsverlag in Berlin veröffentlicht. Die zweite, nun völlig neu bearbeitete Auflage dieses Handbuches erhielt den Titel „Abrichtekalender für Jagdgebrauchshunde" und ist diesem Buch als eigenes Handbuch beigegeben. Dieses Handbuch versteht sich als kalendarisch aufgebaute Anleitung für die Abrichtung des jungen Jagdgebrauchshundes. Ziel der Arbeitsschritte sind das altersbedingt jeweils erreichbare Leistungsvermögen des jungen Hundes in miteinander verzahnten Aufbaustufen bis zur Prüfung. Die Fachkompetenz dieser Anleitung ist von zahlreichen Kynologen geprüft und bestätigt worden. Ich selbst habe meine Hunde ausschließlich nach diesen Erkenntnissen abgerichtet und erfolgreich auf den Prüfungen geführt.

Nachdem ich von meinem Studium in die Mecklenburgische Heimat zurückgekehrt war und auf den Prüfungen des Vereins Deutsch-Drahthaar jährlich ein bis zwei Hunde führte, übergab mir eines Tages der Besitzer eines hervorragenden Zwingers einen hübschen braunen Welpen mit den Worten: „Junger Mann, Sie gefallen mir, wie Sie so Ihre Hunde führen. Hier schenke ich Ihnen einen Welpen aus meiner Leistungszucht, zeigen Sie an ihm, was Sie können!" Ich hatte mit dem Zwingerbesitzer, Herrn Wilhelms aus Rügen, wiederholt Hunde auf Suchen geführt und wollte ihm gern meinen Sach- und Hundeverstand unter Beweis stellen. Dieser Hund, „Condor von der grünen Insel", war ein Glückstreffer und wurde einer der besten Hunde, die ich je besessen habe. Mit hervorragenden Anlagen in allen Fächern durchlief er schon im ersten Felde das gesamte Abrichteprogramm meines Handbuches problemlos. 1958 stellte er auf der Verbandsgebrauchsprüfung der drei Nordbezirke Schwerin, Rostock und Neubrandenburg in Raben Steinfeld mit 325 Punkten den Suchensieger als Bringselverweiser. Als ich diesen bildhübschen, tiefbraunen Rüden auf der 28. Hegewald-Herbstzuchtprüfung des Verbandes Deutsch-Drahthaar 1958 in Alzey am Rhein in der Feldarbeit morgens in den Weinbergen vorgeführt hatte, wollten ihn mir zwei französische Jäger für 2000,– DM abkaufen. Leider konnte ich als Angehöriger der DDR-Delegation auf dieses Angebot nicht eingehen, da ich den Hund nicht ausführen durfte. Der Preis wäre für mich, der damals als Diplom-Forstingenieur gerade mal 600,– Mark Gehalt bezog, ein beachtliches Vermögen gewesen.

Condor bestach in Form, Haar und Leistung und wurde ein vielgeschätzter Zuchtrüde. Als der Vorstand der Spezialzuchtgemeinschaft Deutsch-Drahthaar auch für das darauf folgende Jahr beim Zentralvorstand für Sport und Technik den Antrag stellte, wieder mit einer zehnköpfigen Delegation an der 29. zentralen Hegewald-Herbstzuchtprüfung in der Bundesrepublik teinehmen zu dürfen, erschien Herr Franke vom Zentralvorstand der Gesellschaft für Sport und Technik (GST) in einer Vorstandssitzung des Verein Deutsch-Drahthaar (VDD), in dem ich Mitglied war, und erklärte uns, daß die Regierung unserem Antrag nicht entsprechen könne. Unsere persönliche Sicherheit bei dieser Veranstaltung in der Bundesrepublik sei nicht gewährleistet. Diese infame Lüge des Regimes verschlug allen Vorstandsmitgliedern die Sprache. Wir waren fast gerührt, wie man sich angeblich obrigenorts um unser leibliches und seelisches Wohl sorgte!

Der Erfolg mit „Condor von der grünen Insel" inspirierte mich zu weiterer Suchenführung, und die Abrichtung von Vorstehhunden wurde zu meiner bevorzugten Freizeitbeschäftigung.

Suchenführer zu sein, ist unter Jagdgebrauchshundführern nicht die Regel. Gewöhnlich halten sich Jäger einen Gebrauchshund, den sie bis an dessen Lebensende führen. Ein Suchenführer setzt sich aber das Ziel, jedes Jahr mindestens einen Junghund abzurichten und auf allen öffentlichen Suchen zu führen. Da man fertig abgerichtete Hunde nicht alle behalten kann, stellt man sie anderen Jagdgebieten oder einzelnen Jägern zur Verfügung, zumal es immer einen Mangel an gut ausgebildeten Hunden gibt.

Mein Vater war langjähriger Richterobmann im Verein Deutsch-Drahthaar der DDR. In dieser Funktion war es auch seine Aufgabe, die zur DDR-Zeit abgehaltenen internationalen Vergleichswettkämpfe auf der Basis der Vollgebrauchshundprüfungen zu leiten. Durch den Vorstand der Spezialzuchtgemeinschaft Deutsch-Drahthaar der DDR erhielt ich 1958 den Auftrag, an der zentralen Trainigsstätte der Gesellschaft für Sport und Technik in Halle/Kreuz alljährlich zentrale Abrichtelehrgänge für Hundeführer durchzuführen. Mit 60 Teilnehmern wurde jedes Jahr ein neuer Stamm an Hundeführern ausgebildet. Aus dessen Reihen sind verdienstvolle Führer und Richter hervorgegangen, die den Grundstein für die weitere erfolgreiche Entwicklung des Jagdgebrauchshundwesens in der DDR mitgelegt haben.

Es ist übrigens interessant, daß die Nachkriegsentwicklungen in der Jagdkynologie in Westdeutschland wie in der DDR weitgehend parallel liefen. Daran sieht man, daß sich jagdliches Kulturgut trotz der unseligen Trennung unseres Vaterlandes erhalten und in gleichsinniger, fortschrittlicher Weise entwickelt hat. Dies ist mit der Grund dafür, daß nach der politischen Wende eine absolut reibungslose Zusammenarbeit und Zusammenführung der Vereine möglich war.

Auf einem dieser Lehrgänge erreichte mich die betrübliche Nachricht, daß in meinem Zwinger zuhause die Nervenstaupe ausgebrochen war, die ich wohl bei einem Besuch in der Tierklinik eingeschleppt hatte. Ich verlor damals meinen ganzen Hundebestand, insgesamt sechs Hunde. Darunter den erst sieben Monate alten vielversprechenden DD-Rüden „Grimm vom Amthof", der gerade den 1a-Preis auf der Jugendprüfung gestellt hatte. Drei noch lebende, aber gelähmte Hunde mußte ich schweren Herzens erschießen. Um die unzähligen jagdlichen Leistungen meiner Gebrauchshunde in jahrzehntelangem aktiv betriebenem Waidwerk zu schildern, ist hier nicht genügend Raum. Sie werden schlummernder Schatz eines jeden Hundeführers bleiben müssen. Dennoch soll hier stellvertretend von einigen Erlebnissen mit Hunden berichtet werden, um die Vielfalt der Erlebnisse und Erfahrungen zu beleuchten.

Wie „Condor von der grünen Insel", gehörte auch die hübsche DD-Hellschimmelhündin „Bessi vom Fasanenbruch" zu den besten Hunden, die ich je besaß. Ihren Leistungsstand legte sie auf der Vollgebrauchsprüfung in Woitendorf/Mecklenburg 1963 mit 314 Punkten ab. Bessi richtete ich als Totverbeller ab und führte sie so auch auf der Prüfung und beim Verkauf des Hundes vor.

Ich hatte sie als halbjährige Hündin an der Ostseeküste erworben und mußte sie mangels komfortablerer Möglichkeiten in einem großen Kartoffelkorb auf dem Gepäckträger meines Leichtmotorrades transportieren. Nach zwei Hinterradpannen, deren Auswirkung jeder Motorradfahrer kennt, und wiederholtem Motorausfall erreichte ich einen Tag später wieder den 200 km entfernten Heimatort. Die Hündin entwickelte sich so gut, daß sich alle

Mühen gelohnt hatten. Ich führte sie auf der VJP, der HZP und der VGP mit hohen ersten Preisen und auf der Herbstfeldsuche im Böhmischen Becken (Tschechien) mit einem zweiten Preis. Bei einem Ansitz am Wasserloch schoß ich, wie ich meinte, sieben Enten. Die Hündin brachte mir bei anhaltender Nachsuche und in völliger Dunkelheit aber neun Enten – eine Geflügelte davon auf weitem Geläuf. Das war in doppeltem Sinne echtes Verlorenbringen! Nach der erfolgreichen VGP als Totverbeller ging sie als Zuchthündin in den Besitz des Staatlichen Forstwirtschaftsbetriebes Schwerin über. Als Kuriosum mußte dann festgestellt werden, daß diese hübsche, mit hoher Form- und Haarbewertung und mit viel Adel ausgestattete Zuchthündin unausgeglichene Würfe brachte, so daß die Zucht eingestellt werden mußte. Das waren Rückschläge auf frühere Einkreuzungen.

Stellvertretend für viele erfolgreiche Nachsuchen soll hier auch nur ein Erlebnis geschildert werden, dem ich meine stärkste Gehörntrophäe verdanke.

Ich hatte vom Fenster meiner Wirkungsstätte, der Forstschule Raben Steinfeld, in den heißen Hundstagen in weiter Entfernung auf einem frischen Stoppelschlag zwei sehr starke Rehböcke gesehen, die in der Mittagsstunde anhaltend miteinander kämpften. Bei dem einen Bock zumindest schien es mir, als sei zwischen den Lauschern durch sein massiges Gehörn kein weiterer Platz mehr. Es ergab sich dort an einem der nächsten Abende eine Mondscheinpirsch auf Sauen am Waldrand entlang in Richtung eines Maisschlages. Ich führte an diesem Abend nur eine Flinte ohne Zielfernrohr und war damit natürlich ungenügend ausgerüstet. Mehr besaßen wir damals aber noch nicht. Auf meiner Pirsch am Buchenaltholz entlang trat an

Stelle der Sauen ein Sprung Rehe auf einen Stoppelschlag aus. Ich erkannte einen der Tags zuvor beobachteten kapitalen Böcke wieder, dessen Raum zwischen den Lauschern vollständig mit Gehörnmasse ausgefüllt war. Mit der Aussicht auf eine kapitale Trophäe wurde ich plötzlich vom Teufel geritten und ließ mich zu einem sehr riskanten Schuß mit dem Flintenlaufgeschoß verleiten. Meine Vorgehensweise gibt mir noch heute Rätsel auf. Sie muß kategorisch abgelehnt und kann erst recht nicht zur Nachahmung empfohlen werden. Auf den Schuß hin sprangen die Rehe wieder in das Buchenaltholz ab. Den Verbleib des beschossenen Rehbocks konnte ich in der Dunkelheit nicht mehr klären, so daß ich die Nachsuche auf den nächsten Morgen verlegte. Die genaue Untersuchung des Anschusses ergab einen einzigen Tropfen dunklen Schweiß, sonst nichts.

Ich setzte meinen DD-Rüden „Ass vom Mühlenmoor" an, der mich am Schweißriemen auf dem Fährtenzug des Sprunges in das Altholz führte, sich dort aber bald in einem Fährtengewirr verlor. Das gleiche wiederholte sich noch einmal. Auch seine Freisuche mit Bringsel brachte keinen Erfolg. Darauf legte ich den ebenfalls als Bringselverweiser abgerichteten und vor der VGP stehenden Deutsch-Langhaar-Rüden „Axel vom Rieberg" an den Riemen. Als die Riemenarbeit auch mit ihm nicht zum Erfolg führte, schnallte ich den Langhaarrüden. Er suchte im weiten Bogen das Stoppelfeld ab und schwenkte zur Waldkante ein. Aus dreihundert Meter Entfernung kam er mit Bringsel zurück und zeigte damit an, daß er das Stück gefunden hatte. Auf das Kommando „Zum Wild!" führte er mich zur linksseitigen Waldkante und blieb plötzlich an einem Graben stehen, in dem mein kapitaler Bock lag. Mit Leberschuß hatte sich der Bock vom Sprung getrennt, was ich nicht gesehen hatte, war in das offene Feld gestürmt und dann nach großer Runde am Waldrand zusammengebrochen. So verdanke ich meinen Hunden meine beste Rehtrophäe von 420 g Gehörngewicht. Das war wie viele andere gute und erfolgreiche Nachsuchen echte Gebrauchshundarbeit, die das Jägerherz höher schlagen läßt. So überraschten mich meine Hunde so manches Mal in aussichtslos erscheinender Lage mit einem gefundenen und längst verloren geglaubten Stück Wild.

Mein eisgrauer DD-Rüde „Arko vom Störtal", den ich vierjährig total verkommen aus dem Schafstall eines Bauern zurückgekauft hatte und in drei Monaten zur VGP ausbildete, fraß am Vorabend einer VGP in Halle auf einer Hasenschleppe, die als Generalprobe gedacht war, einen achtpfündigen Hasen auf, was ihm auf der Prüfung natürlich zum Verhängnis geworden wäre. Darauf beruhigte mich mein begleitender Freund, der Tierarzt Dr. Grille, mit dem fachmännischen Urteil: „Du kannst jetzt ganz unbesorgt zur Prüfung gehen, denn in den nächsten zwei Tagen ist der Hund satt!" Er hatte recht; Arco bestand die VGP mit einer hohen Punktzahl und einem guten 2. Preis. Er hatte während der ganzen Ausbildung zuvor noch niemals Wild angeschnitte, und tat es auch bei seinem späteren Besitzer nicht mehr. Vor Überraschungen kann man sich bei Hunden also nie ganz sicher sein.

Eine meiner Deutsch-Langhaar-Hündinnen wurde in Anwesenheit von zwei Leistungsrichtern auf eine wildernde Katze geschnallt, um ihre Härteprüfung zu absolvieren. Nach kurzer Hetze klettert die Katze auf eine schwache Birke. Als damals noch junger Mann stieg ich der Katze nach, um sie aus der Krone zu schütteln. Dabei springt sie mir ins Gesicht, und ich falle durchs Geäst und auf den unten lauernden Hund, der vor Schmerzen laut aufklagt und blindlings den neben ihm stehenden Richter, dabei Ursache und Wirkung verkennend, ins Bein beißt. Anstatt der Katze den Garaus zu machen, gab es also nur Lädierte auf unserer Seite.

Eine DK-Hündin fand auf einer 300 Meter langen Fuchsschleppe im Walde in der Nähe des Fuchses eine verendete zwölfpfündige Katze und brachte sie. Das Ergebnis: durchgefallen! Der Richter befand, daß der Hund kurz zuvor am Fuchs gewesen war und sich dann für die Katze entschieden hat. Dies war nur eine von vielen unvorhergesehenen Komplikationen auf Prüfungen.

Einer meiner jungen DD-Rüden hetzte auf der VJP einen Hasen auf einem Feldweg und rannte mit etwa 30 km/h einen ihm im Wege stehenden Richter über den Haufen, so daß dieser kopfstand. Der Richter, ein Mann mit Herz, trugs mit Fassung und wertete es nur als Betriebsunfall. Abends am Stammtisch hat er am meisten gelacht und wollte den Hund kaufen, der ihm so auffällig zugetan war.

Ein DD-Rüde, im Heimatrevier ein Spitzenhund in der Wasserarbeit, dem kein Wassergelände groß genug war und der stundenlang auf dem See aus lauter Freude schwamm, versagte auf der VGP in der Wasserarbeit. Als der Hund die geschossene Ente bringen sollte, brach er auf das Kommando hin aus und verkroch sich durch die offen stehende Wagentür in mein Auto. Das Ergebnis war die Note „0" = durchgefallen. Es wurde von den Richtern auf Wasserscheue erkannt! Es war natürlich nicht Wasserscheue – Wesensschwäche war der Grund für das Versagen. Ein Hundeführer kennt seinen Hund, den er selbst abgerichtet hat, natürlich immer besser als der Leistungsrichter, der den ihm fremden Hund nur für Stunden sehen und erleben kann und ihn dann schon beurteilen muß.

Wer auf Hundeprüfungen führt, muß jederzeit bereit sein, auch einmal verlieren zu können und sollte das dann mit Würde tragen. Mag es im Moment auch noch so ärgerlich sein. Der Hundeführer gebe nie nur seinem Hund die Schuld, denn meistens hat der Führer den ausschlaggebenden Fehler selbst gemacht. In diesem Sinne lege ich jedem Hundeführer meinen „Abrichtekalender für Jagdhunde" ans Herz.

Abschied vom alten Revier

Mit der politischen Wende in der DDR und der Vereinigung beider deutscher Staaten begann mein dritter jagdlicher Lebensabschnitt und damit das letzte hoffnungsvolle Drittel eines erfüllten Jägerlebens. Wir Jäger der ehemaligen DDR jagen nun unter dem Bundesjagdgesetz. Das ist eine neue Situation mit einer veränderten Organisation. Jetzt gilt wieder das mir noch aus der Jugendzeit bekannte Jagdpachtsystem und die Regiejagd in den Staatsforsten. Damit wird die Jagdausübung der Forstbeamten auch wieder zur Dienstaufgabe. Jagd und Forst rücken wieder eng zusammen, so wie sich das von der Natur der Sache ergibt.

Ich konnte damals, vor 30 Jahren, meinen Pürschbezirk selbst wählen und entschied mich für ein Biotop, in dem sowohl gut Niederwild wie auch Schalenwild vorkam. Mein besonderes Interesse galt dabei immer dem Schwarzwild; empfand ich doch die Jagd auf Sauen immer als eine besonders anspruchsvolle Herausforderung. Das Gelände war ein repräsentativer Teil typisch Mecklenburgischer Landschaft. Die Wald-, Feld- und Wasseranteile waren etwa gleich groß. Der Bezirk lag sechs Kilometer entfernt vom Wohnort als Teil eines interessanten Mischwaldreviers in der endmoränennahen Landschaft.

Der persönliche Pürschbezirk, in dem man allein jagte, wuchs einem mit der Zeit ans Herz. Lediglich bei auftretenden Wildschäden in anderen Bezirken konnte man vom Jagdleiter auch dorthin eingesetzt werden. Jetzt, nach der Wende, wo aus der alten Oberförsterei Gädebehn das neu organisierte Lehrforstamt hervorgegangen und zum Teil auch personell neu besetzt worden ist, wurden gleichzeitig die Pürschgebiete neu verteilt. Dabei fanden die persönlichen Wünsche der Jäger Berücksichtigung. Diese Gelegenheit wollte ich nutzen, um mir einmal einen neuen, ganz anders gearteten Pürschbezirk auszuwählen, obwohl ich meinen bisherigen, in dem ich dreißig Jahre lang jagte, ungern aufgab. Meine Gedanken gehen deshalb immer wieder zurück zu frohen Waidmannstagen in meinem alten Revier.

Wenn ich den hinteren Ausgang meines landschaftlich herrlich gelegenen Jagdhofes nahm, brauchte ich nur wenige hundert Meter Chaussee zu passieren, um ins Revier zu gelangen. Auf der Landstraße habe ich übrigens meine Hunde stets angeleint, weil mir bewußt war, daß mehr als die Hälfte aller Jagdhunde den Verkehrstod sterben. Als liebstes Fortbewegungsmittel diente mir jahrzehntelang mein Fahrrad, mit dem man zur Freude der mich immer begleitenden Hunde dahinfuhr. Streckenweise waren die Hunde mit der Leine unter dem Sattel befestigt. Lagen sie im Zug, brauchte man nicht viel zu treten. Wurden sie geschnallt, dann eilten sie mit großem Vorwärtsdrang auf längst bekanntem Weg voraus. Dennoch hielten sie mit ihrem nachfolgenden Herrn immer aufmerksam Kontakt. Gleich hinter dem letzten Haus im Dorf bog der abschüssige Weg in eine alte Sandrinne an das Ufer des idyllisch gelegenen kleinen Mühlensees ab. Linker Hand lag eine vielbenutzte Kiesgrube, dahinter Kiefernstangenhölzer aus Ackeraufforstungen, in denen immer Rehe standen. Der kleine zu umfahrende Mühlensee, genannt nach einer längst aufgegebenen Wassermühle, umgab eine wildbewachsene Uferzone aus Kopfweiden, Sträuchern, Büschen und Schwarzerlen, die im Sommer den Blick aufs Wasser teilweise versperrten. Hier tummelten sich Enten,

Bleßhühner, Taucher und Fischreiher an den schmalen Schilfgürteln, die ihnen gut Deckung boten. Der Zustrom des Mühlengrabens lieferte reichlich Äsung. Aus dem Verborgenen kündeten die Rufe der Rohrdommel und das Gezwitscher der Rohrammer von ihrem Dasein. An diesem Wasser konnten die Jagdhunde eingearbeitet werden, da sie allerorts durch Wassergeflügel animiert wurden, im Schilfwasser zu stöbern. Im Frühherbst lernten sie geschossene Enten und Bleßhühner aus tiefem Wasser bringen und korrekt abgeben – alles in Vorbereitung auf die Herbstprüfungen, die hohe Anforderungen an die Wasserarbeit stellten. Hier fanden die Vierbeiner an heißen Sommertagen die ersehnte, erquickende Abkühlung, wenn wir aus dem Revier heimfuhren.

War der kleine Mühlensee zur Hälfte umrundet, passierte man an der Mühle die schwere Holzbrücke über dem Mühlengraben, dem einzigen Abfluß des Mühlensees. An der ehemaligen Wassermühle ist heute ein Wehr eingebaut, um den Zufluß zur schnell fließenden Warnow zu regulieren. Das einsam und versteckt gelegene Mühlengebäude, vierzig Jahre in treuhänderischer Verwaltung und jetzt wieder im Besitz der Eigentümer, liegt im Schutze einer fünfhundertjährigen Winterlinde mit einem Wurzelanlauf von mehreren Metern Breite, einem Brustdurchmesser von zwei Metern und einem Kronendurchmesser von 25 m. Hier unter der Holzbrücke zeigte sich im Neuschnee regelmäßig der Hauptwechsel und Durchschlupf des kleinen Raubwildes. Auch der Fuchs spürte sich hier, wenn er die Uferzone kontrollierte.

Als wir im Winterhalbjahr die Fangjagd auch wegen der guten Fangprämien betrieben, kamen hier Fuchs, Steinmarder, Iltis, Nerz und wildernde Katzen häufig zur

Strecke. Die alte Wassermühle war von jeher eine Hochburg der Steinmarder. Von hier aus unternahmen sie wie das Spürbild bewies, kilometerlange Beutezüge in die benachbarten Reviere. Auch die Fischotter jagten hier noch wie in uralten Zeiten; Reiher und Kormoran waren zahlreich vertreten. Das der Natur überlassene große Obstgartengelände des Mühlengrundstückes, das an ein schmales Erlenbruch angrenzt, suchten nachts die Sauen ab. Hinter dem nächsten Kiesberg liegt im linken Grund ein großes Wasserloch, von der Bevölkerung „Foul-Paul" genannt. Versteckte Pfade führen durch die schmale Verlandungszone bis an die große Wasserfläche, die den moorigen Untergrund verdeckt. Binsen, Schlingpflanzen und hohe Sauergräser, hohe Bülten und schwimmende Pflanzenteppiche boten den Vorstehhunden schwierige Bedingungen in der Ausbildung zur Wasserarbeit. Hier war das tägliche Training nicht eher beendet, bis sie ausgelegte Enten über die 30 Meter breite Wasseroberfläche hinweg aus dem jenseitigen Rohrgürtel brachten.

Anfänglich durch einige Steinwürfe im Richtungsschwimmen unterstützt, mußten die Hunde später im Schilf stöbern und ihre Nase gut gebrauchen, um die Enten zu finden. Oberhalb des Wasserlochs auf dem Sandplateau liegt der Segelflugplatz als ebener, spärlich bewachsener Trockenrasen mit eigener Lebensgemeinschaft. Nur in den Sommermonaten und an den Wochenenden herrschte Flugbetrieb. Trotzdem fand hier allerhand Getier sein bevorzugtes Biotop. Im Vorfrühling stellten sich hier die allerersten Lerchen und Kibietze ein, um auch später in der Grasdeckung zu brüten. Seit eh und je lagen hier die Feldhühner, die in letzter Zeit allerdings auch verschwunden sind, und an denen die Vorsteher in der Paarhühnersuche gearbeitet wurden, um sie für die

Jugendprüfung vorzubereiten, wo die Anlagen in den Felddisziplinen geprüft werden. Hier lag auch der Hase allzu gerne auf dem warmen Sand zwischen den kurzen Büscheln des Silbergrases, wo an den Ginsterhängen auch die Kaninchen ihre Baue hatten.

Der tischebene Flugplatz war auch das ideale Gelände zur Schleppenarbeit, wenn die Hunde lernten, Kaninchen, Hase, Ente, Taube, Katze und Fuchs im offenen Gelände verloren zu bringen. Und das alles auf der Anfahrt in das Jagdgebiet und in enger Verbindung mit der praktischen Jagd. Fielen die Bringarbeiten in den Feldschleppen gut aus, dann folgten in dem anschließenden Feldgehölz der Kiefernstangenhölzer die Waldschleppen. Hier mußten die Hunde beweisen, daß sie auch ohne Einwirkung des Herrn der Gefahr des Vergrabens von verloren zu bringendem Wild widerstanden und auch im verdeckten Gelände mit vielen Verleitungen Nieder- und Raubwild noch sicher brachten. Hier, wo das Gelände zur Warnowwiese steil abfiel, schoß man mit großer Wahrscheinlichkeit seinen Hasen, wenn man ruhig den Ansitz bezog oder an den Himbeer- und Brombeerhorsten der lichten Bestände mit dem unter der Flinte kurz suchenden Hund im Herbst buschierte. Da wo der Hase am Wiesenrand kam, trat auch standorttreues Rehwild aus. Nicht nur der Bockabschuß konnte hier nach hegegerechten Richtlinien erfüllt werden, sondern auch der Abschuß des weiblichen Wildes war aufgrund des ruhigen Standortes kein Problem, wenn man im Herbst nicht allzu lange damit wartete.

Es war hier im Kiefernstangenholz bei hohem Schnee vor dem zum Stöbern geschnallten Welshterrier, wo mir der uralte starke Fuchsrüde auf dem Rückwechsel kam und der dann auf der Stichschneise mit hingeworfenem

Schnappschuß so trefflich rollierte. Auch Sauen passierten das kleine Feldgehölz gern auf dem Fernwechsel zwischen den beiden großen, mit Schwarzwild gut besetzten Forstrevieren. Die Sauen durchrannen die zehn Meter breite Warnow und revidierten die Bestände, teils nach Mast und während der Rauschzeit, auch nach rauschigen Bachen. Mehrere Male gelang es, Keiler im Mondlicht auf dem Rückwechsel in der Wiese noch vor der Grenze an der Warnow abzufassen und ihnen die Kugel anzutragen. Einmal hatte sich in der Rauschzeit in einer vergrasten Senke des Kiefernstangenholzes unter ein paar Holunderbüschen sogar eine starke Rotte eingeschoben, die bei der morgendlichen Pürsch auf weibliches Rehwild hoch wurde, aber noch einmal kurz verhoffte, weil sie die Richtung der Geräusche nicht genau orten konnte. Das hatte genügt, um einem dreijährigen Keiler die Kugel Blatt anzutragen. Er stürmte todwund von der Rotte weg noch fünfzig Meter durch das Holz und brach dann zusammen. Dieses Ereignis war an diesem Morgen nicht eingeplant, wie das auf der Jagd so oft vorkommt, und wäre nicht ein Fuhrmann zufällig in der Nähe gewesen, um das 80 kg schwere Stück zur Försterei zu fahren, wäre die Organisation des Transportes noch sehr zeitraubend und schwierig geworden. Gern gab ich ihm dafür das kleine Jägerrecht zur Belohnung.

Das Flugplatzgelände fiel auf der Ostseite mit kurzem steilem Hang in die Warnowwiesen ab und gab von der von uns so genannten „strategischen Höhe" den Blick frei in die idyllisch gelegenen Warnowwiesen bis zur Pürschgebietsgrenze an der fließenden Warnow. Bei einer Mondpirsch im November stand schon um 22 Uhr eine fünfköpfige Rotte in der Wiese im Gebräch. Ich prüfte den Wind, mußte die Sauen weiträumig umschlagen und pürschte sie bei gutem Kugelfang bis auf achtzig Meter an, dann schoß ich einen starken Überläufer aus der Rotte, der im Feuer der 7 x 65 R blieb. Das Mondlicht wurde heller und die Nacht immer schöner. In der Wiese war stark gebrochen, hier konnte also noch mehr Schwarzwild kommen. Die Sauen konnten eigentlich nur aus den Dickungen jenseits der Warnow aus dem Revier des jagdlichen Nachbarn kommen. Ich setzte mich auf der strategischen Höhe an, dem zwanzig Meter höher gelegenen Sandplateau, und konnte von dort alles überblicken. Jenseits der Warnow zeigte das Doppelglas plötzlich ein Schwein, das am jenseitigen Warnowufer hin und her trollte, als wolle es zu mir über die Warnow wechseln. Das allzu helle Mondlicht machte den Überläufer aber unschlüssig, weshalb er mehrere Male wieder in die Deckung zurück zog. In der Hoffnung, daß der Keiler abermals den Versuch machen würde, bis zur Flußbiegung vorzutrollen, um den Fluß zu durchrinnen, pirschte ich im Eilmarsch durch die dreihundert Meter breite Wiese und bezog direkt am Fluß hinter einer einzelnen Eiche meinen Stand.

Tatsächlich trat der Keiler noch einmal aus und trollte nochmals an der Warnow entlang auf mich zu. Der Keiler wechselte bis auf zehn Meter heran, verhoffte am jenseitigen Ufer, auf dem ich ihn noch nicht beschießen durfte, und begann dann wenige Meter vor mir die Warnow zu durchrinnen. Als er in der Mitte des Flusses war, hatte ich dann endlich „Feuer frei" und setzte ihm die Kugel zwischen die Lichter. Der Überläufer trieb sofort ab. Mir blieb nichts anderes übrig, als bei einigen Minusgraden bis zur Gürtellinie und in voller Montur in den Fluß zu steigen, um den Überläufer zu bergen. Der eisige Schreck kühlte mein Jagdfieber augenblicklich, und zähneklap-

pernd zog ich dieses Schwein dann an Land. Steifgefroren fuhr ich nach Hause, zog mich um und holte, inzwischen aufgewärmt, die Sauen heim.

Und noch einmal fischte ich später einen Überläufer aus der Warnow, nachdem er mir nach gutem Abkommen Rätsel über sein Verbleiben aufgegeben hatte. Beim letzten Versuch nach zweistündiger Nachsuche entdeckte ich den Überläufer mit gutem Blattschuß und längst verendet in der Warnow liegend. Er hatte sich in der Ufervegetation verfangen. Die Sau mußte gerade beim Sprung in die Warnow verendet sein und guckte nur mit dem Gebrech aus dem Wasser. Wäre sie in der Nacht abgetrieben, hätte ich sie wohl nicht mehr gefunden.

Die in ausgeprägten Mäandern nach Nordosten strömende Warnow war auf fünf Kilometer Länge meine Pürschgebietsgrenze im Wiesenbereich. Zu beiden Seiten von ihr lagen fruchtbare breite Wiesen alluvialen Ursprungs. Der Fluß zog manches Getier an. Hier kamen Wasseramsel, Bisamratte, Eisvogel und Fischreiher vor. Es jagte der Fischotter und der sich ständig weiter ausbreitende Mink in seinen schwarzen und graublauen Schattierungen. Im Herbst und Winter lagen Enten auf dem Fluß, die zum Waidwerken einluden. Aber wie vorsichtig und aufmerksam waren sie, wenn man sie angehen wollte! Es war schon eine Kunst, in gebückter Stellung und in weitem Bogen umschlagend auf Schrotschußnähe heran zu kommen. Vernahmen sie die geringste Bewegung oder ein verdächtiges Geräusch, nahmen sie sich augenblicklich auf. Sie waren dann für den Schrotschuß meistens zu weit. Nur allzu häufig bekamen sie den Schützen eher weg, und man ärgerte sich über die eigene Unvorsichtigkeit, wenn man gute Chancen nicht pariert hatte. Kam man gut an ein Schoof heran, schrieb der jagdliche Ehrgeiz vor, eine Doublette zu schießen. Aber auch das gelang nicht immer. Getroffene Enten fielen in die Warnow oder beim Nachbarn aufs jenseitige Ufer, dann ergaben sich gute Gelegenheiten, die Junghunde im Verlorenbringen und im „Bringen über Hindernis" zu prüfen. In der Frage der Wildfolge gab es niemals die geringsten Probleme, sie wurde stets großzügig gehandhabt.

An einem trüben, nebligen Novembermorgen zog ich mit meinen beiden Drahthaar wieder aus, um auf Enten zu jagen. Ich war die Enten auf der Warnow wiederholt angegangen und hatte schon vier prächtige Erpel und zwei Stockenten am Galgen, als ich hinter der nächsten Flußbiegung am Rande einer mit hohem Gras und etwas Schilf bewachsenen Erlengruppe eine Rotte Sauen unmittelbar vor mir sich einschieben sah. Die Sauen hatten sich wohl verspätet und brachen ungewöhnlicherweise gerade hier ihren Fernwechsel ab, obwohl die Deckung nur gering war. Beide Hunde waren zufällig und Gott sei Dank angeleint. Die Sauen hatten mich trotz der sehr geringen Entfernung noch nicht weg. Eilig lud ich meine 12er Bockflinte auf die beiden Flintenlaufgeschosse um, die ich sicherheitshalber auch auf der Niederwildjagd immer mit mir führte. Ich pürschte die Sauen in ihrer Deckung an und stand plötzlich vor etwa zehn Sauen. Der vorderste Überläufer hatte sein Gebrech auf den Rücken eines anderen gelegt. Auf kurze Entfernung schoß ich einen Überläufer, als dieser hoch wurde, worauf die Rotte auseinanderstob. Ein dreijähriger Keiler setzte auf 25 Meter von mir entfernt breit über die Wiese. Er bekam die zweite Brennecke hochblatt und brach nach 80 Metern in einem Graben zusammen. Mit sechs Enten und zwei Sauen endete meine kleine Morgenpürsch – ein freudiger Ausgleich für die vielen Male, wo ich ohne Beute hatte heimziehen müssen.

Ein andermal fuhr ich nach einem Frühansitz auf weibliches Rehwild – es war vor Weihnachten – mit dem Auto den unteren Wiesenweg an der Warnow entlang und sah plötzlich zwei Stücke Rotwild noch gegen 9 Uhr im Weidengestrüpp am Fluß stehen. Das war hier bisher noch nie vorgekommen. Sie hatten sich wohl beim Einwechseln verspätet und trauten sich jetzt nicht mehr über offenes Gelände, um in ihre entfernt liegenden Einstände zu ziehen. Ich fuhr zunächst langsam vorbei, ließ den Wagen in der Deckung stehen und pirschte mit der Bockbüchsflinte in der Deckung der den Weg säumenden Haselnußhecke zurück. Durch eine Lücke im Blätterdach sah ich Alttier und Kalb auf 30 Schritt vor mir. Das Kalb brach auf den Schuß sofort zusammen. Das Alttier verhoffte noch kurz und sank mit der Brennecke auf dem Trägeransatz lautlos neben das Kalb. Da ich über Jahrzehnte in meinem Pürschgebiet kein Rotwild erlegt hatte, wußte ich dieses besondere Waidmannsheil zu schätzen.

Für Sommerpürschen auf den roten Bock boten die saftigen Wiesen des grünen Warnowtales ein Eldorado. Es hatte, jagdlich übers Jahr verteilt, immer etwas zu bieten. Vom Frühjahr bis zur Blattzeit in den Hundstagen zog sich das Rehwild hier aus der Umgebung zusammen. Es kam aus den Brüchen, aus den Feldgehölzen und aus den Kornschlägen auf dem Plateau. Die günstigste Zeit für einen Hegeabschuß war der Mai und der Juni. Jetzt mußten die schlecht veranlagten fallen, denn nach der Mahd änderte das Rehwild wegen der geringen Deckung seinen Einstand und zog oft auf Nimmerwiedersehen über die Grenze. Zur Blattzeit stellte sich dagegen manch unbekannter Bock ein, der auf Abschußwürdigkeit anzusprechen war. Es sind wohl immer die alten und heimlichen Böcke, die den Rehwildjäger am meisten reizen. Jedes dieser interessanten Gehörne an der Wand hatte seine eigene Geschichte geschrieben. So der Graukopf, der alte zurückgesetzte vorsichtige Sechser mit dem grauen Gesicht. Zweimal hatte ich ihn schon gefehlt, weil ich übereilt geschossen hatte und mir der leichten Beute schon zu sicher war. Seitdem hatte er mich stets eher weg, als ich ihn. Er wurde dann unstet und suchte laufend neue Einstände auf. Auch ein noch so vorsichtiges Anpirschen gestattete er nicht, sondern stahl sich sofort in der geringsten Deckung weg, um dann laut und anhaltend zu schrecken, bis die Sommernacht den Vorhang zuzog. Nach wochenlangen Fehlpürschen wurde dieser alte Geheimrat für mich immer interessanter, bis er Mitte August doch einmal den Fehler machte. Er trat hinter einem brunftigen Schmalreh zu früh aus dem oben gelegenen Roggenschlag in die untere Wiese aus, in der ich meinen Abendansitz gerade bezogen hatte. Die Kugel traf ihn tiefblatt; nach nur wenigen Fluchten im Korn brach er zusammen.

Ein monströses Gehörn an meiner Trophäenwand weckt die Erinnerung an den hellgefärbten mittelalten Bock, der im Bruch am Muchelwitzer See stand und der mir nie mehr aus dem Sinn gegangen war, seitdem ich sein interessantes, verwundenes Gehörn das erste mal angesprochen hatte. Daß ich einmal auf der Frühpirsch zu langsam gewesen war, zahlte er mir arg heim; er ließ mich immer wieder umsonst laufen und geradezu endlos pirschen. Seine untrüglichen Sinne wurden zu einer zeitraubenden Herausforderung. Und wieder einmal stand er schon am frühen Abend auf den Stoppeln am Wiesenrand und sprang laut schreckend ab. Noch nach einer Stunde gegen das schwindende Büchsenlicht zu hatte er sich immer noch nicht beruhigt. Ich setzte darauf, daß er erst bei einbrechender Dunkelheit wieder herausziehen würde. Es galt nur auszuhalten und geduldig zu warten, wie man das auf der Jagd lernt, wenn man erfolgreich sein will. Im Graben liegend, ließ ich es dunkel werden. Nur gegen den Horizont konnte ich ihn einwandfrei ansprechen, als er vorsichtig wieder ausgetreten war. Und als sich dann noch ein günstiger Kugelfang im Gelände ergab, ließ ich mich bei ziemlicher Dunkelheit zu einem riskanten Schuß hinreißen. Ich traf ihn mehr mit dem Gefühl für den richtigen Sitz der Kugel, aber gut.

Ich betrieb in diesem guten Rehwildrevier dreißig Jahre lang einen konsequenten Hegeabschuß, indem ich fast ausschließlich nur Abschußböcke erlegte. Einen guten Erntebock gönnte ich mir nur selten. Trotzdem wurde das Rehwild in Trophäe und Wildbret nicht besser; ein Problem, das heute allgemeine Erfahrung ist. Allerdings war auch in meinem Revier, wie fast überall, die Rehwilddichte zu hoch. Bevor ich von meinem Revier Abschied nahm, streckte ich noch meine beiden besten, erntereifen Böcke. Den alten, starken Sechser mit den über lauscherhohen Stangen – ich kannte ihn seit Jahren und hatte ihn geschont, weil er sich vererben sollte. Im letzten Jahr hatte er wesentlich kürzer vereckt und im ganzen zurückgesetzt. Lange Zeit war er verschwunden, ich konnte ihn nicht wiederfinden. Dann kam er mir eines Abends unverhofft, und zwar in einer neu angelegten, noch nicht gegatterten Eichenkultur, die nach Fichtenwindwurf entstanden war. Er trieb in der Hochblattzeit eine Ricke und kam mir auf hundert Meter bei gutem Licht. Der Bock quittierte die Kugel mit Herzschuß und brach nach sechzig Metern

Flucht zusammen. Auf der gleichen Eichenkultur stellte sich ein anderer Rehbock ein, der den Standort gewechselt hatte und mir schon vom Blockacker bekannt war. Sein Gehörn kannte ich nicht, er war nur am Benehmen wieder zu erkennen. Wenn der Bock auf dem Blockacker sehr spät austrat, verhoffte er am Waldrand grundsätzlich so lange, bis es schwarze Nacht war. Wegen der Dämmerung und der zu großen Entfernung war er nie genau anzusprechen.

Ich war mir sicher, daß man diesen Bock nur nach seinem Benehmen ohne genaue Gehörnansprache hätte schießen können. Er mußte richtig sein, weil sein Verhalten das eines alten und erfahrenen Bockes war. Und so zeigte er sich dann unverkennbar wieder, als er seinen neuen Einstand an der Eichenkultur gewählt hatte, auf der er auch erst bei schwindendem Büchsenlicht austrat. Das ihn begleitende brunftige Schmalreh hatte es an diesem Abend eiliger, überquerte die Kultur vor meinem Hochsitz und verleitete ihn, ihr zu folgen. Er ließ sich auf 120 m im Troll kurz anpfeifen und erhielt die Kugel im selben Augenblick. Nach sechzig Metern brach er nach stürmischer Flucht mit Blattschuß zusammen. Meine Vermutung wurde bestätigt: es war ein alter, zurückgesetzter Sechser mit starkem Gehörn und Dachrosen, ein Abschußbock erster Klasse, den man gerne schießt. Das typische Benehmen eines Stück Wildes gibt doch oft Aufschluß über sein Alter.

Während das Jagdgebiet linkerhand durch die Warnow begrenzt wurde, bildete die rechte Grenze ein breiter, vielbefahrener Landweg. Im letzten Drittel des Anfahrtsweges stieg das Gelände steil in ein Sanderplateau an. Hier lag das Zentralrevier, von dem ich noch etwa hundert

Hektar bejagte. Der Hang, heute Naturschutzgebiet, war von mehreren tiefen Erosionsrinnen durchzogen und zerklüftet. In dem zerfurchten Gelände standen zweihundertjährige Buchen, mit Edellaubhölzern gemischt. Die Buchen waren vierzig Meter hoch und längst hiebreif. Am Unterhang entlang verlief der Wiesenweg, der zur nächsten Ortschaft führte. Die tiefen Schluchten und Hangfurchen waren von einem Quellmoorhorizont durchzogen, dessen Sickerwasser in schmalen, moorigen Bruchpartien bis an den Fluß reichten. Hier, in der „hohlen Grund", verlief der Hauptwechsel des Schwarzwildes vom Zentralrevier hangabwärts über die Warnow hinweg in den jenseitigen Forstort. Dort standen starke Mastbäume, die von den Sauen gern angenommen wurden. Auf dem unteren Hangweg ließ es sich bei Mondschein mit einem Blick in die Buchenhänge gut pürschen. Besonders in Mastjahren waren die Sauen hier um Mitternacht zu finden und manchmal auch leicht zu bejagen. So manches Schwein habe ich in den Quellmoorpartien und in den Hangfurchen des alten Buchenbestandes erlegt, was die Bergung mitunter enorm erschwerte. Einen starken Überläufer schoß ich hier am Oberhang einmal bei Minus 20 Grad Kälte nachts um eins. Als ich mir den rechten Handschuh vor dem Schuß auszog, bekam ich einen Schüttelfrost. Ich mußte erst geraume Zeit zuwarten, bis ich in der Lage war, die Sau zu strecken. Beim Aufbrechen fror mir fast der Nicker in der Hand fest. Anschließend mußte ich das Schwein aber noch ein Stück hangaufwärts ziehen – da wurde es mir dann wieder warm.

Trugen die Eichen gut, und sie taten das eigentlich immer öfter, dann führte die nächtliche Pirsch in die auf dem Plateau gelegenen Eichenbestände. Die meisten waren mit Buchen unterbaut und boten oft nicht ausreichende Sicht, um die Sauen in Anblick zu bekommen. Günstiger waren die Lichtverhältnisse in einem nicht unterbauten Roteichenhorst. Die Roteichen trugen fast jedes Jahr, und die Sauen zehrten bis in den April hinein von den schmackhaften Früchten. Hier zahlte sich der Hochsitz aus, von dem manche Sau erlegt wurde. Der Schuß bei Mondschein ist beim Schwarzwild leider notwendig und allgemein üblich geworden, weil das Wild in unserer Kulturlandschaft durch die ständige Störung und durch den vermehrten Jagddruck immer heimlicher geworden ist. Wenn sich auch Waffen und Optik immer weiter verbessert haben und einen enorm hohen Entwicklungsstand erreicht haben, so bleibt der Schuß bei Mondschein doch immer riskant. Die Sauen kommen im Winterhalbjahr abends zu spät, um sie noch bei Tageslicht beschießen zu können, und so schossen wir zwei Drittel unserer Schwarzwildstrecke bei Mondschein und ein Drittel auf den Treibjagden. Mondscheinphasen wurden von September bis Februar von uns Jägern weidlich genutzt, um den hohen Abschuß an Schwarzwild zu erfüllen.

Die jagdlichen Bedingungen waren in den Mondphasen immer sehr wetterabhängig. Kamen Windstille, Frost und Schnee zusammen, dann waren die Sichtverhältnisse ideal. In jedem Falle galt es abends und nachts die Sauen zu finden, und das war schwierig; denn die Schwarzkittel sind bei hohem Jagddruck nicht mehr standorttreu. Ganze Mondphasen verregneten auch und fielen damit jagdlich aus. Aber sechs Tage vor dem Vollmond und vier Tage danach galt es, das gute Licht zu nutzen. Bei großer Dunkelheit zahlte sich die Jagd nicht aus. Es ergaben sich dann mitunter zeitaufwendige Nachsuchen am nächsten Tag, die auch oft nicht erfolgreich waren. Zuweilen kam es bei solchen Mondscheinpirschen zu sonderbaren Begebenheiten. Einmal zog mir nachts um ein Uhr hangabwärts bei Schnee ein starkes Stück im Altholz entgegen, als ich auf dem Unterhang auf Sauen ansaß. Ich konnte es zunächst nicht ansprechen, auch die Wildart war noch nicht klar. Ich machte die Büchse schußbereit, weil ich glaubte, eine starke Sau zieht auf mich zu. Mit dem immer wieder zur Hand genommenen Doppelglas machte ich zu meiner Verblüffung eine dunkle Männergestalt aus. Ich war sehr erschrocken, ließ den Mann auflaufen und rief ihn an, worauf er brummend zusammenfuhr. Es war der alte, wieder einmal betrunkene Häusler Stövhase aus dem Nachbardorf, der sich in seinem „blauen" Zustand verlaufen hatte und jetzt auf dem Sauwechsel kam. Was kann in solchen Fällen nicht alles passieren, wenn ein Betrunkener sich nachts um eins zum Wildschwein macht und ein Schütze leichtfertig ist? Kurze Zeit danach hängte der Mann sich auf und ich hoffe noch immer, daß dies nichts mit dem Zusammentreffen mit mir zu tun hatte.

Im Mondschein erkennt man vermutetes Wild meistens nicht genau. Sofern man Sauen zu erkennen glaubt, muß man zunächst auf Bewegungen der schwarzen Punkte achten, um sie als Schwarzwild eindeutig ansprechen zu können. Dann müssen Läufe und Gebrech einwandfrei ausgemacht und erst wenn sich die Vorder- von der Hinterhand unterscheiden läßt darf geschossen werden. Das lernt jeder Jäger, der sich im Nachtschießen allmählich qualifiziert. Oberstes Gebot ist äußerste Vorsicht!

Ein andermal hatte ich gegen 23 Uhr bei hohem Schnee und ausreichendem, aber verdecktem Halbmond auf der Brandschneise des Reviers Gädebehn einen Überläufer erlegt. Ich brach das Stück auf, fuhr rückwärts mit dem Trabant-Kombi an das Stück heran und lud es ein. Dabei

hatte ich mich hoffnungslos festgefahren, denn ich war mit den Hinterrädern in eine recht tiefe Pflugfurche gesackt. Es bestand keine Chance, ohne Hilfe wieder freizukommen. Bestenfalls konnte ich darauf hoffen, auf der nahen Betonstraße einen freundlichen Kraftfahrer anzuhalten, der mich herauszog.

Ich stellte mich also mit Pelzmütze, schwerem langem Lammfellmantel – einem Überbleibsel aus dem zweiten Weltkrieg –, umgehängter Waffe, also in einem insgesamt kriegerisch anmutenden und wohl auch furchterregenden Aufzug auf der Betonstraße auf. Auch nach über zwei Stunden hatte sich noch kein Fahrzeug zu so später Stunde und in der kalten Winternacht genähert. Statt eines Autos wechselte aber eine starke Rotte Sauen vor mir über die Straße. Obwohl ich eigentlich nicht in der Stimmung war, weiter Strecke zu machen, war die Chance zu verführerisch. Ich schoß einen Überläufer aus der Rotte, der auch gleich im Graben liegen blieb. Ich begriff erst im Nachhinein, daß ich meine Situation dadurch nicht verbessert hatte. Mir standen jetzt zwölf Kilometer Rückmarsch deutlich vor Augen, die ich in voller Wintermontur und bei Schneelage zurücklegen mußte, wenn ich keine Hilfe bekam.

Schließlich rollte, weit in der zweiten Hälfte der eisigen Winternacht, ein Skoda heran, von dem ich Rettung erhoffte. Als ich den Fahrer mit erhobener Hand auf der Straße zum Anhalten bewegen wollte, bekam dieser solche Angst, daß er das Gaspedal bis zum Anschlag durchtrat und auf mich zuraste. Nur mit einem kühnen Sprung zur Seite konnte ich mich noch retten. In gewisser Weise mußte man für diesen Zeitgenossen sogar Verständnis haben, denn meine Erscheinung war nicht gerade vertrauenerweckend. Ich hörte dann unten im Dorf noch Bretter krachen, woraus zu schließen war, daß der Fahrer auf seiner panischen Flucht in der Kurve einen Gartenzaun mitgenommen haben mußte.

Inzwischen war es nun bedenklich spät geworden. Der Mond neckte mich in malerischer Pracht. Enttäuscht gab ich jede Hoffnung auf Hilfe auf und setzte mich heimwärts in Marsch. Fast drei Stunden nächtlicher Fußmarsch standen mir bevor. Schon nach einem Kilometer dampfte ich wie ein Kaltblutpferd vor schwerer Last. Mir kam in meiner Enttäuschung dummerweise nicht der Gedanke, die Hälfte meiner Winterkleidung abzulegen, ich hätte trotzdem noch genug geschwitzt. Auf halbem Wege kam ich an einer in der Feldmark gelegenen Großgärtnerei vorbei, in der auch zur Nachtzeit immer ein Heizer Dienst tat. Er fuhr auch einen Trecker, mit dem er mir schon öfter Sauen aus dem Schnee gezogen hatte. Als ich in meinem Aufzug dort ankam, und mit lauter Stimme an die dick vereisten Fenster schlug, mußte ich dem Mann einen Todesschreck eingejagt haben. Ich sah nur, daß eine dunkle Gestalt die Kohlenschaufel wegwarf und sich hinter dem großen Heizkessel in Deckung brachte. Der Mann glaubte offenbar an einen Raubüberfall.

Alles Rufen nützte nichts, der Mann war nicht zu bewegen, aus der Deckung zu kommen. Er konnte mich offenbar durch das Glas auch nicht verstehen. Was mochte er in seinem Leben nicht schon alles erlebt haben? Mir blieb keine andere Wahl, als den winterlichen Marsch fortzusetzen. Beim ersten anbrechenden Tageslicht kam ich dann schließlich total erschöpft zuhause an. Das Einholen der Sauen und das Bergen meines Wagens hat dann fast den ganzen nächsten Tag in Anspruch genommen. Auch so kann einmal ein Jagdausflug enden. Solche Nachspiele bei winterlichen Mondscheinpürschen wünschte ich mir nicht wieder. Meiner Passion, bei Mondschein auf Sauen zu jagen, hat dieser Betriebsunfall aber keinen Abbruch getan.

Nicht immer fand die Jagd auf Schwarzwild in den Wiesen oder im Walde statt. Die meisten Stücke wurden auf den Äckern vor dem Hochholz erlegt. Hier waren die Lichtverhältnisse bei Mondschein wesentlich besser, was ein sichereres Schießen möglich machte. Hatte man auf breitem Landweg die letzte Ortschaft passiert und hielt hinter dem letzten Bauernhaus Ausguck auf die Feldmark, dann war ausgetretenes Wild im Doppelglas gut zu erkennen. Sauen hoben sich als größere schwarze Punkte von ihrem Hintergrund deutlich ab. Wenn das Stück angesprochen war, mußte die Entfernung taxiert und überlegt werden, wie man, je nach Sichtverhältnissen, auf etwa fünfzig bis achtzig Meter auf freiem Feld und ohne jede Deckung herankam. Dabei hatte man das Gelände, den Hintergrund und den Kugelfang zu berücksichtigen.

Waren die Sauen schon weit ins Feld gezogen, stand der Wind schlecht oder fehlte der Kugelfang, mußte man sie oft weiträumig umgehen, ehe man in Schußposition kam. Bei gutem Mondschein im November zogen kurz vor Mitternacht einmal drei Sauen in die Feldmark. Ich konnte von der den Weg begrenzenden Hecke gut schießen. Auf den im Knien abgegebenen Schuß brach einer der drei starken Frischlinge zusammen und klagte anhaltend laut. Ich traute meinen Augen nicht, als die beiden anderen Frischlinge das kranke und klagende Schwein von links und rechts attackierten und anhaltend nach dem kranken Stück schlugen. Ich konnte bequem nachladen und schoß einen der angreifenden Frischlinge, der im

Knall umfiel. Der dritte verhoffte einen Moment und trollte dann gemächlich zum Waldrand zurück. Als er unschlüssig auf 120 m noch einmal verhoffte und sich breit stellte, quittierte er mit dumpfem Kugelschlag den Treffer und lag ebenfalls.

Die erste große, zwanzig Meter breite Brandschneise, die das Revier von Norden nach Süden durchzog, bildete die Ostgrenze des Pürschgebietes im Walde. Hier trat gern Wild aus, und gut belaufene Wechsel führten darüber hinweg, an denen auch Hochsitze errichtet wurden. Aber in den Schneisen küselte oft der Wind, so daß die Sauen meistens schon im Anwechseln durch das Stangenholz Wind bekamen. Lange und breite Brandschneisen bilden gute Gelegenheiten, um Wildackerkulturen anzulegen. Sie wurden damals forstseitig leider ungenügend genutzt, was wahrscheinlich aus Gründen falscher Sparsamkeit geschehen ist.

Zwischen den Brandschneisen zogen sich großflächig reine Fichtenbestände hin, in denen vom Frühjahr bis in den Hochsommer hinein ständig Ringeltauben balzten und zur Jagd einluden. Am Frühlingsmorgen den balzenden Täuber anzupürschen, den Auerhahn des kleinen Mannes, ist reizvoll und sollte nicht versäumt werden, wenn man Gelegenheit dazu hat. Ich habe das in meinen ausgedehnten Fichtenbeständen weidlich genutzt und sehr genossen. Massen-Strecken kann man dabei nicht machen, weil man in der Regel von der immer wachsamen Taube eräugt wird. Gelingt es aber doch einmal, auf Schrotschußentfernung heranzukommen, und der getroffene Täuber fällt polternd durch das Geäst, von einem Federpilz begleitet, dann findet die schwierige Pürsch ihren freudigen Abschluß.

Meine neuen Jagdgründe

Nach der deutschen Wiedervereinigung ist mir wieder ein Begehungsrecht angeboten worden. Bei meiner Revierauswahl entschied ich mich für einen neuen, völlig anders strukturierten Pürschbezirk. Dieser bestand im wesentlichen aus Kiefernbeständen, mit einem hohen Anteil Ginster durchsetzt. Nur eine kleine, malerisch gelegene Waldwiese mit einem größeren Wasserloch bietet eine wahre Oase in dieser sonst so monotonen Kiefernheide. Hier sind die Sauen zu Hause. Ich erinnerte mich der vielen Treibjagden, die den starken Schwarzwildbestand ans Licht förderten. Dort konnte ich, meist auf schmalen Schneisen, so manches Stück Schwarzwild zur Strecke bringen.

Neue Jagdgründe haben immer ihren besonderen Reiz wenn es gilt, sie zu erforschen und jagdlich zu erschließen. Nach Übernahme des neuen Pürschgebietes Anfang Mai kamen über einen breiten Landweg, an dem ich mich aufgestellt hatte, drei führende Bachen mit fünfzehn Frischlingen und noch zehn Überläufer linker Hand. Als dann auch rechts nochmals drei Überläufer kamen, von denen ich gleich einen erlegte, wußte ich, daß ich ein wildreiches Gebiet mit vielen neuen Jagderlebnissen gewählt hatte. Da meine Vorgänger hier keine jagdlichen Einrichtungen geschaffen hatten, begann ich sofort mit dem Bau diverser Hochsitze und Ansitzleitern, die hier unentbehrlich sind. Das Schwarzwild kommt über die breiten hellsandigen Landwege meistens flüchtig und ist dann kaum erfolgreich zu beschießen. Ich habe meine Ansitze deshalb auf die in den Beständen liegenden Rückeschneisen verlegt, wo das Wild vertrauter und langsamer wechselt.

Ich bin voller Spannung, wie sich die Jagdausübung in diesem großen Kiefernkomplex gestalten wird.

Und noch eine weitere, sehr günstige jagdliche Möglichkeit hat sich für mich aufgetan. Die vor meinem Hause nordwärts sich auf dem Endmoränenplateau erstreckende 450 Hektar große, mit Hecken durchzogene Feldjagd ist von zwei städtischen Jägern gepachtet worden. Sie wohnen nicht am Ort und haben mir den Schwarzwild- und Raubwildabschuß übertragen, damit der Wildschaden vermindert oder ausgeschaltet wird. Dieses Angebot nehme ich natürlich gern an, zumal ich hier auch Gelegenheit habe, meine Vorstehhunde im Feld und auf dem dazu gehörigen Mühlensee arbeiten zu lassen. So darf ich im besten Einvernehmen mit meinen Pächter-Waidgenossen auch dieses kleine Feldrevier, ein wahres Heckenidyll, mein Jagdrevier nennen.

Was wären die 450 ha landwirtschaftlicher Nutzfläche und bester Böden wohl jagdlich ohne diese Hecken? Von ihnen geht eine magische Anziehungskraft auf alles Leben in der Feldmark aus. Die Tierwelt findet hier alles das, was sie andernorts meist vermißt, nämlich Deckung, Äsung und Ruhe. Hecken in der offenen Landschaft bilden ein Refugium der lebenden Welt, ein Biotop verschiedener Wildarten. Sie sind auch ein jagdliches Eldorado. Sechs 10 bis 15 Meter breite und 400 bis 800 m lange Hecken durchziehen von Norden nach Süden die Feldmark. Was diese Hecken so wertvoll macht, ist ihre artenreiche und dichte Vegetation. Sie verdanken ihre Entstehung und Erhaltung massiven Block- und Steinablagerungen. Diese Lesesteine kennzeichnen zugleich die Besitzmarken der einzelnen Hufen.

Das Erdreich zwischen den Steinablagen hat Bäume und Sträucher wachsen lassen. Heute bilden die Hecken lebende Schutzzäune für die ertragreichen Kulturen und verbessern windabbremsend das Freilandklima. Im Wechsel der Jahreszeiten entfalten sie ihre bunte Farbenpracht und bieten dem betrachtenden Auge ihre ganze Schönheit dar. Den meisten Menschen freilich bleiben sie verschlossen und unentdeckt, denn hierher führt kein Weg und Steg. Nur einzelne Naturfreunde und Beobachter dringen bis hierher vor, und die wissen, wie sie sich zu benehmen haben. Auch Traktoren bahnen sich schwer ächzend ihren Weg an den Hecken entlang, und der Jäger setzt seine Stiefel in den bindigen Boden. So zieht hier erquickende Ruhe ein, und deshalb ist auch ein guter jagdlicher Anblick nicht selten. Die Baumreihen in den Hecken sind stark lückig unterbrochen und ganz vom Zufall gestaltet.

Breitkronige Stieleichen, fast alle als Solitär erwachsen, herrschen vor, gemischt mit Wildbirne, Vogelkirsche, Ahornen, Birken, Weiß- und Rotbuchen, Ulmen und Ebereschen. Teils aus Kernwüchsen, teils aus Stockausschlägen entstanden, sind sie immer ohne Pflege wild gewachsen. Nur allzu breit ausladende Äste der strotzigsten Krausköpfe werden manchmal vom Bauern zurückgeschnitten, wenn sie der Scholle zuviel Land entreißen. Nur wenig unterbrochen, ist die dichte Strauchwand aus Schlehdorn undurchdringlich. Wildschwein, Reh, Fuchs und Marder finden hier trotzdem einen Durchlaß und im Labyrinth der Hecken ein sicheres Versteck. Unter dem Dornbusch sind alle Gräser ausgedunkelt. In milder, porenreicher Mullerde wurmt hier die Schnepfe nach Gewürm, gräbt der Igel nach Regenwürmern, jagen Spinnen nach vielerlei Kerfen. Stellenweise hat der schwarze Holunder seine Herrschaft angetreten und gibt sie nicht mehr her im Kampf mit vielseitiger Kronenkonkurrenz. Seine weißen Doldenblüten leuchten im späten Frühjahr so markant, wie die schwarzen Beeren im frühen Herbst Drossel, Star, Fink und Ammer einladen. Aber auch Marder und Fuchs nehmen die Beeren auf, wie Rückstände in ihrer Losung zeigen. Nur die Kirschen der Vogelkirsche sind noch begehrter, mit der sich auch Wildtaube und Pirol in den Hundstagen laben. All die vielen Sänger bauen hier in den Dornen ihre Nester, die sich jedem Auge erst im Winter nach dem Laubfall preisgeben, wenn die Nester ihr geschütztes Leben längst entlassen haben.

An heißen Sommertagen pfeift der Pirol seine melodische Strophe, und in der kurzen Nacht singt die Nachtigall träumerisch ihren bezaubernden Reigen. Alles zum Lobe ihrer begehrlichen Heimstatt, ihrem Heckenbiotop. Dort, wo die Haselbüsche ihren Standraum nicht behaupten konnten, bilden die wildwuchernden Heckenrosen einen Verhau und verweben sich mit den ebenso stachligen Brombeerranken, die lichthungrig jede Lücke besetzen und erweitern – im ständigen Lebenskampf mit den mannshohen Nesseln, die aus dichten, tiefen Wurzelmatten unerschöpfliche Lebenskraft wecken und den bunten Reigen üppig sprießender Vegetation schließen.

Diese Hecken ziehen alles Wild an, das in die Feldmark zieht. Hier frischt die Bache unbemerkt. Hier stecken sich die Überläufer unter dichtem Dorn, den sie nur nachts verlassen, um im Schutz der Hecken weiterzuziehen und nach Eicheln und Wildbirnen zu suchen. Hier steht das Rehwild in dichten Sprüngen, zahlreicher als irgendwo anders, käut geruhsam an der Leeseite wider und wird unsichtbar jenseits der Hecke flüchtig bei sich nähernder Gefahr. Starke Rehgehörne mit über 400 Gramm drücken

Nährstoffreichtum und Bekömmlichkeit des Einstandes aus. Fuchs und Marder spüren sich regelmäßig, im Wind der Hecken sicher nach Beute jagend, die sich mit verlockendem Duft verrät. Selbst der geschnallte Gebrauchshund stürmt sofort den Hecken entgegen, wenn er nicht vorzeitig zurückgepfiffen wird. Die Erfahrung hat ihn längst gelehrt, daß er nur hier gleich an Wild kommt. Er möchte es so gerne hetzen, was ihm aber nicht erlaubt wird, weil hier die Ruhe heilig sein muß. Darum wird er frühzeitig durch Trillerpfiff gebremst.

Allnächtlich durchstöbern die Steinmarder aus dem nahegelegenen Dorf die Hecken nach flitzenden Mäusen, schlafenden Vögeln oder frettieren nach Kaninchen. Sie behaupten sich an einigen Stellen gegen alle Gefahren, obwohl die Myxomatose ihre Population nicht anwachsen läßt. Aus hohem Gezweig stößt der Bussard allgegenwärtig nach den Mäusen, der Sperber nach Kleinvögeln und der Habicht nach Tauben und Eichelhähern – und zur Überraschung des Jägers sogar nach geschossenen Tauben vor dem Schirm.

Nicht nur das Wild findet Deckung und Schutz in den Hecken, auch der Jäger nutzt sie für seinen Ansitz. Fast alles Wild wechselt im Schutz der Hecken den Jäger an, der von dort aus wieder beste Sicht in die freien Feldkulturen hat. Wo jetzt die hohe Kanzel in der Hecke errichtet ist, dort schneiden sich die Wechsel über dem Feld, dort läuft im Schutz der Hecke alles an. Man kann weit in stehendes Korn hineinsehen. Daraus ragen die schwarzen Rücken der führenden Bachen heraus, deren Frischlinge im Juni/Juli immer noch zu gering erscheinen und erst zur Stoppelzeit August/September schußreif sind. Mühelos läßt sich hier auch der rote Bock zur Blattzeit bejagen, wie auch Ricke und Kitz über das Winterhalbjahr unter Ausnutzung der Deckung durch die Hecken leicht zur Beute werden. Die große Jagdzeit ist aber der Hochsommer, wenn das Korn gemäht wird und die Sauen zuerst noch bei Tageslicht auf die Stoppeln ziehen. Dann tritt der bis dahin heimliche Bock aus der Deckung und läßt sich sicher ansprechen. Auch die Jungfüchse, jetzt auf selbständigen Beutezügen, stehen an den Hecken zu. Die kleine Feldjagd trägt das Los erheblichen Wildschadens, denn zur Zeit der Milchreife stehen zahlreiche Sauen in den hohen Kornschlägen, in denen die Frischlinge nicht zu sehen sind.

Im Winterhalbjahr dagegen sind hier keine Sauen zu schießen, da kein Mais angebaut wird und auf kahlen Äckern nichts zu brechen ist. So konzentrieren sich die Schwarzwildabschüsse auf die relativ kurze Stoppelzeit, wenn sich die Sauen noch nicht umgestellt haben, nachdem sie monatelang sichere Deckung im Korn fanden. Dreimal gelang es dem Jäger noch im September, die aufmerksame, unruhige und fortlaufend sichernde Bache mit ihren Frischlingen anzupürschen und jedesmal einen schon gut entwickelten Frischling zur Strecke zu bringen. In den Hecken konnte man unter Berücksichtigung der Windrichtung vortrefflich ansitzen oder in ihrer Deckung dem Wild entgegenpürschen. Gott sei Dank lagen alle Stücke unweit vom Anschuß oder sogar im Knall. Es waren noch sehr warme Nächte, das Wild mußte sofort geborgen werden weil es sonst am nächsten Morgen verhitzt gewesen wäre.

Die Tage von August bis Oktober waren in der Heckenlandschaft noch mit einem anderen reizvollen Waidwerk angefüllt. Die Ringeltaube konzentriert sich hier auf den

Stoppeln von Weizen und Raps. Die Taube streicht gern an den Hecken entlang und fällt entweder auf einzelnen Fallbäumen oder auf den Stoppeln ein, wo man sie im Schutz der Hecken gut anpürschen kann. Findet man dann einen schmalen Durchlaß, kommt man mitunter an die gesellig lebenden Tauben auf Schrotschußnähe heran. Bei meinen Ansitzen hier wurde mir immer wieder deutlich, wie wertvoll solche Hecken im Haushalt der Natur sind und welche Sünde es ist, sie wider die Natur auszuräumen.

Seinen Pensionshirsch schießt man nur einmal

Als ich nach sechsundvierzig Jahren Dienstzeit und achtunddreißigjähriger Tätigkeit als Waldbau-Dozent an der Mecklenburgischen Forstfachschule in Raben Steinfeld meinen fünfundsechzigsten Geburtstag beging, gab mir zu meiner größten Überraschung und Freude das Mecklenburgische Landesforstamt einen Rothirsch der Klasse 1 zum Abschuß frei. Ein Pensionshirsch ist gewöhnlich der krönende Abschluß des Hauptabschnittes eines Jägerlebens, der einen gewissen Schlußstrich unter das Jägerleben zieht. Die Freigabe dieses Hirsches hat mich als passionierten Jäger in helle Aufregung gebracht, zumal sich wieder eine der wenigen Gelegenheiten ergab, einen guten Hirsch zu schießen.

Ich wurde in das Lehrforstamt Gädebehn eingewiesen, in dessen Bereich ich auch wohne. Zwar hatte ich arge Bedenken, hier Erfolg zu haben, weil im hiesigen Forstamt Rotwild nur als Wechselwild auftritt und nur sehr selten jagdbare Hirsche durchwechseln. Und so verlief auch die erste Bestandsaufnahme im Hochsommer gemeinsam mit dem Forstamtsleiter sehr dürftig. Jagdbare Hirsche wurden nirgends bestätigt. Wir setzten alle Hoffnung auf die Brunft, wenn mehr Bewegung unter dem Rotwild auftritt und in dem dazugehörigen Revier Jülchendorf zuweilen auch ein schwacher Brunftbetrieb zu verzeichnen war.

In der Brunftzeit 1995 war es außergewöhnlich warm und die Brunft verlief deshalb ziemlich stumm. Ich saß von Mitte September und im Oktober fortgesetzt in diesem Revier an, hatte aber bislang noch kein Rotwild vorgehabt.

Vom Revierförster Reiner Wagner, einem meiner ehemaligen Forststudenten, wurde inzwischen aber dennoch ein mitteljähriger Abschußhirsch, ein Eissprossenzehner bestätigt. Man fragte mich, ob ich in Ermangelung eines Hirsches der Klasse 1 auch einen Hirsch der Klasse 2b schießen würde. Ich willigte ein, weil für mich zum einen der Abschuß auf das laufende Jagdjahr begrenzt war und ich zum anderen den Kilogrammgewichten der Hirschgeweihe nur eine untergeordnete Bedeutung beimesse.

Ich nutzte jede sich bietende Ansitzgelegenheit und habe an die zwei dutzend Mal angesessen, was sich bis zum 5. November hinzog. Dieser einzige in Frage kommende Hirsch kam einfach nicht in Anblick. Auch Sauen hatte ich in diesem sonst so guten Schwarzwildrevier noch nicht vorgehabt. Der Abschußhirsch war inzwischen mehrfach von Mitjägern gesehen worden, mir kam er aber nicht. Anfang November war Schnee gefallen, und der Vollmond stand schon früh am Himmel. Der Hirsch spürte sich nun öfter im Grenzgebiet zwischen Bundesforst und Landesforst. Ich saß zum wiederholten Male auf einer geschlossenen Kanzel, vor mir ein weites Brachland, hinter mir das Zentralrevier. Am 5. November bezog ich wieder um 16 Uhr meinen Ansitz und wollte bis 22 Uhr ausharren. Es war sehr kalt. Zunächst hatte ich einen guten Anblick von einem Sprung Rehen und zwei Stunden später auch zum ersten Mal von Rotwild. Drei Stücke Kahlwild und ein junger Hirsch wechselten vorüber. Das Rudel ging nach einer Weile flüchtig in die Bundesforst ab, und die Bühne war wieder leer. Es wurde nun noch kälter, und obwohl ich warm angezogen war, fror ich. Ich hängte mir den schweren Lammfellmantel über und überwand mich, weiter auszuharren. Eine Stunde später sah ich einen dunklen Punkt von weither rasch näherkommen.

Ich hielt ihn zunächst für ein Stück Rehwild, dann aber nahm ich das Doppelglas zur Hilfe und bestätigte meinen Hirsch, der schnell auf mich zuzog. Erst als der Hirsch etwa auf fünfzig Meter vor mir war, konnte ich ihn einwandfrei als meinen Eissprossenzehner ansprechen. Es herrschten Windstille, leichter Frost und tiefe Waldesruhe.

Alles mußte ebenso rasch wie leise vor sich gehen. Jetzt mußten sich die Trockenanschläge bewähren, die ich vorher geübt hatte, um absolut geräuschlos die Büchse in Anschlag zu bringen und aus der Schießscharte schießen zu können. Ich war gut vorbereitet und hatte die Repetierbüchse am Kopf, als der Hirsch breit auf vierzig Meter verhoffte. Der Schuß war leicht. Der Hirsch flüchtete und brach nach 60 Metern Fluchtfährte in meinem Sichtbereich zusammen. Mein Puls raste, und ein eigenartiges Gefühl von überschäumender Freude, aber auch von Trauer bemächtigte sich meiner. Ich trat nachdenklich an meinen Pensionshirsch heran und konstatierte: ungerader einseitiger Eissprossenzehner, etwa sechs bis acht Jahre alt, fast einen Meter hohe Stangen ohne Kronen und etwa 160 Punkte, die sich später durch Auspunkten bestätigt haben. Es war zwar kein Hirsch der Klasse 1, aber ich war vollauf auch mit dieser Trophäe und vor allem mit dem Erlebnis zufrieden.

Ich genoß noch eine Zeitlang den majestätischen Anblick dieses Recken und war mit Dankbarkeit erfüllt, daß ich noch einmal in meinem Leben einen so starken Hirsch hatte schießen dürfen. Dann meldete ich meinen Erfolg dem Revierförster Wagner, der mir den Bruch überreichte. Anschließend brach ich den Hirsch auf. Es war ein denkwürdiges Erlebnis, das so ziemlich am Ende meines langen und glücklichen Jägerlebens einen besonderen Stellenwert behalten wird.

Fazit

Mit diesem kurzen Bericht über die Umstände der Erlegung meines wohl letzten guten Hirsches möchte ich die Schilderung besonderer Erlebnisse und Episoden beschließen. Es waren gewissermaßen die Rosinen aus dem Kuchen.

Der jagdliche Alltag meines langen Jägerlebens sah verständlicherweise nicht immer so aus; es wurden mir nicht immer nur glückselige Stunden zuteil. Neben Erfolgen standen Mißerfolge, statt glänzender Siege gab es auch schmähliche Niederlagen, nicht nur Fähigkeitsbeweise sondern auch Unvermögen, nicht nur kluges Handeln, sondern auch törichtes Unterlassen, nicht nur Perfektion im jagdlichen Handwerk, sondern auch Versagen. Nicht nur Gewinn an äußeren und inneren Werten und nicht nur viel Freude und Glück, sondern auch Leid im persönlichen Leben. „C'est la vie!" sagt der Franzose.

Wenn man älter wird, ohne Lesebrille nichts mehr geht, schwerer hört als früher, morgens nicht mehr gerne so früh aufsteht, obwohl eine herrliche Frühpirsch lockt, immer mehr Tabletten nehmen muß und die langsam enger werdenden Grenzen körperlicher Leistungsfähigkeit immer deutlicher spürt, dann gehen die Gedanken schon mal öfter zurück in die Vergangenheit. Man beginnt sie dann kritischer zu durchleuchten, als man es früher einmal getan hat. Es ist erstaunlich, wie sich die Ansicht, die Einstellung und die Bewertung gesellschaftlicher Ereignisse und eigener Handlungsweisen im Alter ändert. Wenn ich in diesem Buch nicht auf die vielen von mir gemachten jagdlichen Fehler und Unzulänglichkeiten eingegangen bin, so heißt das nicht, das ich solche weniger begangen hätte als jeder andere. Und es heißt erst recht nicht, daß ich nicht zu ihnen stehen würde. Ich habe mich immer bemüht, selbstkritisch zu sein und die Überheblichkeit zu bekämpfen, um bis auf den heutigen Tag bereit zu sein, auch von Jüngeren zu lernen.

Wenn meine Jägerlaufbahn sich nun bald ihrem Ende nähert, dann sind meine Gedanken bei der jetzt jüngsten Jägergeneration, insbesondere bei meinen ehemaligen Forststudenten, die heute ihre Reviere verwalten, gesellschaftlich, forstlich und jagdlich im vollen Leben stehen und in die Bewährung genommen sind, wie wir Alten es einst waren.

Ich denke aber auch mitleidvoll an die vielen anständigen Jäger und passionierten Jagdscheininhaber, deren jagdliche Möglichkeiten bescheidener sind als die meinen einstmals waren und die sich ihre jagdlichen Wünsche unter armseligen biotopischen Verhältnissen nur bitter, mit großen Mühen und selten erfüllen können. Glauben Sie mir, man kann sich auch dort in unserer arg strapazierten Kulturlandschaft, wo fast nur noch Füchse schnüren, Kaninchen ihre Baue graben, Wildtaube und Ente über die Jagdgründe streichen, ebenso viele und schöne Jagdfreuden verschaffen wie dort, wo noch stärkeres Wild seine Fährte zieht. Wo aber um so leichter Jagdneid, Mißgunst, Dünkel und Prahlerei Einkehr halten; abhold jeder anständigen Bescheidenheit im Geiste einer guten waidmännischen Tradition. Es kommt eben immer darauf an, wie, mit welcher Auffassung und mit welcher Gesinnung man seine Jagd betreibt. Safari-Denken, dem ich trotz der verführerischen Reklame „Jagen weltweit!" nie zugetan war, wird nicht der Weisheit letzter Schluß bleiben.

Ich darf Ihnen raten, liebe Waidgenossen: haben Sie Mut, packen Sie's dennoch mit Schneid jägerisch gekonnt an. Setzen Sie das Werk der älteren Generation auf höherer Stufenleiter fort und knüpfen Sie klug an das Geschaffene und Übergebene an, entwickeln Sie das große deutsche Waidwerk weiter. Bewahren Sie sich immer eine anständige waidmännische Gesinnung als eines der Grundelemente bei der Jagd, denn große Jägergestalten beweisen sich am wenigsten durch große Strecken. Fühlen Sie sich dem jagdlichen Brauchtum unbeirrt verpflichtet, sehen Sie deutsches Waidwerk als unauslöschbares Kulturgut an – und das erst recht jetzt in einer Zeit des bedenklich negativen Wertewandels. Lassen Sie sich nicht die hochentwickelte deutsche Jagdkultur von jenen entreißen, die nichts davon verstehen und als Besserwisser ihre erschreckende Unkenntnis und Armseligkeit zur Schau tragen. Erkunden Sie Ihre Reviere, erschließen Sie diese jagdlich meisterhaft und nach allen sich örtlich bietenden Möglichkeiten, um Ihr kostbares Jägerleben in Freude zu leben. Und bedenken Sie: der Puls des Lebens drängt in ewiger Eile über alles Schöne unseres Lebens viel zu rasch hinweg!

Ich wäre kein guter Repräsentant der nun älteren Jägergeneration, wenn ich nicht auch dem Leser aus meinem langen Jägerleben die wichtigsten Erkenntnisse weitergeben wollte. Diese meine Erfahrungen sind im folgenden Kapitel zusammengefaßt und erläutert.

Jagdliche Chancen und Sünden

Nutzen Sie Ihre jagdlichen Chancen und vermeiden Sie jagdliche Sünden zu begehen. So könnte die technische Analyse meiner Jagderfahrungen ausfallen. Das menschliche kann nur heißen: Seien Sie bemüht, allen Ihren Mitjägern stets ein Vorbild zu sein, denn nur dadurch siegt der Mensch über sich selbst. Was Goethe einmal weise formuliert hat, trifft auch für das Waidwerk zu:

„Wer mit dem Leben spielt, kommt nie zurecht,
wer sich nicht selbst befiehlt, bleibt ewig Knecht!"

Jagdliche Chancen

Unter Chancen sollen nicht nur verbesserte Streckenergebnisse verstanden werden, sondern auch solche des guten Anblicks, der Wildbeobachtung, der Wildansprache und der -bestätigung, kurzum: das Erlebnisspektrum im Waidwerk. Dem Jäger ergeben sich auf Ansitz, Pirsch und Gesellschaftsjagden zahlreiche jagdliche Chancen, die er entweder nutzt oder oft durch eigene Fehler auch vertut. Der Jäger befindet sich auf der Jagd in der Konfrontation mit dem auf Sicherheit aufgebauten Instinktverhalten des Wildes, das ihm zur Herausforderung wird, ja zur jagdlichen Bewährung.

Das jagdgerechte und waidmännische Verhalten spielt im Sinne einer beherrschten und niveauvollen Jagdtechnik für den Erfolg eine bedeutende Rolle. Aus groben Fehlern der Jäger können leicht jagdliche Sünden werden, was den Ehrenkodex der Jägerei empfindlich verletzen kann. Jagd hat einen vielfältigen Sinn und Inhalt, sie ist auch Handwerk. Wir sollten uns, wie in jedem anderen Handwerk, befleißigen, es gut zu beherrschen. Es kann uns nicht gleichgültig sein, wie wir jagen, wobei der Erfolg nicht nur durch die Strecke erlegten Wildes bewertet werden sollte. Gute Jagdtechnik setzt viel Wissen, Können, jagdlichen Spürsinn und Geschick voraus. In dieser Hinsicht sind wir auch dem traditionsbeladenen jagdlichen Brauchtum verpflichtet, an dem heute einige Nichtkundige rütteln wollen.

Dem Wild wollen wir bei allem seine Chance geben. Es hat sie im reichlichen Maße schon wegen unserer zahlreichen Fehler auf der Jagd, weshalb darüber zu sprechen sein wird. Es sollte stets ein Kräftemessen zwischen Wildtier und Mensch dabei herauskommen und dem Jäger reizvoll sein, damit er stets gern zur Jagd ausrückt. Trotz modernster Waffentechnik und schier unermeßlicher Waffenzahl bleibt das Wild oft überlegen; das nötigt uns Respekt ab. Die Jäger tun sich schwer damit, die Vermehrung der Populationen zu beherrschen – das gibt zu denken in Bezug auf die Grenzen unseres Handlungsvermögens.

Es ist nicht uninteressant, einmal unser eigenes Handeln im Rückspiegel kritisch zu betrachten und unsere Fehler, die Jagdtechnik betreffend, einmal zu beleuchten. Dabei handelt es sich meist nicht um besonders schwierige, kniffelige Situationen oder um außer acht gelassene Jägeregeln, wenn wir versagen. Fast immer betrifft es ein ganz lapidares Fehlverhalten, das unüberwindbar zu sein scheint und dem fast alle Jäger wider besseres Wissen ausgesetzt sind. Die Ursache liegt nicht in der Unwissenheit, sondern in Unachtsamkeit, Bequemlichkeit, fehlender Selbstbeherrschung oder mangelnde Voraussicht. Es sind Fehler, für die wir einen Lehrling scharf rügen würden. Müßten wir für unsere eigenen Fehler unser Lehrgeld zurückzahlen, würde manch ein Jäger wohl arm. Vielleicht trägt dieser kleine Beitrag dazu bei, das eigene jagdliche Verhalten immer kritisch zu bewerten, um daraus zu lernen.

Jagd ist immer begleitet von einer bestimmten Jagdkultur. Diese sollte Niveau haben, nur dann können wir auf gesellschaftliche Anerkennung rechnen und im Weltwaidwerk einen geachteten Rang haben. Es geht auch um unsere Jägerehre, die mehr und mehr angefochten wird. Jagdliche Stümperei und Dilettantismus degradieren das Waidwerk und untergaben seine Berechtigung. Gute Nutzung jagdlicher Chancen im Sinne meisterhaften jagdlichen Wissens und Könnens sind ein Beitrag zu einer gehobenen Jagdkultur.

Die Möglichkeiten, auf der Jagd Fehler zu machen, sind besonders groß. Der Jagd sollte deshalb immer geistige Vorarbeit vorausgehen, die schon vorab das Niveau der Jagdkultur bestimmt.

Jagd nach Plan

Das Ziel jeder sinnvollen Tätigkeit ist der Erfolg. Dies setzt stets eine gewissenhafte Planung voraus. Man sollte das Jagen nicht dem Selbstlauf und der eigenen Spontaneität überlassen. Es lohnt sich, zu Beginn des Jagdjahres über jagdliche Vorhaben und Möglichkeiten nachzudenken – besonders für den, der da meint, er hätte zu wenig jagdliche Gelegenheiten. Wenn man die Jagd auch nicht ökonomisieren kann, so muß auch hier ein vertretbares Verhältnis von Aufwand und Erfolg angestrebt werden. Auch die Jagd kann rationell betrieben werden. Die Mehrzahl der Jäger verfügt nicht über jagdliche Paradiese, sondern eher über wenig Gelegenheiten und bescheidene Jagdgründe. Ein Grund mehr, die wenigen jagdlichen Chancen besonders gut zu nutzen, damit sie nicht leichtfertig vertan werden.

Jagdliche Chancen zu entdecken, gehört zu den interessantesten jagdlichen Tätigkeiten. In erster Linie sind die bisher gemachten Reviererfahrungen auszuwerten und in den Dienst neu zu ergründender Möglichkeiten zu stellen. Ohne ein durchdachtes Konzept wird meist Wichtiges vergessen oder unterlassen. Jagd will in jedem Falle gut vorbereitet sein; der Erfolg ist nicht nur der Pate des Zufalls. Wer meint, er käme jagdlich zu kurz, weil er keine Jagdgelegenheiten hat, sollte sich diese durch Kontaktaufnahme erschließen. Wer nur auf Einladungen wartet, wird meist vergessen. Nicht aus böser Absicht, sondern er wird einfach übersehen, weil andere lauter waren. Zunächst muß jeder seine eigene Reputation auf den Prüfstand stellen und mit ihr sein jagdliches Umfeld erschließen. Es ist dann gern die Zahl der Pluspunkte, die ein Bewerber vorweisen kann, die bei einer bescheidenen Anfrage oft einen freundlichen Widerhall auslösen mit beglückenden Einladungen zu schönen Jagden. Sollte es eine Absage geben, ist es den Versuch wert gewesen. Das sollte den Bewerber nicht weiter beeindrucken.

Wichtig bleibt, daß er an sich arbeitet und dabei bedenkt, daß Jäger mit einer guten jagdlichen Gesinnung, die womöglich sogar noch treffsichere Schützen sind, gefragte Leute sind, weil sie sich allein mit diesen Eigenschaften vom Rest abheben. Gute Schützen sind allein deshalb gefragt, weil sie nicht nur Strecke machen und dabei das Wild mit sauberen Schüssen vorlegen können, sondern weil sie nicht mehr Wild vergrämen, als sie sehen. Wer darüber hinaus einen besonders guten Jagdgebrauchshund führt, darf sich als Jagdgast einer zusätzlichen und besonderen Wertschätzung sicher sein. Für jeden Jagdherrn ist es ein erstrangiges Anliegen, die entstehenden Nachsuchen in bester Hand zu wissen. Nachsuchenerfolge sprechen sich herum und machen Schule. Sehr gut arbeitende Jagdgebrauchshunde sind fast überall eine Seltenheit. Es war auch für mich immer wieder erstaunlich, wieviele jagdliche Chancen sich ergeben haben allein durch einen fermen Gebrauchshund. Seine eigene jagdliche Speisekarte im Jagdjahr stellt dann jeder Jäger weitgehend selbst auf. Statt Klage ist Aktivität gefragt.

Vorbereitung der Jagd

Vorbereitung ist alles, sagen die Manager. Abläufe müssen gedanklich durchgespielt werden, auch auf der Jagd. Nach gründlichen Überlegungen folgen alle notwendigen orts-, zeit- und gegenstandsbezogenen Vorbereitungen. Besondere Bedeutung hat die Wahl des jagdliche Zubehörs. Das betrifft die Art der Waffe, die richtige Munition, das Fernglas, das Zielfernrohr, das Jagdmesser, die Taschenlampe, den Zielstock, den Ansitzstock, das Ansitzkissen, den begleitenden Gebrauchshund, und was der einzelne noch so für unentbehrlich hält. Vergessene Dinge können Chancen arg beschneiden. Es sind deshalb immer gleiche Verhaltensmuster anzuraten, umso weniger wird vergessen. Besondere Aufmerksamkeit widme man der wetterangepaßten Kleidung und dem geeigneten Schuhwerk.

Die Kleidung sollte an jedem Tag dem Wetter entsprechend ausgewählt sein, was nicht so leicht zu bewerkstelligen ist. Neben dem Abhören des Wetterberichtes belehrt einen am frühen Morgen ein Schritt vor die Haustüre, was nötig ist. Die Kunst besteht darin, sich nicht „zu kalt" und auch nicht zu „zu warm" zu kleiden. Unangemessene Kleidung dämpft die Stimmung und kann sehr das Wohlbefinden dämpfen. Das wirkt sich auf die Nutzung jagdlicher Chancen aus. Wer auf winterlichen Ansitz-Drückjagden erbärmlich durchfriert, ist jagdlich so gut wie lahmgelegt. Wer durchschwitzt oder naß wird, muß die Wäsche auf dem Leib trocknen lassen, das ist unangenehm. Nasse Füße sind ungesund undsoweiter. Geschick muß schon walten, um es richtig zu machen.

Jagdliche Chancen in jeder Situation gut zu parieren, setzt Wohlbefinden voraus. Schließlich soll Jagd auch Spaß machen und weder zur Strapaze noch zur Qual werden. Vor jedem Jagdgang sollte man sich auch überlegen, ob man überhaupt Wild erlegen will, und wenn ja, welches Wild frei ist und Schußzeit hat. Im Überraschungsmoment ist mancher überfordert. Kommt einem unerwartet der Fuchs oder sogar ein guter Abschußhirsch, wird manchmal die Entscheidung zum Konflikt, weil man sich nicht darauf eingestellt hat. Im Ergebnis versagt man leicht. Mögliche Situationen sind vorher zu kalkulieren oder höflich beim Jagdherrn zu erfragen.

Fährtenbild auswerten

Das meiste Wild sieht man nicht, aber man spürt es. Aus dem Fährtenbild sind mit großer Wahrscheinlichkeit auch die sich ergebenden jagdlichen Chancen abzuleiten. Ständiges Fährten und Spüren sollte dem Jäger eigen und genaue Kenntnisse des Gelesenen Voraussetzung zur jagdlichen Selbsthilfe sein. Auch ein einzelnes Trittsiegel ist genau anzusprechen. Wo keine Spürbahnen sind, kann ein Traktor mit angehängter Egge rasch welche herstellen. Wo sich nichts fährtet, besteht kaum Aussicht auf Anblick. Wo sich dagegen frische Fährten zeigen, tritt Wild meistens schon am nächsten Abend wieder aus. Bei jedem Revierbegang ist deshalb sauberes Abspüren nach Fährten wichtig.

Die richtig eingeschossene Waffe

Trotz der heutigen modernen Waffen genügt es nicht, sich auf das Anschußbild des Büchsenmachers zu verlassen oder auf den bloßen Zuruf eines Mitjägers, daß die Waffe Fleck schießt, sondern man muß sich anhand eigener Kontrollschüsse davon überzeugen, um Vertrauen zur Waffe zu gewinnen. Leider kommt es immer wieder vor, daß mit Waffen geschossen wird, ohne daß der Schütze genau weiß, wo die Kugel sitzen wird. Das ist waidmännisch nicht zu verantworten. Nicht nur genaues Einschießen ist erforderlich, sondern auch der mehrmals im Jahr durchgeführte Probeschuß. Es kann sich mit der Waffe in der Zwischenzeit viel ereignet haben, was sich auf die Treffsicherheit auswirkt, ohne daß man es vorher bemerkt hat. Das sind zwar alles Binsenweisheiten, aber immer wieder wird dagegen verstoßen. Auch beim Wechsel der Munitionssorte muß die Büchse neu eingeschossen werden. Wer das alles unterläßt, verspielt eine jagdliche Chance nach der anderen. Jeder Fehlschuß bei sicherem Abkommen ist als Warnung zu verstehen und muß Anlaß sein zu einem Kontrollschuß. Wer die geringen Kosten eines Übungsschießens einsparen will, zahlt durch Fehlschüsse auf Wild weit mehr drauf und ärgert sich zudem noch über seine eigene Unfähigkeit.

Daß man mit seinem Zielfernrohr sorgfältig umzugehen hat, sollte selbstverständlich sein. Mancher Jäger transportiert es deshalb nur im Köcher und nicht montiert. Man achte auch immer darauf, daß bei Einhak-Montagen die hinteren Haken richtig eingerastet sind, was leider allzugern übersehen wird. Man habe den Ehrgeiz, mit seinem Gewehr stets gut zu schießen!

Deckung nehmen

Nimmt der Schütze auf seinem Stand oder Ansitz nicht genügend Deckung, bringt er sich leicht um jagdliche Chancen, weil er von anwechselndem Wild eräugt wird. Trotz guter Deckung muß aber vollständige Aktionsfreiheit gewährleistet sein. Auch die Sicht muß uneingeschränkt frei bleiben. Man prüfe auf Waldjagden sorgsam seinen Stand und das Gelände und vergewissere sich über Trockenanschläge, ob man gut vorbereitet ist. Etwaige Hindernisse fallen einem sonst erst auf, wenn es ernst geworden ist und man die Waffe anschlägt. Behindernde Zweige und Äste müssen vor Beginn des Treibens entfernt sein, weil ab diesem Zeitpunkt vollständige Ruhe herrschen muß. Fuchs und Rotwild, wie man weiß, kommen gleich zu Beginn des Treibens. Solange man still steht oder still sitzt, mag schwache Deckung genügen, aber genügt sie auch, wenn man aufsteht und Wild näher gekommen ist?

Ob man beim Schuß aufstehen will oder muß, ist vor Beginn des Drückens zu entscheiden. Wild ist vor allem Bewegungsseher, und daher sind alle unnötigen Bewegungen beim Anlauf auf ein Minimum zu reduzieren. Am besten äugt bekanntlich der Fuchs. So gibt es Schützen, die immer ihre Füchse schießen und solche, die nie welche strecken. Das sind eben die Könner, während anderen das Staunen vorbehalten bleibt. Ob man auf dem Stand steht oder sitzt, hängt auch vom Gelände ab. Fest steht, daß man stehend bedeutend reaktionsschneller ist. Wo keine Deckung beim Einzelansitz vorhanden ist, kann man sich rasch durch einen provisorischen Schirm eine Deckung herstellen. Man schlägt im Halbkreis mehrere 1,5 m lange Pfähle um seinen Sitz herum ein und flicht sie mit Zweigen aus. Schon hat man eine Deckung, die der eines Hochsitzes ebenbürtig ist.

Reviere mit Hochsitzen zu übersäen, wie man das heutzutage fast in allen Revieren und besonders an den Reviergrenzen sieht, ist nicht nur ein unschönes Bild, sondern zahlt sich jagdlich auch nicht aus. Von den meisten Hochsitzen wird kaum Wild geschossen. Außerdem kann man von einem Ansitzschirm auch rasch mal einen Stellungswechsel vornehmen. Die Arbeit umfangreicher Holz- und Metallbauten kann man sich also ersparen.

Verhalten auf dem Stande

Wieviel Chancen sich Jäger verpatzen, weil sie auf ihrem Stand während eines Treibens nicht ruhig stehen, ist einfach unglaublich. Wer dauernd hin und her trampelt, immer etwas zu manipulieren hat, mit den Händen gelangweilt herumfuchtelt, laut hustet oder sich laufend um seine eigene Achse dreht, tut wirklich alles, um keinen Anlauf zu haben und um nicht zu Schuß zu kommen. Was manche Schützen auf ihrem Stand so darbieten, zeugt nur von haarsträubender Unkonzentriertheit und Langeweile. Genau diese Jäger sind es, die sich dann oft beklagen, daß sie keinen Anlauf gehabt haben, weil man ihnen schlechte Stände gegeben hat. Sie wollen für ihr Fehlverhalten dann auch noch bedauert werden. Die Nachbarschützen ziehen daraus ihre Vorteile, weil das anwechselnde Wild vor diesen unruhigen Geistern früh genug abgedreht ist. Versetzt man sich einmal in die Rolle des anwechselnden Wildes muß klar sein, wie man sich auf dem Stand zu verhalten hat.

Der Überraschungseffekt, wenn plötzlich Wild vor dem Stand erscheint und scharf sichert, ist nicht zu überschätzen. Man neigt dann zu ruckartigen Bewegungen. Manch ein sensibler Schütze ist dann wie gelähmt, andere fallen förmlich aus der Wäsche. Das Ergebnis ist das gleiche, die Chance ist verpaßt. Mancher schießt zur Beruhigung noch einmal „hinterher", wie man das dann nennt, aber getroffen wird nichts mehr, weil man die günstigste Position des Stückes nicht genutzt hat. Lange Treiben nerven natürlich, wenn sich lange Zeit nichts tut. Jeder kennt den toten Punkt, aber wer Waidmannsheil haben will, muß konzentriert bleiben. Zum Triefen ist später noch Zeit genug, nur nicht auf dem Stand!

Hat man auf einer Ansitz-Drückjagd seinen Stand eingenommen, dann sollte man sofort das Gelände sehr genau in Augenschein nehmen und sich auf Anlauf einstellen. Der Kugelfang muß in jeder Richtung abgeschätzt und im Zusammenhang mit zugewiesenen Schußwinkeln festgelegt werden. Sicherheit geht über alles. Bestehen in bestimmten Richtungen auch nur die geringsten Sicherheitsbedenken, dann sind diese Geländebereiche für einen Schuß tabu. Eine Einweisung durch den Jagdleiter ist niemals ein Freibrief, sondern jeder Schütze verantwortet seinen Schuß selbst. Bei einem Jagdunfall muß sich immer der Schütze verantworten. Mit der Vergrößerung des Schußwinkels nimmt der Sicherheitsaspekt des Kugelfanges zu, weshalb von erhöhten Ansitzböcken geschossen werden sollte.

Auch mit der Flinte ist die Situation durch einige Trockenanschläge zu klären. Für den Schrotschuß sollte man sich im Halbkreis auf die Vierzig-Meter-Grenze festlegen, damit Hase und Fuchs nicht zu weit beschossen werden. Eine auffällige Körperbewegung mit Versetzen der Füße kann manche Chance verderben. Steht der Schütze beispielsweise frontal vor dem Treiben, kann der Rechtshänder den Halbkreis vor ihm nicht beschießen, ohne seinen Körper zu drehen. Den vor einem liegenden Halbkreis kann man aber beschießen, wenn man sich um etwa 60 Grad nach rechts aufstellt.

Im deckungsreichen Gelände muß man auch auf den Schnappschuß vorbereitet sein. Je mehr Deckung im Vorfeld vorhanden ist, um so überraschender taucht das Wild auf. Besonders Sauen und Füchse kommen gern mit Holz! Das sichtbar anwechselnde Wild ruhig kommen lassen, nicht zu früh schießen, zumal der Schuß spitz von vorn ohnehin problematisch ist. Auf dem Stand ist auf festen Untergrund zu achten, damit man beim Schuß nicht ausrutscht und sich oder andere gefährdet.

Daß viele Schützen die kurze Zeit unmittelbar vor dem Treiben nicht nutzen, um ihren Stand jagdpraktisch zu beziehen und auszuloten, ist kurzsichtig. Dem ehrgeizigen Schützen sollten verpaßte Chancen und Fehlschüsse deshalb immer Anlaß zur Selbstkritik geben.

Schußbereitschaft

Mancher Schütze meint, er sei schußbereit, ist es aber nicht. Wer schußbereit sein will, muß seine entsicherte Waffe mit beiden Händen im festen Griff und den gestreckten Finger am Abzug haben. Die Waffe sollte so gehalten werden, daß der Kolben am rechten Rippenbogen liegt und die Mündung nach unten zeigt. Unnötige Bewegungen mit der Waffe kosten Zeit und werden vom Wild leicht eräugt. Der Weg der Waffe bis zum Anschlag sollte so kurz wie möglich sein, um alle Situationen parieren zu können. Wem die Waffe in den Händen mit der Zeit zu schwer wird, der sollte sie in einen umgehängten Halteriemen legen, so daß er das Gewehr kaum noch merkt. Natürlich muß dabei der unbehinderte Anschlag gewährleistet bleiben.

Wieviel Zeit man für einen Schuß braucht, hängt natürlich von der Situation und von dem Gelände im Schußfeld ab. Manchmal hat man nur wenige Sekunden für einen Schnappschuß. Wer dann noch jeden Fuchs erlegt, beherrscht sein Handwerk. Wer aber die gesicherte Waffe lässig im Arm hält, die Hände in den Taschen vergräbt, beim Kesseltreiben auf Hasen seine Flinte gemütlich auf der Schulter spazieren trägt oder im Waldtreiben seine Büchse an den Baum stellt, glaubt doch wohl nicht im Ernst, daß er in Überraschungssituationen noch fertig wird! Auf dem Stand muß die Waffe entsichert sein. Ist man aber zum Beispiel bei einer Streife in Bewegung, wo die Gefahr besteht, daß man fällt, ist die Waffe immer gesichert zu tragen.

Wer kombinierte Waffen führt, muß sich überlegen, ob er auf Waldjagden den Flintenlauf mit Schrot lädt oder mit dem Flintenlaufgeschoß. Es kommt darauf an, wieviel Wert man auf den Fuchs legt. Wird der Drilling aber außer mit der Kugel im linken Lauf mit dem Flintenlaufgeschoß und im rechten Lauf mit Schrot geladen, dann hat man zwei Kugelschüsse für eine Doublette zur Verfügung. Im Falle, daß ein Fuchs zusteht, braucht man dann nur den Kugel/Schrotschieber zu bedienen, was kaum Zeit in Anspruch nimmt. Natürlich geht es auch anders – das ist Geschmacksache – nur bleibe man bei einer Machart, sonst werden zu leicht die Abzüge verwechselt.

Ferner sollte vor der Jagd immer einmal das Zielfernrohr kontrolliert werden. Es könnte beschlagen sein; mitunter verstellt sich auch die Schraube, die die Sichtschärfe reguliert. Für all das hat man keine Zeit, wenn auf dem Stand Wild zusteht.

Die Ursache für einen Fehlschuß kann auch mal technisch bedingt sein. Wenn etwa die Abzüge einer Waffe zu hart stehen, darf man nicht hoffen, mit dieser Waffe noch irgend etwas zu treffen. Man lasse dann vom Büchsenmacher den Abzugswiderstand neu einstellen.

Die Schußabgabe

Obwohl die Jäger schon auf der Jägerprüfung lernen, daß ein Schuß auf ein Stück nur erfolgen sollte, wenn das Stück in optimaler Entfernung, breit und frei steht, wird leider gegen diese Empfehlung allzu häufig verstoßen. Schußabgabe und Treffer dürfen nicht das Ergebnis eines reinen Glücksfalles sein, denn das Wild hat solchen Leichtsinn zu büßen. Jeder Verstoß gegen das Tierschutzgesetz belastet unser Jagdwesen und stellt es in Frage. Vor Abgabe eines Schusses gilt für jeden Jäger das oberste Gebot: wenn es knallt, muß das Stück liegen, sonst wird nicht geschossen!

Jeder Jäger sollte seinen Patronenverbrauch kontrollieren. Wer auf einen Treffer mehr als zwei Fehlschüsse verbucht, sollte seine Schießtechnik intensiv auf dem Schießstand trainieren. Wer laufend einen hohen Patronenverbrauch hat, schießt nicht nur vorbei, sondern auch viel krank, was leider oft nicht bemerkt wird. Das trifft besonders für den ohnehin unsicheren Schrotschuß zu. Wir Jäger dürfen nicht aufhören, ständig an unserer waidmännischen Erziehung zu arbeiten, getreu dem verpflichtenden Leitspruch:

> *„Dem Wilde sei zunächst ein Heger,*
> *dann hast Du Freude auch als Jäger.*
> *Hab' Achtung vor dem hohen Wild,*
> *wie Du's bejagst – Dein Jägerbild!"*

An dieser Stelle gilt die schärfste Ermahnung dem zu weit abgegebenen Schrotschuß. Eine Legion von Jägern kann es einfach nicht begreifen, daß man mit Schrot nicht weiter als vierzig Meter schießen kann. Die Handfeuer-Versuchsanstalt in Berlin Wannsee legte schon vor über fünfzig Jahren fest, daß die maximale Schußentfernung auf Wild mit einer 12-er Flinte 45 Meter und einer 16-er Flinte 42 Meter beträgt. Dabei ist durchaus nicht immer garantiert, daß das beschossene Stück im Feuer bleibt. Äußere Umstände, Zielgröße, Treffpunktlage der Garbe und Sitz der Körner auf dem Wildkörper relativieren diese Richtmaße noch erheblich. Der Schrotschuß ist täuschend verführerisch, weil durch Zufall auch einmal Wild auf einen viel zu weit abgegebenen Schuß fällt. Das verleitet leider immer wieder zu Weitschüssen, bei denen aber meistens Wild nur krank geschossen wird.

Dem Schrotschuß ist nun einmal eigen, daß sich die Körner nach dem Zufallsgesetz verteilen. Die Wirkung des Schrotschusses nimmt ab 35 Meter nicht, wie vielleicht viele Jäger glauben, linear, sondern im Quadrat der Entfernung ab. Daß heißt, daß die Wirkung dann sehr bald zerfällt. Hinzu kommt, daß Niederwild auf den zu weiten Schrotschuß beim Treffer durch einzelne Körner schlecht oder nicht zeichnet. Nachsuchen unterbleiben deshalb sehr häufig. Manch ein Jäger dürfte es auch nötig haben, Schätzübungen bis zur Vierzig-Meter-Marke im Gelände zu machen, damit er lernt, in Sekundenschnelle die Entfernung richtig einzuschätzen.

Wieder vorbei geschossen...

Wild, das dem Tod durch Freßfeinde entgangen ist, hat in der Begegnung mit dem Jäger die größte Chance zu überleben, weil häufig schlicht und einfach vorbeigeschossen wird. Wird auf der Einzeljagd und besonders durch Auflegen auf der Kanzelbrüstung noch gut geschossen, dann ist das Ergebnis beim Flüchtigschießen weitaus schlechter. Viele Jäger sind damit sogar völlig überfordert. In solchen Fällen sollte Übungsschießen und Schießstand wieder zu Ruhm und Ehr' kommen. Wer sich nicht zutraut, auch flüchtig noch sicher zu schießen, der sollte nur verhoffende Stücke beschießen. Waldjagden müssen so organisiert sein, daß das Wild dem Schützen langsam und ruhig kommt. Die Schützen sollten, je nach Möglichkeit, im Bestand und nicht an Schneisen stehen, denn dort kommt alles Wild am schnellsten. Natürlich steht die Sicherheit bei der Auswahl der Schützenstände stets im Vordergrund.

Der Schütze sollte auch anlaufendes Wild mindestens 30 bis 50 Meter vorher sehen können. Andererseits wird er immer überrascht und zu Schnappschüssen gezwungen, was schlechte Resultate heraufbeschwört. Man sieht auf Ansitz-Drückjagden immer häufiger, daß über Zielfernrohre geschossen wird. Wir haben offenbar verlernt, was die Altvorderen noch gut konnten, nämlich auch über Kimme und Korn sicher zu treffen. Wenn man in weitem Gelände viel Zeit hat, mag das Zielfernrohr von Vorteil sein; kommt das Wild aber auf kürzere Entfernung hochflüchtig, was meistens ja der Fall ist, schießt man über Kimme und Korn schneller und besser. Wie oft sieht man, daß Schützen durch das Zielfernrohr nicht fertig werden und dadurch beste Chancen vergeben!

Streckenlose Jagden, wie sie zuweilen vorkommen, sind das Resultat jagdlicher Fehleinschätzungen. Wenn kaum Wild da ist, sollte man keine Waldjagden durchführen. Hohe Strecken sind ein Zeichen guter Organisation und sauberen Schießens. Es ist eine alte, allerorts bewiesene Erfahrung: Je größer die Waldjagden abgehalten werden, um so unrationeller und streckenärmer verlaufen sie. Der einzelne Schütze hat meist keine Chance, auf solchen Großjagden zu Schuß zu kommen. Wenn der Streckenplatz leer bleibt, ist das kein Pech, sondern es bringt den Jagdleiter in arge Verlegenheit. Sofern aber ein Schütze seine Chancen absichtlich nicht nutzt, weil er vielleicht zu geizig ist, beim abschließenden Schüsseltreiben eine Runde zu spendieren, der sollte prüfen, ob er nicht besser gleich zuhause geblieben wäre.

Den Fangschuß geben

Wieviel Wild schon verlorengegangen ist, weil nicht gleich der Fangschuß gegeben wurde, obwohl noch Zeit dafür vorhanden war, ist einfach sagenhaft. In vielen Fällen wird nach Zusammenbrechen des Stückes auf dem Anschuß nicht daran gedacht, den Fangschuß zu geben, weil man darauf hofft, daß das Stück verenden wird, obwohl es das Haupt noch hoch hat oder auf der Vorderhand wieder hoch wird. In solchen Fällen muß sofort der Fangschuß erfolgen, denn wenn das Stück erst auf alle vier Läufe kommt, bekommt man es meistens nicht wieder zu sehen und die Nachsuchen verlaufen ergebnislos. Typisch ist die Situation bei Krellschüssen, die besonders häufig bei Sauen und Füchsen auftreten. Die Kugel kann aber auch woanders sitzen, wodurch das Stück nur kurze Zeit gelähmt ist, sich nach wenigen Minuten wieder erholt und dann scheinbar gesund wieder abgeht. Der sofortige sichere Fangschuß erspart langwierige Nachsuchen und dem Wild Leiden. Das gilt für die geflügelte Ente auf dem Wasser ebenso wie für das auf der Hinterhand schleppende Kaninchen in der Nähe des Baus, für den krankgeschossenen Fuchs am Dickungsrand und für das durch eine Kugel durch den Dornenfortsatz angeschweißte Schwein in der Vollmondnacht. Man beobachte nach dem Schuß noch einige Minuten das zusammengebrochene Stück mit der Waffe in der Hand und schieße sofort, wenn es noch das Haupt hoch hat. Daß man bei Waldjagden wegen des Fangschusses dennoch unter keinen Umständen seinen Stand während des Treibens verlassen und dabei im Schußfeld anderer Schützen operieren darf, sollte andererseits selbstverständlich sein und auch strikt befolgt werden.

Verhalten des Schützen nach dem Schuß

Durch falsches Verhalten des Schützen nach dem Schuß geht immer noch viel Wild verloren, weil die speziellen Umstände nicht genügend beachtet werden. Bei krank geschossenen Stücken heißt deshalb die alte Jägerregel, das Stück zwei bis drei Stunden in Ruhe zu lassen. Leider gibt es keine Regel ohne Ausnahme; das heißt, daß diese Regel ebenso richtig wie falsch sein kann. Es kommt eben auf die Umstände an.

Nehmen wir den Normalfall an. Ein Stück wird im schwindenden Büchsenlicht am Waldrand beschossen und ist in der Deckung verschwunden. Wer gar nicht erst zum Anschuß geht, weil er meint, er hätte wohl vorbeigeschossen, handelt verantwortungslos und wird erstaunt sein, wenn sein Stück später unweit vom Anschuß verludert gefunden wird. Der Anschuß muß zu allererst gefunden, nach Wundzeichen untersucht und verbrochen werden. Ist der Schütze gut abgekommen, muß er unbeirrt davon ausgehen, daß das Stück liegt. Er muß also so lange den zur Nachsuche angesetzten Hund arbeiten lassen, bis das Stück gefunden ist oder Gewißheit über die Aussichtslosigkeit einer weiteren Nachsuche besteht.

Hat er keinen Gebrauchshund bei sich, wird er im übersichtlichen Gelände der vermeintlichen Fluchtrichtung nachgehen, um das Stück in freier Suche zu finden. Liegt das Stück auf den ersten hundert bis zweihundert Metern nicht, muß sofort abgebrochen werden, weil sich dann eine Nachsuche mit einem auf Schweiß geprüften Jagdhund empfiehlt. Endloses Weitersuchen ohne Hund ist falsch, weil Schweiß vertreten wird, was dem Hund die Nachsuche äußerst erschwert. Droht das Stück bei warmer Witterung zu verhitzen, muß auch im Dunkeln mit der Taschenlampe nachgesucht werden, sofern es sich nicht um stärkere, wehrhafte Sauen in der Dickung handelt. In allen unsicheren Fällen und bei kühler Witterung ist jede Nachsuche am nächsten frühen Morgen wesentlich günstiger. Für mich selbst habe ich die Regel aufgestellt: Liegt das Stück nicht auf den ersten zweihundert Metern, sitzt die Kugel schlecht. Die Nachsuche ist dann in den meisten Fällen am nächsten Morgen erfolgreicher.

Führt der Jäger keinen eigenen Gebrauchshund mit, muß ihm dennoch ein solcher aus einem nahe stehenden Zwinger zur Verfügung stehen, weil nur dann eine schwierige Nachsuche erfolgreich beendet werden kann. Ein Jäger, der keinen Schweißhund anfordert, handelt verantwortungslos und verstößt gegen das Tierschutzgesetz. Später verludert aufgefundenes Wild zeigt die Folgen solcher Handlungsweise und setzt die gesamte Jägerschaft der berechtigten Kritik der Bevölkerung aus. In diesem Zusammenhang sei auch an die Hundeführer die eherne

Führungsregel gerichtet: Schweißarbeit ist Riemenarbeit, und der Hund hat immer recht. Man folge grundsätzlich dem auf der Schweißfährte arbeitenden Hund am Riemen, so weit das im Gelände nur möglich ist. Totverbeller und Totverweiser können nur noch helfen, wenn keine Riemenarbeit mehr möglich ist. Zum Glück können diese Hunde in vielen Fällen das kranke Stück doch noch finden, was einem Menschen in einer von ihm allein vorgenommenen Freisuche nur selten gelingt.

Das Dilemma der Schweißarbeiten besteht heute darin, daß die Nachsuchen durchaus mit geprüften Hunden durchgeführt werden. Aber die allerwenigsten Hunde haben genügend Erfahrung und Übung, um anspruchsvolle Nachsuchen durchzustehen, wenn sie nicht ständig auf Nachsuchen geführt oder durch künstliche Schweiß- und Lungenschleppen im Training gehalten werden. Würden alle Nachsuchen ordnungsgemäß angefordert und durchgeführt, blieben auch unsere Jagdhunde ständig in Übung. Am günstigsten ist es, wenn sich der Hegering ein bis zwei Schweißhunde hält, die, gut trainiert, alle schwierigen Nachsuchen übernehmen.

Nutzung jagdlicher Chancen durch Einsatz des Jagdgebrauchshundes

Die Abrichtung eines Jagdgebrauchshundes von eigener Hand bereichert die jagdliche Betätigung ganz erheblich und zwingt den Führer, täglich aktiv zu sein. Wer die Möglichkeit dazu hat, sollte sie nutzen. Das macht Spaß, ist nützlich und macht viel Freude. Die Abrichtung eines Gebrauchshundes nimmt bekanntlich ein ganzes Jahr in

Anspruch und zwingt Führer und Hund zur täglichen Arbeit im Gelände und im Revier. Wer sich als Jungjäger dazu noch nicht in der Lage sieht, bemühe sich um Kontakte mit erfahrenen Hundeführern. Durch den Einsatz eines eigenen Gebrauchshundes ergibt sich in den verschiedensten Jagdarten eine Reihe zusätzlicher jagdlicher Gelegenheiten, die oft nicht erkannt und genutzt werden. Bedingt durch Gelände- und Deckungsverhältnisse finden Hundeführer oft beste Chancen. So eignen sich unterwuchsreiche Gehölze sehr gut zum Buschieren auf Hase, Fasan, Kaninchen und Schnepfe. Dickungen stöbert der Hund nach allem Nieder- und Hochwild ab und bringt seinen Herrn dabei häufig zu Schuß. Nicht wenige starke Keiler wurden vor dem Hund vom Hundeführer geschossen! Auch an Wasserlöchern, Rohrplagen und an Verjüngungshorsten jagen wir mit dem Gebrauchshund viel erfolgreicher als ohne Hund.

Hunde aller Rassen lassen sich auch auf bestimmte Jagdarten spezialisieren. So kann man sogar vor dem eingearbeiteten Vostehhund auf der Einzeljagd allerhand Sauen schießen, obwohl die Waldarbeit nicht gerade die Domäne eines Vorstehhundes ist. Noch erfolgreicher kann man zu Zweien mit dem Gebrauchsund jagen. Manche Hundehalter könnten ihre Strecke vervielfachen – besonders an Raubwild –, wenn sie ihre Hunde nicht nur im Zwinger hielten, sondern sie auch vielfältig und geschickt einsetzten. Ganze Jagdarten wie Feld-, Wasser-, Stöber- und Baujagd können ohne einen gut abgerichteten Gebrauchshund nicht durchgeführt werden. Wer dennoch absolut keinen eigenen Gebrauchshund halten kann, der leihe sich einen aus, der sein Dasein im Zwingergefängnis fristet. Das wird auch den Hundehalter freuen!

Ungenutzte jagdliche Chancen durch mangelnde Organisation

Die Organisation der Jagd entscheidet meistens vorab schon über ihren Erfolg, besonders bei Gesellschaftsjagden. Ein Jagdleiter hat weitgehend in der Hand, ob er seinen Jagdgästen Chancen bietet, zu Schuß zu kommen oder nicht. Das erfordert aber mehr, als die Schützen schematisch alle fünfzig Meter an den Schneisen zu postieren – was den Mißerfolg meist schon vorprogrammiert.

Ich habe sehr viele Waldjagden mitgemacht, von denen die meisten schlecht organisiert waren. Es waren nicht wenige, bei denen man es bedauert hat, erschienen zu sein, weil ihre Organisatoren jagdlich versagt hatten.

Schlimm ist es, wenn falsch getrieben wird, wenn die Schützen nicht darüber informiert sind, wie das Treiben verläuft oder völlig aussichtslose und ungünstige Stände erhalten haben. Genaue und klare Einweisung der Schützen ist unbedingt notwendig. Wenn es jahrein und jahraus noch immer zahlreiche Schützen gibt, die auf den Waldjagden blanke Läufe behalten, dann sind ihnen ihre Chancen auch durch eine miserable Organisation der Jagden verdorben worden.

In der tadellosen, vorbildlichen Organisation von Ansitz-Drückjagden drückt sich auch die örtliche Jagdkultur aus. Bei einer guten Organisation einer Gesellschaftjagd sollte jeder Jäger möglichst zu Schuß kommen.

Den Wind beachten

Daß man als Jäger bei Pirsch und Ansitz immer auf die jeweilige Windströmung zu achten hat, falls man Wild in Anblick bekommen will, gehört zu dem am meisten bekannten jagdlichen Verständnis. Dennoch wird, bemerkt oder unbemerkt, unendlich viel gegen diese allzu banale Regel verstoßen.

Das Wild hat, wie allgemein bekannt, einen außergewöhnlich feinen Geruchsinn, der dem des Menschen wohl um mehr als das Hundertfache überlegen ist. Legt der Jäger hier ausschließlich menschliche Sinneswahrnehmungen zugrunde, ist eine Nullrunde die unausweichliche Folge. Der Jäger hat also grundsätzlich unter Wind zu sitzen oder zu pürschen, das heißt: der Wind muß ihm vom Wild her entgegenwehen. Es gibt unterschiedliche Methoden, den Wind zu prüfen. Oft genügt der ausgestoßene Hauch. Auch Nichtraucher sollten Streichhölzer mit sich führen, um die Windrichtung erfolgreich prüfen zu können. Nun weht aber der Wind durchaus nicht immer über längere Zeit geradlinig, sondern er kann auch küseln. Hierauf hat schon Altmeister von Raesfeld in seinem Buch „Das Deutsche Weidwerk" aufmerksam gemacht. Die Windströmungen werden überall durch die Geländeausformungen anders beeinflußt.

Das kompliziert die Verhältnisse ganz bedeutend. Welcher Jäger hat es nicht unzählige Male erlebt, daß er seelenruhig in einer Weströmung Platz genommen hat und plötzlich überrascht war, weil ihm der Wind von Osten ins Genick geweht ist! Damit hatte er sich dann wieder falsch postiert. Die Windströmung nachhaltig sicher zu bestimmen, ist fast unmöglich. Man ist deshalb auf spezielle örtliche Erfahrungen angewiesen, damit man weiß, wie der

Wind sich hier und dort verhält. Den küseligen Rändern oder Waldecken weicht man am besten mit seinem Ansitz großräumig aus und pirscht bei Anblick von Wild näher heran. Das verringert die Gefahr, daß das Wild Wind bekommt. Durch den Ansitz auf Hochsitzen kann man sich zwar oft dem Wind entziehen, aber durchaus nicht immer zuverlässig. Häufig kann auch der Wind herunterschlagen und küselt dann erst recht. Das Wild verhofft meistens eine Zeitlang in guter Deckung, bis der Wind von allen Seiten geküselt hat. Erst dann entschließt es sich auszutreten. Leider sitzen die Jäger oft von ihnen unbemerkt bei schlechtem Wind an und vertun so von vorn herein ihre mögliche Chance, nur weil sie dem Wind gegenüber zu sorglos waren. Das Wild aber nutzt instinktiv die Windströmungen wie einen äußerst zuverlässigen Radarschirm, dem sie sich um so stärker anvertrauen, wie ihr Sehvermögen schwächer ausgebildet ist.

Schwarzwild geht auch hier den meisten anderen Wildarten voran. Es sei dem Jäger stets gewärtig, daß dem Wild der „Radarschirm" auch dann noch ausreichend „belichtet" ist, wenn der Mensch glaubt, daß es windstill sei. Wer nur ganz grob die Hauptwindrichtung feststellt und sich mit den jeweiligen örtlichen Gelände- und Strömungsverhältnissen nicht sorgfältig befaßt, hat nur noch die Hälfte der ohnehin spärlichen Chancen. Hochsitze unter sieben Metern Höhe schließen nicht aus, daß das Wild ebensogut Wind bekommt, als wenn man auf dem Boden säße. Erst bei über zehn Meter hohen Kanzeln ist die Hauptgefahr ausgeschaltet. In dieser Hinsicht sind im Hochwildrevier zehn bis zwölf Meter hohe Kanzeln und Ansitze durchaus nicht zu hoch.

Sofort schießen!

Manch gute jagdliche Chance wird dadurch vertan, weil der Schütze bei der ersten äußerst günstigen Schußposition des vorher sicher angesprochenen Wildes nicht sofort schießt, sondern mit dem Schuß noch zögert. Die Gründe für dieses Zögern sind manigfaltig. Meistens wird angenommen, noch Zeit zu haben, weil sich das Wild so günstig darbietet. Mancher will auch den guten Anblick noch eine Weile genießen. Vielen Jägern reicht auch die schon einmal gemachte Erfahrung nicht aus, daß sich die günstige Position allzu häufig und dann vor allem schlagartig ungünstig verändern kann, so daß man entweder nicht mehr zu Schuß kommt oder unter weitaus schlechteren Bedingungen schießen muß. Oft ist es der mal wieder unberechenbare Wind, der nun küselt und das Wild von der Bühne des Anblicks fegt.

Sofern mit dem Ansitz auch die Absicht verbunden ist, Strecke zu machen, muß man bei der ersten sich bietenden günstigen und sicheren Schußposition sofort – das heißt innerhalb der nächsten drei bis vier Sekunden – schießen, andernfalls bleibt man, auf Dauer gesehen, immer zweiter Sieger. Zugegebenermaßen gehört dazu eine durch viel Übung erworbene Kaltblütigkeit, ein schneller Anschlag und absolute Entschlossenheit zum Schuß. Wer schnell schießt, schießt auch meistens wesentlich besser, als derjenige, der erst umständliche Manipulationen vornehmen muß und einen langsamen, stufenweisen Antrieb benötigt, bis er dann endlich gedenkt, den Finger krumm zu machen. Das Wild ist dann meistens aus dem Zielfernrohr verschwunden. Es hat zu lange gedauert! Schnelles Schießen kann man vortrefflich auf dem Schießstand üben. Es gibt nicht wenige Jäger, die erschreckt feststellen würden, daß sie statt weniger Sekunden oft einige Minuten benötigen, ehe sie einen lange gezielten Schuß abzugeben in der Lage sind. Das bedeutet aber, daß diese Waidgenossen ihre meisten und oft besten Chancen in der freien Wildbahn dilettantisch ungenutzt lassen.

Pardonnieren können

Einhergehend mit der Entschlossenheit zum Schuß ist vom Jäger auch zu fordern, daß er gegebenenfalls Wild beherrscht pardonnieren kann und nicht unbedingt, schießt, nur um geschossen zu haben. Es gibt leider nicht wenige Schützen, die es nicht verwinden können, wenn die Kugel im Lauf bleibt, obwohl die Schußposition ungünstig ist. Grundsätzlich nicht pardonnieren können ist sogar ein bedeutender Mangel an Selbstbeherrschung und ein Beweis für riskante Schießerei, die immer zu Lasten des Wildes aber auch zu Lasten des guten Rufes der Jägerschaft geht.

Auch hier zeigt wieder der Patronenverbrauch im Verhältnis zu den Treffern, wie gut oder schlecht sich jemand in der Hand hat. Wild zu pardonnieren, ist niemals ein Versagen, sondern bleibt auch dann noch eine überlegene und vornehme Manier, wenn sich herausstellt, daß das Stück doch gut zu beschießen gewesen wäre.

Die für solche Situationen von meinem Vater an mich weitergegebene Regel lautet: „Wenn es knallt, muß das Stück liegen". Diese Regel darf ich allen Waidgenossen ans Herz legen. Alle riskanten Schüsse verursachen unweigerlich, ob bemerkt oder unbemerkt, krank geschossenes Wild, das in der Mehrzahl auf den Nachsuchen nicht mehr zur Strecke kommt. Das bedeutet, daß das Wild mit seinen womöglich schweren Verletzungen allein fertig werden muß. Niemand sollte unterschätzen, wie viele Schandflecken dieser Art allein von den Sauen durch Fraß des verluderten Wildes wieder getilgt werden, ohne daß je ein Mensch auch nur ahnt, was sich da im Waldesdunkel an Tragödien abgespielt hat. Und das nur, weil ein Schütze nicht pardonnieren konnte!

Ruhe im Revier

Drei Dinge sind für das Wild Lebensgrundlage: Äsung, Deckung und Ruhe. In unserem dicht besiedelten Land ist die erforderliche Ruhe für das Wild meistens nicht mehr gegeben. Um so mehr müssen wir Jäger bemüht sein, für Ruhe im Revier zu sorgen und zu werben, so gut wir nur können. Wo wir auf die Öffentlichkeit Einfluß nehmen können, sollten wir die Chance nutzen. Störungen werden von ihren Verursachern häufig nicht als solche empfunden oder ernst genommen. Aufklärung tut not, und in der Art, sich darüber mitzuteilen, erweist sich der Meister, ohne von seinen Hoheitsrechten Gebrauch zu machen. Es sollten überall im Revier Ruhezonen mit Hinweisen auf das Vorhandensein von Wildeinständen eingerichtet werden.

Das ist eine dringende Forderung des Naturschutzes. Waldschneisen sind weitestgehend für den Durchgangsverkehr zu sperren. Nicht wenige Störungen gehen aber auch vom Jäger selbst aus, der sich in den Zeiten des Aus-

oder Einwechseln des Wildes im Walde bewegt und dadurch in jedem Fall Wild vergrämt. Es ist bekannt, daß der Jäger durch unvorsichtiges Pürschen bedeutend mehr Wild vergrämt, als es in Anblick zu bekommen. Es heißt sogar, daß der Jäger einen Revierteil eher leerpürschen als leerschießen kann.

Wir Jäger täuschen uns allzu oft in der Annahme, daß dann, wenn wir nichts sehen, auch kein Wild da ist. Wer so laut pürscht, daß er sich selbst deutlich hört, muß wissen, daß er viel Wild noch außer Sicht auf die Läufe bringt und es leichter verpürscht als erpürscht. Auch ein Pürschgang will deshalb gut überlegt sein, um möglichst ausschließen zu können, daß Wild vergrämt wird.

In dieser Hinsicht ist ein Ansitz der Pürsch natürlich überlegen. Man beziehe aber auch jeden Ansitz früh genug, das heißt, in der Regel eine Stunde, bevor man Wild erwartet. Man baume auch erst ab, wenn das Wild fortgewechselt ist. Je mehr Ruhe im Revier herrscht, um so größer werden die Chancen, Wild in Anblick zu bekommen. Was wir durch unbedachtes Taktieren und tönendes Fortbewegen an Wild verscheuchen, bleibt zwar meistens unbemerkt, verringert aber den jagdlichen Erlebniswert in erheblichem Maße und kann auch für geraume Zeit negative Auswirkungen auf die Standorttreue oder das Standortverhalten des Wildes haben.

Abschließend ist es mir ein Herzensbedürfnis, all die erfahrenen „alten Hasen" um Verständnis dafür zu bitten, daß ich unter dem Kapitel „Jagdliche Chancen und Sünden" auch längst bekannte Kriterien noch einmal herausgestellt habe. Ich hätte es sicher nicht getan, wenn sich im jagdlichen Alltag nicht immer wieder zeigen würde, daß dagegen noch all zu oft verstoßen wird.

Wenn Sie einen liebgewonnenen Waidgefährten haben, der einige dieser hier erwähnten schlechten Angewohnheiten hat oder womöglich sogar alle – dann schenken Sie ihm mein Buch mit einem gezielten Hinweis auf dieses Kapitel! Wer weiß, vielleicht kommt er dann drauf, ohne sich verletzt zu fühlen…

In diesem Sinne wünsche ich allen Jägern, den jungen wie auch den „alten Hasen", viel Waidmannsheil!

Günter Millahn